锦天城法律实务丛书

读懂交易所
上市公司控制权收购监管意见解析

欧阳军 虞正春 编著

图书在版编目(CIP)数据

读懂交易所：上市公司控制权收购监管意见解析/欧阳军，虞正春编著．—北京：北京大学出版社，2019.6

ISBN 978-7-301-30474-7

Ⅰ．①读… Ⅱ．①欧… ②虞… Ⅲ．①上市公司—企业兼并—研究—中国 Ⅳ．①F279.246

中国版本图书馆CIP数据核字(2019)第084420号

书　　　名	读懂交易所：上市公司控制权收购监管意见解析 DUDONG JIAOYISUO：SHANGSHI GONGSI KONGZHIQUAN SHOUGOU JIANGUAN YIJIAN JIEXI
著作责任者	欧阳军　虞正春　编著
责任编辑	徐　音　杨丽明
标准书号	ISBN 978-7-301-30474-7
出版发行	北京大学出版社
地　　　址	北京市海淀区成府路205号　100871
网　　　址	http://www.pup.cn　新浪微博：@北京大学出版社
电子信箱	sdyy_2005@126.com
电　　　话	邮购部 010-62752015　发行部 010-62750672　编辑部 021-62071998
印　刷　者	北京虎彩文化传播有限公司
经　销　者	新华书店
	730毫米×980毫米　16开本　22.5印张　357千字 2019年6月第1版　2020年6月第3次印刷
定　　　价	89.00元

未经许可，不得以任何方式复制或抄袭本书之部分或全部内容。
版权所有，侵权必究
举报电话：010-62752024　电子信箱：fd@pup.pku.edu.cn
图书如有印装质量问题，请与出版部联系，电话：010-62756370

序

今年是锦天城律师事务所成立20周年,全所开展了各类庆祝及纪念活动,出版一批法律文丛及实务类书籍是庆祝活动的重要内容之一。在各项选题及出版计划中,《读懂证监会:上市公司重大资产重组反馈意见解析》和《读懂交易所:上市公司控制权收购监管意见解析》引起了我的注意和兴趣。

为何?

首先,两本著作立足于上市公司并购重组领域的实证研究,回应了国家及市场监管层对中国经济通过并购重组进行转型升级的重视。早在2014年5月8日,国务院即发布《国务院关于进一步促进资本市场健康发展的若干意见》,鼓励市场化并购重组,充分发挥资本市场在企业并购重组过程中的主渠道作用。以此为背景,中国证监会在2014年10月23日公布了《上市公司重大资产重组管理办法》,同时修订了《上市公司收购管理办法》,并于2016年9月8日修订了《上市公司重大资产重组管理办法》,而且出台了一些与此配套的法律文件,上市公司并购重组的监管框架已经基本形成,这些监管制度对于促进中国经济转型升级具有重要的作用。本书对这些监管制度在实例中的运用进行了系统研究,有助于读者理解并购重组的监管政策是如何在实践中贯彻落实的。

其次,两本著作从证监会、交易所对上市公司并购重组监管的角度入手进行研究,回应了市场从业者对并购重组监管动向的关注。无论是上市公司重大资产重组还是上市公司控制权收购,都是十分复杂的投资银行业务,证监会、交易所对这两类业务活动的监管思路并非仅仅通过成文化的法律文件体现,更多地体现在具体的并购重组案例的反馈、问询意见中。市场的从业者,无论是券商的投行工作人员,还是律师、会计师、上市公司负责并购重组业务的人员,都需要从大量的反馈、问询意见中去揣摩、吃透监管层的监管思路,以便能顺利推进上市公司并购重组业务。两本著作对此作了十分有益的尝试。

再次,作为锦天城律师事务所的法律实务丛书,两本著作及时回应了锦天城众多上市公司客户在并购重组业务方面的需求。锦天城作为全国综合性的律师事务所，上市公司并购重组业务始终是我们的核心优势业务，在 Chambers and Partners、Mergemarket、Asian Legal Business 等各大知名评选机构和媒体的评比中都获得了令人瞩目的排名和奖项。同时，"公司与并购重组业务委员会"作为锦天城十大业务专业委员会之一，集聚了数百名律师委员，是名副其实的"大专委"，同事之间关于上市公司并购重组业务的交流与研讨也十分迫切。

最后，两本著作是图书市场上极少数全面、系统地实证研究证监会、交易所上市公司并购重组监管思路与监管逻辑的著作，具有一定的开拓性；两本著作定位清晰、书名新颖、引人入胜，通过书名即可清晰地判定两本著作的核心内容，便于有兴趣的读者快速识别。同时，两本著作通过"姊妹篇"的形式，对上市公司资产重组与上市公司控制权收购分开研究，改变了以往书籍笼统研究上市公司并购重组的状况，更加细化、明确。另外，两本著作还运用了大数据的统计分析方法，将 2017 年、2018 年连续两年上市公司重大资产重组及上市公司控制权收购案例中涉及的核心问题，按照关键词进行分类，并在体例上按核心问题的出现频次进行排序，便于读者抓住证监会和交易所的监管重点。

本书作者长期致力于上市公司并购重组相关的法律业务及研究。欧阳军律师是本所的高级合伙人，在公司与并购业务领域具有非常丰富的经验，带领团队完成了数十个重大股权、资产收购项目，并任华东政法大学律师学院兼职教授、上海政法学院特聘教授；虞正春律师长期从事并购重组的法律业务，担任锦天城公司与并购重组业务委员会副召集人兼秘书长、上海交通大学海外教育学院私募股权与上市融资总裁班特聘讲师，此外，还在锦天城律师学院讲授上市公司并购重组法律实务课程，受到了同事们的好评。两位作者长期的律师实践和教学研究的经验使得两本著作具有较高的实操价值。我也希望这两本书作为锦天城与业界沟通的桥梁，能为券商的投行部门、上市公司的投资并购部门、并购基金以及会计师事务所、律师事务所等中介机构的从业人员带来一些实务方面的帮助。

作为一名长期从事商法学研究与教学的学者，现在又有幸担任锦天城律师事务所的主任，我非常重视法律实务和理论创新，所以我很高兴地向大家推荐这两本书。

上海市锦天城律师事务所主任

原华东政法大学副校长

2019 年 5 月 1 日

目录 /CONTENTS

0 综述 // 001
　2017—2018 年上市公司控制权收购蓝皮书 // 001

1 普遍性问题 // 025
　1-1　资金来源 // 025
　1-2　后续计划 // 032
　1-3　交易定价 // 045
　1-4　关联关系、关联交易 // 058
　1-5　收购人的结构、产权控制权关系 // 068
　1-6　收购人的财务状况 // 081
　1-7　收购的目的、原因、背景 // 093
　1-8　股份质押 // 101
　1-9　上市公司控制权的稳定性 // 113
　1-10　公司治理、公司经营 // 124
　1-11　信息披露义务 // 139
　1-12　前 6 个月内买卖上市交易股份的情况 // 150
　1-13　是否为一揽子交易 // 158
　1-14　承诺履行情况及是否违背 // 167

2 特殊性问题 // 178

   2-1 通过"股份协议转让＋表决权委托"实现控制权收购 // 178

   2-2 通过"公开征集受让方"实现控制权收购 // 194

   2-3 通过"表决权委托协议"实现控制权收购 // 198

   2-4 通过"一致行动人协议"实现控制权收购 // 204

   2-5 控制权收购交易终止 // 208

   2-6 转让方的股份被司法冻结 // 232

3 案例分析 // 243

   3-1 从"亿晶光电"看"信息披露义务" // 243

   3-2 从"四通股份"看"并购基金收购上市公司" // 259

   3-3 从"红宇新材"看"事业单位收购上市公司" // 267

   3-4 "控制权收购＋重大资产重组","哈工智能"是怎样通过"类借壳"审批的 // 275

   3-5 从"中毅达"看"实际控制人认定" // 282

   3-6 从"荣科科技"看"实际控制人认定" // 293

   3-7 承债式收购典型模式分析 // 305

   3-8 从2018年两例"白菜价"买壳看"承债式收购" // 317

   3-9 2018年要约收购典型案例解析 // 327

   3-10 从"ST生化"的10封关注函看敌意要约收购之审核要点 // 334

   3-11 从"ST生化"的10封关注函看上市公司反收购的手段及审核要点 // 337

后记 // 353

综述

2017—2018 年上市公司控制权收购蓝皮书

一、简述

根据统计,2017 年上市公司控制权收购交易共 69 单(统计标准为在 2017 年开始或者结束的控制权收购交易),其中有 8 单交易终止,另有 7 单交易还没有最终完成(截至 2019 年 1 月 15 日),完成数为 54 单。2018 年上市公司控制权收购交易共 89 单(统计标准为在 2018 年开始或者结束的控制权收购交易,其中,棕榈股份、红日药业和东方网络进行了两次股份转让,我们分别将其视为 2 单交易),其中有 14 单交易终止,另有 24 单交易还没有最终完成(截至 2019 年 1 月 15 日),完成数为 51 单。在这统计的 158 单上市公司控制权收购交易中,涉及哪些不同的交易方案?哪些交易方案最受市场青睐?沪深两地交易所的问询函/关注函主要关注哪些问题?上市公司及交易各方又是如何回复这些交易所的问询的?……

本书将从宏观的角度出发,为读者梳理 2017—2018 年上市公司控制权收购市场的整体状况。

二、收购人(买家是谁)

从收购人的类型来看,2017 年有特定产业背景的实业公司占比 44.12%,

为收购人的第一大来源,投资类公司及投资类有限合伙占比分别为38.24%及14.71%,直接以自然人作为收购人的交易仅有2单,占比为2.93%;2018年投资类公司占比47.83%,为收购人的第一大来源,有特定产业背景的实体类公司占比32.61%,投资类有限合伙占比8.7%,直接以自然人作为收购人的交易占比为10.86%。具体构成情况请见以下图表:

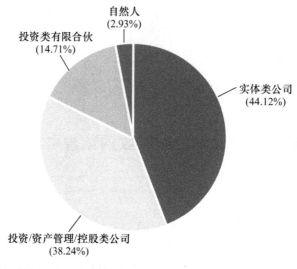

注:部分数据存在四舍五入的情况。

图 0-1　2017 年上市公司控制权收购的收购人类型

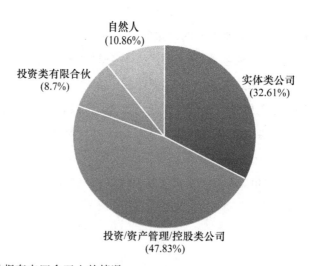

注:部分数据存在四舍五入的情况。

图 0-2　2018 年上市公司控制权收购的收购人类型

表 0-1 2017 年上市公司控制权收购的收购人信息

序号	上市公司	收购人（控制权受让方）	企业类型
1	华塑控股	浙江浦江域耀资产管理有限公司	有限责任公司
2	中超控股	深圳市鑫腾华资产管理有限公司	有限责任公司
3	保龄宝	北京永裕投资管理有限公司	有限责任公司（自然人独资）
4	荣华实业	上海人和投资管理有限公司	有限责任公司（自然人投资或控股）
5	中毅达	深圳宝利盛投资管理有限公司	有限责任公司
6	新华龙	宁波炬泰投资管理有限公司	有限责任公司
7	亿晶光电	深圳市勤诚达投资管理有限公司	有限责任公司（法人独资）
8	东北电气	北京海鸿源投资管理有限公司	有限责任公司（法人独资）
9	美达股份	青岛昌盛日电新能源控股有限公司	其他有限责任公司
10	祥源文化	祥源控股集团有限责任公司	私营有限责任公司
11	霞客环保	协鑫科技控股有限公司	有限责任公司
12	绵石投资	成都中迪金控集团有限公司	其他有限责任公司
13	长春经开	万丰锦源控股集团有限公司	有限责任公司（国内合资）
14	九有股份	北京春晓金控科技发展有限公司	有限责任公司（自然人投资或控股）
15	深天地 A	广东君浩股权投资控股有限公司	有限责任公司（自然人投资或控股）
16	金洲管道	霍尔果斯万木隆股权投资有限公司	其他有限责任公司
17	胜利股份	广州润铠胜投资有限责任公司	其他有限责任公司（法人独资）
18	大西洋	四川发展国瑞矿业投资有限公司	有限责任公司（法人独资）
19	长航凤凰	广东文华福瑞投资有限公司	有限责任公司（自然人投资或控股）
20	升达林业	焦作市保和堂投资有限公司	其他有限责任公司
21	信邦制药	西藏誉曦创业投资有限公司	有限责任公司（法人独资）
22	华平股份	智汇科技投资（深圳）有限公司	有限责任公司（法人独资）
23	圣阳股份	中民新能电力投资有限公司	有限责任公司（法人独资）
24	美丽生态	深圳市盛世泰富园林投资有限公司	有限责任公司
25	ST 生化	中国国有资本风险投资基金股份有限公司	股份有限公司（国有控股）
26	海虹控股	中国国有资本风险投资基金股份有限公司	股份有限公司（国有控股）
27	华菱星马	中国恒天集团有限公司	有限责任公司（国有独资）

(续表)

序号	上市公司	收购人（控制权受让方）	企业类型
28	西安饮食	深圳华侨城文化集团有限公司	有限责任公司（法人独资）
29	金莱特	深圳华欣创力科技实业发展有限公司	有限责任公司
30	青松股份	山西广佳汇企业管理咨询有限公司	有限责任公司（自然人投资或控股）
31	博信股份	苏州晟隽营销管理有限公司	有限责任公司
32	奥维通信	瑞丽市瑞丽湾旅游开发有限公司	有限责任公司
33	步森股份	重庆安见汉时科技有限公司	有限责任公司
34	共达电声	潍坊爱声声学科技有限公司	有限责任公司（法人独资）
35	希努尔	新郎希努尔集团股份有限公司	股份有限公司
36	尤夫股份	上海中技企业集团有限公司	有限责任公司（自然人投资或控股）
37	宏创控股	山东宏桥新型材料有限公司	有限责任公司（台港澳法人独资）
38	东方银星	中庚地产实业集团有限公司	有限责任公司（自然人投资或控股）
39	栋梁新材	万邦德集团有限公司	有限责任公司
40	*ST昌九	江西航美传媒广告有限公司	有限责任公司
41	江泉实业	深圳市大生农业集团有限公司	有限责任公司
42	明家联合	深圳市一号仓佳速网络有限公司	有限责任公司
43	梦舟股份	芜湖恒鑫铜业集团有限公司	有限责任公司
44	延华智能	上海雁塔科技有限公司	有限责任公司（自然人投资或控股）
45	龙星化工	上海图赛新能源科技集团有限公司	有限责任公司
46	海越股份	海航现代物流有限责任公司	有限责任公司（法人独资）
47	曙光股份	华泰汽车集团有限公司	其他有限责任公司
48	宏达股份	四川泰和置业集团有限公司	有限责任公司（自然人投资或控股）
49	龙净环保	福建阳光集团有限公司	有限责任公司（自然人投资或控股）
50	狮头股份	重庆协信远创实业有限公司	有限责任公司（台港澳与境内合资）
51	营口港	辽宁东北亚港航发展有限公司	有限责任公司（国有独资）
52	大连港	辽宁东北亚港航发展有限公司	有限责任公司（国有独资）
53	威华股份	深圳盛屯集团有限公司	有限责任公司
54	英特集团	浙江省国际贸易集团有限公司	有限责任公司（国有独资）

(续表)

序号	上市公司	收购人（控制权受让方）	企业类型
55	*ST烯碳	远成集团有限公司	有限责任公司（法人独资）
56	哈空调	杭州锦江集团有限公司	有限责任公司
57	哈工智能	无锡哲方哈工智能机器人投资企业	有限合伙企业
58	北京利尔	日照瑞海隆私募投资基金合伙企业	有限合伙企业
59	斯太尔	青岛中银九方股权投资合伙企业	有限合伙企业
60	江苏神通	湖州风林火山股权投资合伙企业	有限合伙企业
61	四川金顶	深圳朴素至纯投资企业（有限合伙）	有限合伙企业
62	开能环保	钧天（宁夏）投资管理中心（有限合伙）	有限合伙企业
63	通达动力	天津鑫达瑞明企业管理咨询中心	有限合伙企业
64	同洲电子	深圳市小牛龙行量化投资企业	有限合伙企业
65	扬子新材	南宁颐然养老产业合伙企业	有限合伙企业
66	汇冠股份	福建卓丰投资合伙企业	有限合伙企业
67	凯瑞德	张培峰、任飞、王腾、黄进益、郭文芳	自然人
68	美尔雅	宋艾迪	自然人

注：中体产业，两次公开征集受让均以"未能产生符合条件的意向受让方"而告终。

表0-2　2018年上市公司控制权收购的收购人信息

序号	上市公司	收购人（控制权受让方）	企业类型
1	宜安科技	株洲市国有资产投资控股集团有限公司	有限责任公司（国有独资）
2	金力泰	宁夏华锦资产管理有限公司	有限责任公司（法人独资）
3	大富科技	北控（大连）投资有限公司	有限责任公司（外商合资）
4	易见股份	云南有点肥农业科技有限公司	有限责任公司
5	红宇新材	华融国信控股（深圳）有限公司	有限责任公司
6	天海防务	万胜实业控股（深圳）有限公司	有限责任公司
7	中金环境	无锡市市政公用产业集团有限公司	有限责任公司
8	新筑股份	四川发展（控股）有限责任公司	有限责任公司（国有独资）
9	ST尤夫	中商云南资产管理有限公司	有限责任公司
10	盛运环保	四川省能源投资集团有限责任公司	其他有限责任公司

（续表）

序号	上市公司	收购人（控制权受让方）	企业类型
11	怡亚通	深圳市投资控股有限公司	有限责任公司（国有独资）
12	天音控股	深圳市投资控股有限公司	有限责任公司（国有独资）
13	英唐智控	深圳市赛格集团有限公司	有限责任公司
14	鸿利智汇	四川金舵投资有限责任公司	有限责任公司（非自然人投资或控股的法人独资）
15	东方网络（第一次）	昆山阳澄湖文商旅集团有限责任公司	有限责任公司
16	国旅联合	江西省旅游集团有限责任公司	其他有限责任公司
17	*ST天业	济南高新城市建设发展有限公司	有限责任公司（国有控股）
18	万润科技	湖北省宏泰国有资本投资运营集团有限公司	有限责任公司（国有独资）
19	环能科技	北京中建启明企业管理有限公司	有限责任公司（法人独资）
20	神州高铁	中国国投高新产业投资有限公司	有限责任公司（法人独资）
21	普路通	广东省绿色金融投资控股集团有限公司	有限责任公司
22	合力泰	福建省电子信息（集团）有限责任公司	有限责任公司（国有独资）
23	欧浦智网	广东顺控城投置业有限公司	有限责任公司（法人独资）
24	红日药业（第二次）	成都兴城投资集团有限公司	有限责任公司（国有独资）
25	金一文化	北京海淀科技金融资本控股集团股份有限公司	股份有限公司（非上市、国有控股）
26	九华旅游	安徽省高新技术产业投资有限公司	有限责任公司（非自然人投资或控股的法人独资）
27	长信科技	芜湖铁元投资股份有限公司	其他有限责任公司
28	天沃科技	上海电气集团股份有限公司	股份有限公司（台港澳与境内合资、上市）
29	麦捷科技	深圳市远致富海投资管理有限公司	有限责任公司
30	*ST昌九	常州天宁物流产业发展有限公司	有限责任公司
31	棕榈股份（第二次）	南京栖霞建设股份有限公司	股份有限公司（A股上市）
32	华星创业	上海繁银科技有限公司	有限责任公司（自然人投资或控股）
33	皖通科技	南方银谷科技有限公司	有限责任公司

(续表)

序号	上市公司	收购人（控制权受让方）	企业类型
34	冠福股份	深圳诺鱼科技有限公司	有限责任公司
35	万里股份	家天下资产管理有限公司	有限责任公司
36	世纪鼎利	东方恒信资本控股集团有限公司	有限责任公司
37	山东章鼓	亚都科技集团有限公司	有限责任公司
38	江苏吴中	杭州复晖实业有限公司	其他有限责任公司
39	ST 景谷	周大福投资有限公司	有限责任公司（台港澳与境内合资）
40	富临运业	宁波泰虹企业管理有限公司	有限责任公司
41	东晶电子	上海中锐创业投资管理有限公司	有限责任公司（自然人投资或控股的法人独资）
41	东晶电子	上海鹰虹投资管理有限公司	有限责任公司（自然人投资或控股）
42	众应互联	宁波梅山保税港区微梦互娱投资合伙企业（有限合伙）	有限合伙企业
43	成都路桥	四川宏义嘉华实业有限公司	其他有限责任公司、私营企业
44	全新好	汉富控股有限公司	有限责任公司
45	鑫茂科技	浙江富通科技集团有限公司	有限责任公司（自然人投资或控股的法人独资）
46	荣科科技	上海南湾信息科技有限公司	有限责任公司（自然人投资或控股的法人独资）
47	大通燃气	北京顶信瑞通科技发展有限公司	有限责任公司（自然人投资或控股）
48	松发股份	恒力集团有限公司	有限责任公司
49	东方网络（第二次）	南通东柏文化发展合伙企业	有限合伙企业
50	长方集团	南昌光谷集团有限公司	有限责任公司（自然人投资或控股）
50	长方集团	南昌鑫旺资本企业（有限合伙）	有限合伙企业
51	民盛金科	内蒙古正东云驱科技有限公司	有限责任公司（非自然人投资或控股法人独资）
52	南方轴承	北京市卓越泰坤科技有限公司	有限责任公司（法人独资）
53	乐金健康	融捷投资控股集团有限公司	有限责任公司（自然人投资或控股）
54	晨鑫科技	上海钜成供应链管理（集团）有限公司	有限责任公司（自然人投资或控股）
55	西部资源	湖南隆沃文化科技产业有限公司	有限责任公司（自然人独资）

(续表)

序号	上市公司	收购人（控制权受让方）	企业类型
56	华录百纳	盈峰投资控股集团有限公司、	有限责任公司（自然人投资或控股）
		宁波普罗非投资管理有限公司	有限责任公司（自然人投资或控股的法人独资）
57	ST准油	湖州燕润投资管理合伙企业（有限合伙）	有限合伙企业
58	ST云网	上海臻禧企业管理咨询合伙企业（有限合伙）	有限合伙企业
59	中电电机	宁波君拓企业管理有限公司	其他有限责任公司
60	兴民智通	四川盛邦创恒企业管理有限责任公司	其他有限责任公司
61	群兴玩具	深圳星河数据科技有限公司	有限责任公司
		成都数字星河科技有限公司	有限责任公司（自然人投资或控股）
		北京九连环数据服务中心（有限合伙）	有限合伙企业
62	厚普股份	北京星凯投资有限公司	有限责任公司（自然人投资或控股）
63	丽鹏股份	苏州睿畅投资管理有限公司	有限责任公司（法人独资）
64	华谊嘉信	上海开域信息科技有限公司	有限责任公司（中外合资）
65	赞宇科技	河南正商企业发展集团有限责任公司	其他有限责任公司
66	*ST藏旅	新奥控股投资有限公司	有限责任公司（自然人投资或控股）
67	宏达矿业	上海中技企业集团有限公司	有限责任公司（自然人投资或控股）
68	金新农	广州湾区金农投资合伙企业（有限合伙）	有限合伙企业
69	汇通能源	西藏德锦企业管理有限责任公司	其他有限责任公司
70	ST宏盛	西藏德恒企业管理有限责任公司	有限责任公司（非自然人投资或控股的法人独资）
71	金贵银业	上海稷业（集团）有限公司	有限责任公司（自然人投资或控股）
72	龙大肉食	蓝润投资控股集团有限公司	有限责任公司
73	冠昊生物	广州永金源投资有限公司	有限责任公司
74	光洋股份	深圳市东方富海投资管理股份有限公司	股份有限公司（非上市）
75	棕榈股份（第一次）	浙江一桐辉瑞股权投资有限公司	有限责任公司（自然人投资或控股）

(续表)

序号	上市公司	收购人（控制权受让方）	企业类型
76	红日药业（第一次）	北京高特佳资产管理有限公司	有限责任公司（法人独资）
77	华塑控股	湖北新宏武桥投资有限公司	有限责任公司（非自然人投资或控股的法人独资）
78	报喜鸟	吴婷婷	自然人
79	冀凯股份	冯春保	自然人
80	汉商集团	阎志	自然人
81	跨境通	徐佳东	自然人
82	奥特佳	张永明	自然人
83	东方通	黄永军	自然人
84	梦舟股份	李瑞金	自然人
85	合金投资	甘霖、姚军、李强	自然人
86	达意隆	张颂明	自然人
87	鞍重股份	林春光	自然人

注：天广中茂，未披露具体信息；凯瑞德，一致行动人协议终止，公司变为无实际控制人。群兴玩具有三个收购主体，东晶电子、长方集团、华录百纳分别有两个收购主体。

从收购人的构成比例可以看出，实业类收购主体和投资类公司占有最大的比例，是最受监管层欢迎的两类收购主体。

三、收购价格（收购一家上市公司大概需要多少钱？）

通过对2017年和2018年上市公司控制权收购的交易方式及相应的披露信息进行分析总结，我们发现，股份协议转让、股份协议转让＋表决权委托以及间接控股（上市公司控股股东发生结构性变更）这三种方式涉及的交易数量在所统计的交易总量中占比非常大，在2017年的69单交易和2018年的89单交易中分别占比89.71%和70.79%（见图0-3、图0-4），并且相关的价格信息披露亦较为全面和完整。因此，接下来我们就以这三种交易方式涉及的具体交易为样本，向读者介绍上市公司控制权收购的价格、成本等信息。[1]

---

[1] 以下部分数据存在四舍五入的情况。

表 0-3　2017年控制权收购方式：（一）股份协议转让

序号	上市公司	转让价格（元/股）	收购人成本（亿元）	收购人合计表决权比例（%）	股份转让价格溢价率（较停牌前最后一个交易日收盘价）(%)
1	哈工智能	17.67	32.40	29.90	49.37
2	霞客环保	7.97	6.87	21.51	5.23
3	金莱特	20.00	11.20	29.99	−5.92
4	东北电气	15.95	13.00	9.33	109.62
5	博信股份	23.00	15.02	28.39	72.24
6	中超控股	5.19	19.08	29.00	−7.81
7	新华龙	11.20	8.20	28.70	0.00
8	四川金顶	16.77	17.39	29.72	4.20
9	奥维通信	16.82	16.77	27.95	68.16
10	共达电声	18.10	9.95	15.27	123.73
11	胜利股份	16.00	9.91	15.26	153.57
12	希努尔	21.00	43.82	68.11	−2.55
13	宏创控股	7.64	19.94	28.18	−4.98
14	信邦制药	8.43	30.24	21.04	−10.00
15	东方银星	56.03	18.17	25.34	51.51
16	栋梁新材	32.04	7.20	18.88	66.53
17	江泉实业	15.50	10.60	13.37	66.67
18	明家联合	13.00	17.58	21.25	42.39
19	梦舟股份	5.10	8.92	9.89	3.66
20	长春经开(尚未完成)	10.20	10.38	21.88	−9.1
21	深天地A(尚未完成)	50.00	19.00	27.39	122.72
22	同洲电子(尚未完成)	12.18	15.00	16.50	97.09
23	亿晶光电(尚未完成)	8.22	12.00	20.00	126.11
24	斯太尔(尚未完成)	9.75	20.68	26.90	5.41
25	中体产业(终止)	17.53	32.64	22.07	−13.17
26	华菱星马(终止)	7.27	6.16	15.24	−13.04
27	荣华实业(终止)	12.84	13.99	16.37	150.78
28	哈空调(终止)	11.74	11.25	25.00	−3.07
29	长航凤凰(终止)	10.50	19.01	17.89	31.08
	平均值	16.47	16.12	23.46	—

表 0-4　2018 年控制权收购方式：（一）股份协议转让

序号	上市公司	转让价格（元/股）	收购人成本（亿元）	收购人合计表决权比例（%）	股份转让价格溢价率（较停牌前最后一个交易日收盘价）（%）
1	ST 宏盛	24.02	10.00	25.88	163.00
2	合金投资	2.59	2.00	20.00	−46.45
3	华星创业	6.08	3.84	14.75	48.66
4	怡亚通	5.50	5.84	18.30	−10.42
5	江苏吴中	17.10	12.73	10.31	52.82
6	达意隆	10.25	1.33	26.21	21.16
7	新筑股份	7.91	8.27	16.00	0.25
8	国旅联合	8.29	6.10	14.57	22.48
9	ST 景谷	32.57	12.68	30.00	68.06
10	富临运业	11.29	10.58	29.90	74.46
11	成都路桥	13.99（协议一）12.75（协议二）	21.87	29.70	80.74（协议一）64.73（协议二）
12	全新好	20.47	9.59	13.53	22.87
13	鑫茂科技	8.50	11.39	11.09	62.55
14	松发股份	21.91	8.20	29.91	57.40
15	兴民智通	8.05	14.00	28.01	5.09
16	环能科技	5.32	9.73	27.00	11.06
17	汇通能源	20.36	9.00	30.00	109.25
18	红日药业（第一次）	3.83	11.53	10.00	−3.77
19	红日药业（第二次）	3.83	18.68	16.20	13.31
20	金新农（进行中）	11.30	10.60	24.70	38.82
21	麦捷科技（进行中）	6.80	12.50	26.48	16.84
22	众应互联（进行中）	36.00	8.39	23.16	21.33
23	冠福股份（进行中）	4.50	17.27	14.57	38.04
24	*ST 昌九（终止）	14.23	8.00	23.30	78.54
25	荣科科技（终止）	10.88	10.00	27.15	61.66
26	大通燃气（终止）	9.41	10.00	29.64	36.38
27	山东章鼓（终止）	6.81	6.33	29.81	−1.73
28	棕榈股份（第一次）（终止）	8.00	5.99	5.03	9.14
	平均数	11.98	9.60	21.90	—

注：东方网络（第一次）、棕榈股份（第二次）、兴源环境，此 3 单交易具体信息尚未披露。

表 0-5　2017 年控制权收购方式:(二) 股份协议转让+表决权委托

序号	上市公司	直接受让比例(%)	转让价格(元/股)	成本(亿元)	股份转让价格溢价率(较停牌前最后一个交易日收盘价)(%)	间接受让比例(%)	表决权委托数比例(%)	受让方持有老股比例(%)	合计表决权比例(%)
1	圣阳股份	5.01	8.37	1.49	0.00	0.00	16.30	0.00	21.31
2	通达动力	6.00	30.30	3.00	22.82	0.00	23.99	0.00	29.98
3	青松股份	7.00	11.79	3.18	34.43	0.00	6.75	16.05	29.80
4	开能环保	5.01	15.07	4.30	65.06	2.15	18.42	0.00	25.58
5	江苏神通	7.64	8.16	3.00	7.51	0.00	7.55	9.82	25.01
6	保龄宝	7.33	20.00	5.41	17.74	0.00	12.79	0.00	20.12
7	金洲管道	10.14	13.00	6.86	8.88	0.00	3.31	0.00	13.45
8	扬子新材	13.47	10.44	7.20	25.97	0.00	16.52	0.00	29.99
9	华平股份	13.52	11.00	8.07	28.96	0.00	4.77	0.61	18.90
10	延华智能	9.41	12.49	8.42	−9.75	0.00	9.41	0.00	18.82
11	步森股份	16.00	47.60	10.44	−13.70	0.00	13.86	0.00	29.86
12	龙星化工	6.80	21.29	11.09	67.24	15.13	6.67	0.00	28.60
13	绵石投资	17.81	21.00	11.19	39.72	0.00	7.03	0.00	24.84
14	汇冠股份	20.98	24.98	13.08	12.12	0.00	6.22	0.00	27.20
15	美达股份	15.49	19.93	16.30	44.05	0.00	13.00	0.00	28.49
16	ST 生化	18.57	43.20	21.87	24.60	0.00	4.04	0.00	22.61
17	曙光股份	19.77	23.21	31.00	157.31	0.00	1.50	0.00	21.27
18	西安饮食(尚未完成)	15.00	6.99	5.23	−5.03	0.00	6.04	0.00	21.04
	平均值	11.94	19.34	9.51	—	—	—	—	24.27

表 0-6 2018 年控制权收购方式:(二)股份协议转让＋表决权委托

序号	上市公司	直接受让比例(%)	转让价格(元/股)	成本(亿元)	股份转让价格溢价率(较停牌前最后一个交易日收盘价)(%)	间接受让比例(%)	表决权委托数比例(%)	受让方持有老股比例(%)	合计表决权比例(%)
1	长方集团	17.43	5.20	7.16	−10.00	0.00	12.56	0.00	29.99
2	民盛金科	10.77	32.43	13.03	50.00	0.00	13.82	5.31	29.90
3	长信科技	11.81	5.12	11.77	0.00	0.00	5.00	0.00	16.81
4	乐金健康	5.07	7.00	2.86	38.34	0.00	10.29	5.66	21.02
5	金力泰	15.00	15.50	10.94	−7.07	0.00	4.54	0.00	19.54
6	宜安科技	9.78	6.44	2.90	−29.00	0.00	7.33	10.86	27.97
7	天沃科技	5.81	6.83	3.50	1.79	0.00	14.87	9.20	29.87
8	龙大肉食	10.00	16.00	12.10	90.48	0.00	9.90	10.00	29.90
9	万里股份	10.00	19.57	3.00	36.19	0.00	6.57	0.00	16.57
10	跨境通	7.04	28.00	30.70	58.28	0.00	6.94	10.52	24.50
11	群兴玩具	20.00	5.95	7.00	47.28	0.00	9.85	0.00	29.85
12	丽鹏股份	11.00	6.60	6.37	80.33	3.37	7.60	0.00	21.97
13	中电电机	21.47	14.88	7.51	47.78	0.00	8.43	0.00	29.90
14	万润科技	20.21	5.21	9.51	5.68	0.00	3.00	0.00	23.21
15	合力泰	15.06	6.86	32.19	22.28	0.00	14.84	0.00	29.90
16	中金环境(进行中)	6.65	4.42	5.65	11.62	10.00	12.13	0.00	28.78
17	普路通(进行中)	5.37	8.66	1.74	16.87	5.29	19.18	0.00	29.84
18	厚普股份(进行中)	5.45	5.91	1.17	−3.27	0.00	20.00	0.00	25.45
19	南方轴承(终止)	14.43	20.11	10.10	131.15	0.00	14.57	0.00	29.00
20	红宇新材(终止)	5.85	4.80	1.16	4.80	0.00	14.52	0.00	20.00
21	世纪鼎利(终止)	9.09	6.59	3.36	−0.15	0.00	15.75	0.00	24.84
22	天海防务(终止)	5.00	3.50	1.68	−1.96	5.58	14.15	0.00	24.73
	平均值	11.01	10.71	8.43	—	—	—	—	25.62

注:金贵银业、东方网络(第二次)、天广中茂、华谊嘉信、鞍重股份,此 5 单交易具体信息尚未披露。

表 0-7　2017 年控制权收购方式：(三)间接控股(上市公司控股股东发生结构性变更)

序号	上市公司	转让价格（元/股）	受让方成本（亿元）	受让方合计表决权比例（%）	股份转让价格溢价率（较停牌前最后一个交易日收盘价）（%）
1	九有股份	7.35	7.48	19.06	32.91
2	华塑控股	5.52	11.00	24.13	−28.87
3	祥源文化	8.63	16.72	29.72	−8.29
4	*ST昌九	32.55	14.31	18.22	117.57
5	海越股份	30.77	26.50	22.31	71.52
6	海虹控股	18.17	42.03	25.74	−27.12
7	龙净环保	20.01	36.73	17.17	56.61
8	尤夫股份	22.53	26.73	29.80	−16.49
9	升达林业	16.26	31.00	25.34	115.65
10	狮头股份	18.58	5.05	26.70	7.08
11	美尔雅(终止)	20.55	15.08	20.39	42.21
12	宏达股份(终止)	7.88	43.00	26.88	19.21
	平均值	17.40	22.97	23.79	—

表 0-8　2018 年控制权收购方式：(三)间接控股(上市公司控股股东发生结构性变更)

序号	上市公司	转让价格（元/股）	受让方成本（亿元）	受让方合计表决权比例（%）	股份转让价格溢价率（较停牌前最后一个交易日收盘价）（%）
1	冠昊生物	16.65	10.60	24.02	−11.76
2	东晶电子	8.64	5.28	25.10	−35.23
3	ST尤夫(进行中)	21.07	25.00	29.80	37.17
4	光洋股份(进行中)	8.64	12.00	29.61	41.18
	平均值	13.75	13.22	27.81	—

注：*ST天业(终止)未披露详细信息。

四、上市公司控制权收购的方式（买的方式有哪些?）

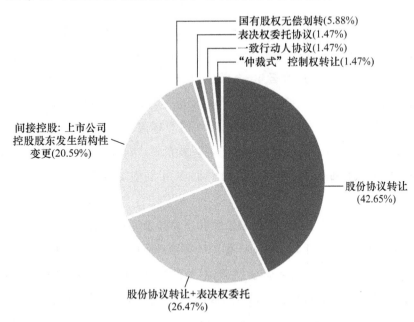

注：部分数据存在四舍五入的情况。
图 0-3　2017 年上市公司控制权收购的方式

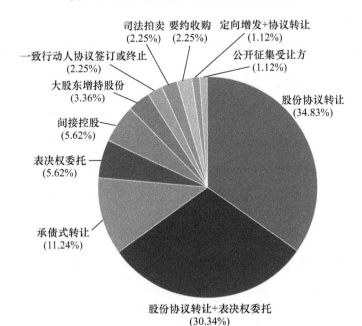

注：部分数据存在四舍五入的情况。
图 0-4　2018 年上市公司控制权收购的方式

（一）股份协议转让

2017年，共29单上市公司控制权收购交易涉及通过"股份协议转让"的方式进行控制权的变更，占比42.65%，[①]是市场采用最多的上市公司收购方式。具体涉及的上市公司为：希努尔、金莱特、博信股份、中超控股、新华龙、四川金顶、奥维通信、江泉实业、明家联合、梦舟股份、信邦制药、胜利股份、东北电气、哈工智能、栋梁新材、宏创控股、东方银星、霞客环保、共达电声、亿晶光电（尚未完成）、深天地A（尚未完成）、同洲电子（尚未完成）、斯太尔（尚未完成）、长春经开（尚未完成）、长航凤凰（终止）、荣华实业（终止）、华菱星马（终止）、哈空调（终止）、中体产业（终止）。

2018年，共31单上市公司控制权收购交易涉及通过"股份协议转让"的方式进行控制权的变更，占比34.83%，[②]是市场采用最多的上市公司收购方式。具体涉及的上市公司为：ST宏盛、合金投资、华星创业、怡亚通、江苏吴中、达意隆、新筑股份、国旅联合、ST景谷、富临运业、成都路桥、全新好、鑫茂科技、松发股份、兴民智通、环能科技、汇通能源、红日药业（第一次）、红日药业（第二次）、金新农（进行中）、麦捷科技（进行中）、众应互联（进行中）、冠福股份（进行中）*ST昌九（终止）、荣科科技（终止）、大通燃气（终止）、山东章鼓（终止）、棕榈股份（第一次）（终止）、棕榈股份（第二次）（进行中）、兴源环境（进行中）、东方网络（第一次）（终止）。

（二）股份协议转让＋表决权委托

2017年，共18单上市公司控制权收购交易涉及通过"股份协议转让＋表决权委托"的方式进行控制权的变更，占比26.47%。具体涉及的上市公司为：金洲管道、圣阳股份、青松股份、通达动力、扬子新材、汇冠股份、华平股份、开能环保、绵石投资、步森股份、保龄宝、延华智能、龙星化工、美达股份、曙光股份、江苏神通、ST生化、西安饮食（尚未完成）。

2018年，共27单上市公司控制权收购交易涉及通过"股份协议转让＋表决权委托"的方式进行控制权的变更，占比30.34%。具体涉及的上市公司为：

[①] 2017年上市公司控制权收购交易共69单，另由于北京利尔未披露交易方式且交易已终止，因此交易方式可以确定的交易共有68单。

[②] 2018年上市公司控制权收购交易共89单。

长方集团、民盛金科、长信科技、乐金健康、金力泰、宜安科技、天沃科技、龙大肉食、万里股份、跨境通、群兴玩具、丽鹏股份、中电电机、万润科技、合力泰、中金环境(进行中)、普路通(进行中)、厚普股份(进行中)、金贵银业(进行中)、东方网络(第二次,进行中)、华谊嘉信(进行中)、天广中茂(终止)、鞍重股份(终止)、南方轴承(终止)、红宇新材(终止)、世纪鼎利(终止)、天海防务(终止)。

(三) 间接控股:上市公司控股股东发生结构性变更

2017年,共14单上市公司控制权收购交易涉及通过"间接控股:上市公司控股股东发生结构性变更"的方式进行控制权的变更,占比20.59%。具体交易方式以及涉及的上市公司为:

(1) 股权转让协议+间接控股(收购人以股权协议转让的方式收购上市公司控股股东的控制权,实现间接控制上市公司):九有股份、华塑控股、祥源文化、*ST昌九、海越股份、龙净环保、*ST烯碳、中毅达、美尔雅(终止)、宏达股份(终止);

(2) 承债+间接控股(收购人以承债的方式收购上市公司控股股东的母公司,实现间接控制上市公司):尤夫股份;

(3) 增资+间接控股(收购人向上市公司控股股东增资并获得控制权,实现间接控制上市公司):升达林业、海虹控股;

(4) 间接控股+一致行动人增持(收购人通过股份协议转让获得上市公司第一大股东的控制权之后(上市公司无实际控制人),通过一致行动人协议对上市公司增持的方式获得上市公司控制权):狮头股份。

2018年,共5单上市公司控制权收购交易涉及通过"间接控股:上市公司控股股东发生结构性变更"的方式进行控制权的变更,占比5.62%。具体交易方式以及涉及的上市公司为:

(1) 股权协议转让+间接控股(收购人以股权协议转让的方式收购上市公司控股股东的控制权,实现间接控制上市公司):东晶电子、光洋股份、*ST天业;

(2) 承债+间接控股(收购人以承债的方式收购上市公司控股股东的母公司,实现间接控制上市公司):ST尤夫;

(3) 增资+间接控股(收购人向上市公司控股股东增资并获得控制权,实现间接控制上市公司):冠昊生物。

（四）其他方式

1. 表决权委托协议

（1）涉及的上市公司：2017年涉及的上市公司有威华股份、凯瑞德（2017年第一次控制权收购，终止）；2018年涉及的上市公司有奥特佳、东方通、皖通科技（进行中）、九华旅游（进行中）、易见股份（终止）。

（2）交易的基本情况（以威华股份为例）：上市公司股东李建华先生和盛屯集团于2017年6月15日签署了《表决权委托协议》，李建华先生将其持有的威华股份51,475,200股（占公司总股本的10.49%）所对应的表决权以及提名和提案权委托给盛屯集团行使。

本次表决权委托完成后，盛屯集团将在持有公司4,000万股股份的基础上，通过表决权委托的方式取得公司10.49%股份（即51,475,200股）所对应的表决权，合计实际支配公司表决权所对应的股本占公司总股本比例为18.64%，将成为可支配公司最大单一表决权的股东。表决权委托完成后，公司的控股股东将由李建华变更为盛屯集团，实际控制人由李建华变更为姚雄杰。（2016年6月，盛屯集团曾经协议受让威华股份原实控人李建华持有的8.15%股份，因此严格来说，本次控制权收购亦可以理解为"股权协议转让＋表决权委托"中的一步，但是本书主要以单独导致控制权收购的交易为研究样本，在这里稍作说明。）

2. 一致行动人协议

（1）涉及的上市公司：2017年涉及的上市公司有凯瑞德（2017年第二次控制权收购）；2018年涉及的上市公司有凯瑞德（一致行动人协议到期解除）、天音控股。

（2）交易的基本情况：上市公司股东张培峰与公司股东任飞、王腾、黄进益、郭文芳共同签订了《关于凯瑞德控股股份有限公司的一致行动人协议》。根据协议安排及各方持股情况，上述一致行动人共持有公司股票（股票简称：凯瑞德，股票代码：002072）21,685,383股，占公司总股本的12.32%，超过了公司原控股股东的控股比例，公司实际控制人发生变更。

3. 国有股权无偿划转

（1）涉及的上市公司：2017年涉及的上市公司有英特集团、营口港、大连港、大西洋（尚未完成）；2018年没有统计到相应的案例。

（2）交易的基本情况（以英特集团为例）：上市公司实际控制人中国中化集团公司拟将其控股子公司旗下浙江省华龙实业集团有限公司、浙江华资实业发展有限公司、浙江华龙房地产开发有限公司、浙江东普实业有限公司合计持有的本公司股份58,248,906股（占本公司总股本的28.08%）无偿划转给浙江省国际贸易集团有限公司。

本次划转前，划入方浙江省国际贸易集团有限公司及其全资子公司浙江汇源投资管理有限公司、浙江华辰投资发展有限公司合计持有本公司股份55,115,066股，占公司总股本的26.57%；实施本次无偿划转后，划入方及其全资子公司浙江汇源投资管理有限公司、浙江华辰投资发展有限公司将合计持有本公司股份113,363,972股，占公司总股本的54.65%，将触及要约收购，划入方将向中国证券监督管理委员会申请豁免其要约收购义务。

截至2017年12月15日，上市公司国有股份无偿划转事项已通过商务部对本次中国境内经营者集中简易案件反垄断的审查（商反垄初审函〔2017〕第232号），并已取得国务院国有资产监督管理委员会《关于中化蓝天集团有限公司向浙江省国际贸易集团有限公司无偿划转部分企业产权有关问题的批复》（国资产权〔2017〕1198号）和中国证券监督管理委员会《关于核准豁免浙江省国际贸易集团有限公司要约收购浙江英特集团股份有限公司股份义务的批复》（证监许可〔2017〕2271号）。

2017年12月25日，上市公司收到国贸集团的通知，国有股权无偿划转事项在中国证券登记结算有限责任公司完成了证券过户登记手续，中国证券登记结算有限责任公司出具了《证券过户登记确认书》，确认浙江华资实业发展有限公司、浙江省华龙实业集团有限公司、浙江华龙房地产开发有限公司、浙江东普实业有限公司分别所持英特集团2410.2000万股、1300.6263万股、1099.6502万股、1014.4141万股股份无偿划转给国贸集团的过户登记手续已办理完毕，前述股份在过户前后均为无限售流通股，过户日期为2017年12月22日。

4."仲裁式"控制权转让

（1）涉及的上市公司：2017年涉及的上市公司有美丽生态；2018年没有统计到相应的案例。

（2）交易的基本情况：上市公司控股股东深圳五岳乾坤投资有限公司（以

下简称"五岳乾坤")的股东深圳市盛世泰富园林投资有限公司(以下简称"盛世泰富")收到由北京仲裁委员会出具的裁决书((2017)京仲裁字第0729号裁决书):嘉诚中泰和中建投协助盛世泰富将其持有的五岳乾坤50.98%的股权变更工商登记至盛世泰富名下。

本次权益变动前,五岳乾坤持有公司17,636万股股份,占公司总股本的21.55%,为公司控股股东;深圳市天一景观投资发展有限公司(以下简称"天一景观")持有五岳乾坤股份比例为39.86%,为五岳乾坤的控股股东,郑方先生持有天一景观股权比例为56%,为公司实际控制人。

本次权益变动后,盛世泰富持有五岳乾坤股份比例为50.98%,超过天一景观持股比例,为本公司控股股东第一大股东。蒋文先生持有盛世泰富股权比例为51%,超过郑方先生间接持有五岳乾坤股份比例,公司实际控制人变更为蒋文先生。

5. 涉及"要约收购"的上市公司

涉及的上市公司:2017年涉及的上市公司有 ST 生化、希努尔、营口港、大连港、大西洋(尚未完成);2018年涉及的上市公司有汉商集团、神州高铁。

6. 大股东股份增持

(1) 涉及的上市公司:2018年涉及的上市公司有报喜鸟、冀凯股份、鸿利智汇。

(2) 交易的基本情况(以报喜鸟为例):持有上市公司9.64%股份的吴婷婷女士于2018年7月11日至2018年7月12日通过深圳证券交易所交易系统增持公司股份累计2,363,600股,本次增持完成后,公司第一大股东吴志泽先生及其一致行动人吴婷婷女士、上海金纱投资有限公司合计持有公司股份252,657,050股,已达到上市公司总股本的20%,可实际支配的上市公司股份表决权足以对公司股东大会的决议产生重大影响。根据《上市公司收购管理办法》等相关规定,公司由无控股股东变更为吴志泽先生为公司控股股东,由无实际控制人变更为吴志泽先生及其一致行动人吴婷婷女士、上海金纱为公司实际控制人。

五、收购完成之后,上市公司的安排(买完之后干什么)

在获得上市公司的控制权之后,收购人的安排有很多,但其中最值得我们探讨的就是重大资产重组,实际上,很多上市公司在控制权收购之前就已经开始了重大资产重组,上市公司的控制权发生变更更多的时候是作为一系列交易中的一步。通过对2017年69单控制权收购交易的分析,我们发现在很多控制权收购交易开始之前或者结束之后,上市公司都有重大资产重组事项开展。例如,哈工智能(友利控股)、通达动力、开能环保、步森股份、龙星化工、海虹控股、四川金顶、栋梁新材、宏创控股(ST鲁丰)等等,这其中有很多交易被交易所以问询函/关注函的方式关注过。至于这类"控制权收购+重大资产重组"交易是否构成"类借壳",交易所在问询函/关注函中的关注要点是什么,以及上市公司如何实现它的"保壳"与"买壳",本书会在后续章节中为读者作专项分析。

六、沪深两地交易所问询函/关注函涉及的主要问题(控制权收购过程中会碰到什么监管障碍,如何解决)

在2017年69单控制权收购的交易中,一共有49单交易收到了两地交易所的问询函/关注函,通过对这些问询函/关注函的分析,我们将其中涉及的问题分为两类:

第一类为普遍性问题,即该问题具备一定的普遍性,只要满足一定的条件,大部分交易几乎都会被问询到;

第二类为特殊性问题,即根据控制权收购的交易方式、交易结果以及交易过程中遇到的可能对交易产生影响的事项而有所不同。

(一)问询函/关注函中涉及的普遍性问题汇总

表0-9　2017年问询函/关注函涉及的普遍性问题

序号	普遍性问题方向	被问询到该问题方向的上市公司数量汇总	被问询到的公司占收到问询函/关注函公司总数的比例(%)
1	资金来源	34	70.83
2	后续计划	28	58.33
3	交易定价(溢价、折价)	26	54.17
4	关联关系、关联交易	20	41.67
5	收购人的结构、产权控制权关系(合伙、信托或其他资产管理方式等)	17	35.42
6	收购人的财务状况	16	33.33

(续表)

序号	普遍性问题方向	被问询到该问题方向的上市公司数量汇总	被问询到的公司占收到问询函/关注函公司总数的比例(%)
7	收购的目的、原因、背景	16	33.33
8	股份质押	15	31.25
9	上市公司控制权的稳定性(维护措施等)	11	22.92
10	公司治理、公司经营	11	22.92
11	信息披露义务	9	18.75
12	前6个月内买卖上市交易股份的情况	8	16.67
13	是否为一揽子交易	8	16.67
14	承诺履行情况及是否违背	5	10.42

表0-10 2018年问询函/关注函涉及的普遍性问题

序号	普遍性问题方向	被问询到该问题方向的上市公司数量汇总	被问询到的公司占收到问询函/关注函所有公司的比例(%)
1	资金来源	24	54.55
2	承诺履行情况及是否违背	19	43.18
3	后续计划	19	43.18
4	交易定价(溢价、折价)	18	40.91
5	上市公司控制权的稳定性(维护措施等)	16	36.36
6	收购的目的、原因、背景	14	31.82
7	股份质押	14	31.82
8	信息披露义务	13	29.55
9	关联关系、关联交易	7	15.91
10	收购人的财务状况	5	11.36
11	收购人的结构、产权控制权关系(合伙、信托或其他资产管理方式等)	4	9.09
12	公司治理、公司经营	4	9.09
13	是否为一揽子交易	2	4.55
14	前6个月内买卖上市交易股份的情况	0	0.00

(二) 问询函/关注函中涉及的特殊性问题汇总

1. 通过"股份协议转让＋表决权委托"实现控制权收购的

（1）请说明作出本次股份转让以及委托表决权安排的原因及合理性，是否符合相关法律法规的规定。

（2）委托表决权的行为是否实质构成股份转让，相关主体是否违反股份限售承诺。

（3）请核实并详细说明本次出让及受让委托表决权是否存在或拟针对本次委托设置资金或有其他形式的对价安排，并请说明对价的详细情况、定价及依据、支付约定及支付情况等。

2. 通过"公开征集受让方"实现控制权收购的

（1）请转让方详细说明筹划股权转让事项的决策过程。

（2）请转让方说明是否就股权转让事项与任何各方进行对接、洽谈和磋商等；我部关注到，公开征集方案中对拟受让方设置较多条件，请转让方说明相关受让条件是否指向明确的意向受让方。

（3）请转让方补充披露尽职调查的主要内容、时间安排、遴选的主要标准及程序。

3. 通过"表决权委托协议"实现控制权收购的

（1）本次表决权委托的具体原因。

（2）表决权委托协议有效期的影响因素。

（3）本次表决权委托的相关股权的后续安排，包括但不限于减持计划、股票质押融资安排，以及表决权的委托是否受该等股票被质押、冻结等事项的影响。

（4）请结合表决权委托的情况，说明上市公司的控股股东或实际控制人的认定情况，上市公司控制权是否存在不稳定性的风险并做好风险提示。

（5）请说明本次控股股东委托所持股票表决权的安排对公司的影响。

4. 通过"一致行动人协议"实现控制权收购的

（1）一致行动人拟采取稳定公司控制权的具体措施，是否存在未来12个月内的增持计划。

（2）一致行动人协议到期后对公司控制权的影响及具体应对措施。

(3) 公司董事长与公司现任其他董事、监事、高级管理人员之间是否存在构成一致行动关系的具体情形。

(4) 本次协议签署后,对你公司董事、监事、高级管理人员的调整计划。

(5) 请公司独立董事、财务顾问、律师对本次签署一致行动人协议的行为是否符合《上市公司收购管理办法》第51条的规定发表明确意见并说明具体理由。

5. 控制权收购交易终止

(1) 具体说明终止本次股权转让事项的原因或转让交易存在的障碍因素等。

(2) 请说明终止本次股权转让事项对你公司生产经营活动以及发展规划的具体影响。

(3) 公告称,若双方对本协议未尽事宜未能达成一致,任何一方可以提出终止本协议,无须承担违约责任;请公司说明前期停牌、签署本次协议和披露此股份转让框架协议是否审慎,是否存在可能误导投资者的情况,并充分提示本框架协议签署双方可能随时终止协议的风险。

6. 转让方的股份被司法冻结

(1) 请补充披露解除司法冻结的具体安排。

(2) 请补充说明司法冻结对股份协议转让事项及你公司控制权收购的影响。

(3) 请补充说明上述事项可能对你公司生产经营、控制权稳定性等方面产生的影响,并充分提示风险;你公司在保持独立性、防范大股东违规占用资金等方面拟采取的措施。

1 普遍性问题

1-1 资金来源

一、简述

在 2017 年上市公司控制权收购的市场当中,我们一共统计了 69 单上市公司控制权收购的交易(包括在 2017 年结束或者开始的控制权收购交易),其中有 48 单交易收到了沪深两地交易所的问询函/关注函,在这些问询函/关注函中,有 34 单交易被交易所问询到"资金来源"问题,占收到问询函/关注函公司总数的 70.83%,在"问询函/关注函中涉及的普遍性问题汇总"中排名第 1 位。

在 2018 年上市公司控制权收购的市场当中,我们一共统计了 89 单交易(统计标准为在 2018 年开始或者结束的控制权收购交易,其中,棕榈股份、红日药业和东方网络进行了两次股权转让,我们分别将其视为两单交易)。其中有 44 单交易收到了沪深两地交易所的问询函/关注函,在这些问询函/关注函中,有 24 单交易被交易所问询到"资金来源"问题,占比 54.55%,排名第 1 位。[①]

根据对相关问题的归纳总结,我们发现交易所的关注要点包括以下几个方面:

(1) 收购人用于收购上市公司的资金来源的具体分类和途径;

(2) 收购人用于收购上市公司的资金是否涉及借贷;

---

① 详细数据及分析参见本书综述,以下各部分同。

(3) 收购人自身产权控制及其出资人的资金来源。

上述几点中,第一点几乎在所有关于资金来源的问题中都有体现,也是交易所对此类问题最常用的问询方式,要求收购人具体披露来源于相关主体的自有资金(除股东投资入股款之外)、经营活动所获资金或银行贷款,并按不同资金来源途径分别列示资金融出方名称、金额、资金成本、期限、担保和其他重要条款,以及后续还款计划。此外,交易所还特别关注了资金来源中的借贷问题,部分收购人的自身情况也引起了交易所的关注。

二、交易所的常用问法

表 1-1　有关资金来源问题交易所的常用问法

序号	问询问题	上市公司名称
(一) 收购人用于收购上市公司的资金来源的具体分类和途径		
1	披露来源于相关主体的自有资金(除股东投资入股款之外)、经营活动所获资金或银行贷款,并按不同资金来源途径分别列示资金融出方名称、金额、资金成本、期限、担保和其他重要条款,以及后续还款计划	金洲管道、江泉实业、亿晶光电、信邦制药、胜利股份、哈工智能
(二) 收购人用于收购上市公司的资金是否涉及借贷		
1	如涉及借贷,请提供借贷协议的主要内容,包括借贷方、借贷数额、利息、借贷期限、担保及其他重要条款	步森股份、开能环保、龙净环保
(三) 收购人自身产权控制及其出资人的资金来源		
1	以产权控制结构图形式,对收购人的当前所有股东穿透披露至自然人或国有持股主体。各股东或间接股东属于合伙企业的,还应当披露最终出资人的资金来源、合伙企业利润分配、亏损负担及合伙事务执行的有关协议安排	金洲管道、九有股份、*ST昌九

三、上市公司的常用答法

首先来看问询频率最高的一个问题。**就资金来源的类别而言,上市公司需要说明收购资金为自有资金或自筹资金还是向第三方募集的资金,以及是否存在直接或间接来源于上市公司及其关联方的情况。就资金来源的性质而言,上市公司需说明相关类别的资金是否包含杠杆结构化等情形。**

其次,交易所还特别关注了收购资金是否涉及借贷。通常要求收购人提供借贷协议的主要内容,包括借贷方、借贷数额、利息、借贷期限、担保及其他重要条款。《公开发行证券的公司信息披露内容与格式准则第 16 号——上市公司收购报告书》第 34 条规定:"收购人应当披露本次为取得在上市公司中拥有权益的股份所支付的资金总额、资金来源及支付方式,并就下列事项做出说明:(一) 如果其资金或者其他对价直接或者间接来源于借贷,应简要说明借贷协议的主要内容,包括借贷方、借贷数额、利息、借贷期限、担保及其他重要条款。……"其中,**担保条款尤为重要,应当有相关资产作为抵押或者质押且价值相当**,如果是单纯的信用借贷,则很可能遭到否决。

最后,部分收购人自身也会引起交易所的关注,这可能与其产权控制结构复杂、成立时间短、高负债、未开展具体经营等各种因素有关,通常交易所会要求收购人以产权控制结构图形式,对当前所有股东穿透披露至自然人或国有持股主体。各股东或间接股东属于合伙企业的,同时还要披露最终出资人的资金来源、合伙企业利润分配、亏损负担及合伙事务执行的有关协议安排。简言之,**要对"三类股东"进行穿透核查**。

金洲管道[①]

交易方式:股份协议转让

转让方:金州集团有限公司、公司部分董事、高管

受让方:霍尔果斯万木隆股权投资有限公司

交易结果:万木隆投资公司成为公司大股东,公司的实际控制人变更为孙进峰、封堃、李巧思

交易所问题一:万木隆投资受让上述股份,需支付总价款为 685,938,682 元。请分类别详细说明资金来源,包括但不限于资金融出方名称、金额及占比、**融资成本、融资期限及其他重要条款**,以及后续的还款计划。

上市公司回复:

万木隆投资此次受让股份的资金均来自于其自有资金或自筹资金,该等资金来源合法,不存在向第三方募集的情况,也不存在直接或间接来源于金洲管

[①] 案例部分只选取相关内容,原文请参见巨潮咨讯网:http://www.cninfo.com.cn,以下各部分同。

道及其关联方的情况,不存在通过与金洲管道进行资产置换或者其他交易获取资金的情形。本次受让股份的资金不包含任何杠杆融资结构化设计产品。万木隆投资全体股东确认:出资资金均来自于其自有资金、家庭财产或自筹资金,该等资金来源合法,不存在向第三方募集的情况,也不存在直接或间接来源于金洲管道及其关联方的情况,不存在通过与金洲管道进行资产置换或者其他交易获取资金的情形,不包含任何杠杆融资结构化设计产品,不存在负有数额较大债务,到期未清偿,且处于持续状态的情形。

成都路桥

交易方式:股份协议转让

转让方:郑渝力、公司股东四川省道诚力实业投资有限责任公司、李勤

受让方:四川宏义嘉华实业有限公司

交易结果:宏义嘉华持有公司股份 219,019,288 股,占公司总股本的 29.7%;宏义嘉华成为公司的控股股东,刘峙宏成为公司的实际控制人

交易所问题二:请根据《公开发行证券的公司信息披露内容与格式准则第 16 号——上市公司收购报告书》第 34 条的规定补充披露宏义嘉华支付本次协议转让对价的资金来源,涉及自筹资金的,请详细披露自筹资金金额、资金融出方名称、资金成本、融资期限等具体情况,并分析说明宏义嘉华的履约能力。

上市公司回复:

根据《股份收购协议 1》《股份收购协议 2》,宏义嘉华拟以 17.17 亿元现金对价购买郑渝力及道诚力持有的上市公司 16.64% 股份,拟以 4.7 亿元现金对价购买李勤持有的上市公司 5% 股份,本次交易总价 21.87 亿元。本次交易款项将会按照 4 期支付:第一笔转让款为 2.19 亿元,于协议签署之日起 10 个交易日内支付;第二笔转让款为 12.87 亿元,于宏义嘉华收到解除标的股份中涉及股份担保及/或质押的证明文件,及自深交所对本次协议转让事项出具合规性书面确认文件,并且道诚力对李勤的诉讼以及上市公司与李勤之间的诉讼均已终止之日(以较晚发生日期为准)起 10 个交易日内支付;第三笔转让款为 5.09 亿元,于股份过户登记之日起 12 个月内支付;第四笔转让款为 1.72 亿

元,于股份过户登记之日起5年内支付。宏义嘉华支付本次协议转让对价的资金来源及安排的具体情况如下：

（一）本次收购资金中5亿元来自股东已实缴注册资本

宏义嘉华成立于2017年4月27日,注册资本10亿元。截至本回复出具之日,上述10亿元注册资本已经缴纳完毕。宏义嘉华计划将实缴注册资本中的5亿元用于本次收购,按照宏义嘉华股东的持股比例,本次收购资金中2.6亿元将来自于四川宏义实业集团有限公司（以下简称"宏义集团"）的实缴注册资本,1.25亿元将来自于四川省达县华夏实业有限责任公司（以下简称"华夏实业"）的实缴注册资本,1亿元将来自于四川科华房地产开发有限公司（以下简称"科华房地产"）的实缴注册资本,0.15亿元将来自于四川嘉阳房地产开发有限公司（以下简称"嘉阳房地产"）的实缴注册资本,具体资金来源情况如下：

（1）宏义集团向宏义嘉华实缴的用于本次收购的资本金合计2.6亿元,系宏义集团合法经营所得（主要为房产开发销售收入）。

（2）华夏实业向宏义嘉华实缴的用于本次收购的资本金合计1.25亿元,系向宏义集团的借款,借款年利率8%,借款期限为3年,并由华夏实业实际控制人熊鹰提供连带责任保证担保,华夏实业将以其未来的合法经营所得（主要为酒店经营收入及房地产项目投资分红所得）作为该笔借款的还款来源。宏义集团借出的资金均系宏义集团合法经营所得（主要为房产开发销售收入）。

（3）科华房地产向宏义嘉华实缴的用于本次收购的资本金合计1亿元,系科华房地产合法经营所得（主要为房产开发销售收入）。

（4）嘉阳房地产向宏义嘉华实缴的用于本次收购的资本金合计0.15亿元,系嘉阳房地产合法经营所得（主要为房产开发销售收入）。

（二）本次收购资金剩余部分来自宏义集团借款

截至本回复出具之日,宏义嘉华已与其股东宏义集团签署了《借款协议》,根据该借款协议,宏义集团将根据宏义嘉华在收购成都路桥股份过程中的实际资金需求,按照股份收购协议中关于收购价款支付安排的约定,分批次及时向宏义嘉华提供不超过18亿元的无息借款,借款期限为5年,宏义集团借出18亿资金中有16.87亿元将用于本次收购价款的支付。宏义集团借出资金主要为其自身未来经营所得,其具体资金安排如下：

（1）宏义集团子公司四川宏义地产控股集团有限公司（以下简称"宏义地

产")及达州宏义投资有限公司(以下简称"宏义投资")将其合法经营所积累的1亿元资金借与宏义集团用于本次收购,该借款为无息借款,借款期限为5年。根据宏义地产及宏义投资提供的网银记录截图,截至2018年1月22日,其银行存款余额合计为1.15亿元。

(2)本次收购剩余资金计划来自宏义集团房产销售所得。宏义集团资金实力雄厚,现金流状况良好。根据宏义集团提供的说明,截至本回复出具日,宏义集团已经获得预售许可证的房屋共计3,294套,预计销售金额共计24.53亿元。宏义集团通常从获得预售许可证开始到销售回款过半平均时间约为4—6个月。宏义集团可以将已经获得预售许可证的房屋的销售回款出借给宏义嘉华用于本次收购。根据宏义集团出具的销售计划,宏义集团第一季度计划销售房屋1,250套,预计销售金额共计10.39亿元。

另外,宏义集团也在积极对接其他融资渠道,与多家金融机构及公司洽谈融资方案,将来不排除在保证资金按时支付的前提下,综合考虑融资成本、融资期限、融资的安全性及可靠性等多方面因素挑选适当的融资渠道获取合法合规的资金用于本次收购。

(三)履约能力

综上所述,宏义嘉华支付本次协议转让对价的自有注册资本金已经缴纳完毕到位,自筹资金也已经有了明确的安排。宏义嘉华已承诺:本次收购资金不存在直接或间接来源于上市公司及其关联方的情形,亦不存在通过与上市公司的资产置换或者其他交易取得资金的情形。宏义嘉华具备履约能力。

开能环保

交易方式:表决权委托+股份协议转让

(1)表决权委托

委托方:瞿建国、高森投资

受托方:钧天投资

(2)股份协议转让

转让方:杨焕凤

受让方:钧天投资

交易结果：钧天投资成为上市公司控股股东，赵笠钧成为上市公司实际控制人

交易所问题九：草案显示，瞿建国应于 2017 年 12 月 29 日前向公司支付 15,000 万元作为本次交易的定金，并在协议生效后 10 个工作日内，需一次性支付剩余股权转让款，支付方式为现金。请补充说明瞿建国资金来源情况。如涉及借贷，请提供借贷协议的主要内容，包括借贷方、借贷数额、利息、借贷期限、担保及其他重要条款。请独立财务顾问核查并发表明确意见。

上市公司回复：

瞿建国先生与北京天岳同创科技发展有限公司（有限合伙）（以下简称"天岳同创"）签署《借款合同》，天岳同创同意向瞿建国先生出借资金 22,300 万元，于合同签约后当日或后一天支付 15,000 万元，余款于股份质押登记手续完成当日或后一日支付。本次借款的借款期限为 5 年，年化固定利率为 6.5%，计息期间为从借款资金实际放款之日起至借款到期日。瞿建国先生需于借款到期日向天岳同创支付利息。为担保借款合约的有效履行，瞿建国先生与天岳同创另行签署了《股份质押合同》，瞿建国先生将其持有的公司 46,070,000 股股份（约占公司总股本的 11.57%）质押给了天岳同创。根据瞿建国先生与天岳同创签署的《股份质押合同》，质押期间质押权利产生的孳息（包括送股、转股等）由中登公司一并予以质押登记，作为质押权利的一部分用于天岳同创债权的质押担保。

*ST 昌 九

交易方式：间接转让

转让方：赣州工业投资集团有限公司、江西省投资集团、江西省工投

受让方：江西航美传媒广告有限公司（以下简称"江西航美"或"航美公司"）①

交易结果：航美公司成为公司的间接控股股东，公司的实际控制人由赣州市国有资产监督管理委员会变更为北京市国有文化资产监督管理办公室

---

① 收购人江西航美传媒广告公司在其《详式权益变动报告书》中将"江西航美传媒广告有限公司"简称为"江西航美"，而上交所在其《关于江西昌九生物化工股份有限公司权益变动信息披露相关事项的问询函》中将"航美公司"作为江西航美传媒广告有限公司的简称。

交易所问题一：请以产权控制结构图形式，对航美传媒集团有限公司（以下简称"航美集团"）的当前所有股东穿透披露至自然人或国有持股主体。各股东或间接股东属于合伙企业的，同时还应当披露最终出资人的资金来源、合伙企业利润分配、亏损负担及合伙事务执行的有关协议安排。

上市公司回复思路：

首先以列表方式对收购人航美集团产权控制结构进行了穿透，并按要求对其中的合伙企业作了进一步披露，以上各合伙人认缴资金来源为自有或依法筹集资金。其中上海浦银安盛资产管理有限公司的出资系通过单一资产管理计划（"浦银安盛资管——浦发银行北京分行1号专项资产管理计划"，期限为3年）的出资，该资金来源于上海浦东发展银行股份有限公司依法对外募集的"浦发银行—利多多"及"浦发银行—财富班车"系列理财计划等理财产品组成的资金池。

四、交易所的监管逻辑

交易所对于"资金来源问题"的关注，出发点是严控高杠杆行为，落脚点仍旧是保护中小投资者的利益。此前市场上盛行高杠杆收购，监管机构对此表示出高度关注，并开始了一系列严控高杠杆的措施。无论是对资金来源类别和性质的关注，还是对借贷协议的格外关注，其本质都是对高杠杆的限制。这提醒我们，在进行上市公司收购时，要严格保证资金来源的合法合规性。

1-2 后续计划

一、简述

在2017年进行收购业务的69单交易（包括在2017年结束或者开始的控制权收购交易）中，有48单交易收到了交易所的问询函/关注函，其中关于"后续计划"的问询牵涉到了28单交易，占收到问询函/关注函公司总数的58.33%。

在2018年上市公司控制权收购的市场当中，我们一共统计了89单交易

(统计标准为在 2018 年开始或者结束的控制权收购交易，其中，棕榈股份、红日药业和东方网络进行了两次股权转让，我们分别将其视为两单交易）。其中有 44 单交易收到了沪深两地交易所的问询函/关注函，在这些问询函/关注函中，有 19 单交易被交易所问询到"后续计划"问题，占比 43.18%。

证监会 2014 年修订的《公开发行证券的公司信息披露内容与格式准则第 16 号——上市公司收购报告书》第 35 条规定的报告书中关于"后续计划"的披露内容，是交易所问询的出发点。

二、交易所的常用问法

表 1-2　有关后续计划问题交易所的常用问法

序号	问询问题	上市公司名称
（一）是否拟在未来 12 个月内改变上市公司主营业务或者对上市公司主营业务作出重大调整		
1	请进一步明确说明在蔡小如成为你公司实际控制人后 12 个月内对你公司资产、主营业务的重大调整具体计划；如计划进行重大调整的，则说明与相关调整匹配的人才储备和资金筹措等方面的具体安排	金莱特、四川金顶、金州管道、江泉实业、信邦制药、同洲电子
（二）未来 12 个月内是拟对上市公司或其子公司的资产和业务进行出售、合并，是否有与他人合资或合作的计划，或上市公司拟购买或置换资产的重组计划		
1	明确对上市公司的具体后续计划，包括未来 12 个月内有无调整上市公司主营业务的方式、标的资产和具体方案；有无对上市公司及其子公司的资产和业务进行出售、合并、与他人合资或合作的具体计划	*ST 昌九
（三）是否拟改变上市公司现任董事会或高级管理人员的组成，包括更改董事会中董事的人数和任期、改选董事的计划或建议、更换上市公司高级管理人员的计划或建议；如果拟更换董事或者高级管理人员的，应当披露拟推荐的董事或者高级管理人员的简况；说明收购人与其他股东之间是否就董事、高级管理人员的任免存在任何合同或者默契		
1	根据回复公告，勤诚达投资未来 12 个月内将对现任董事会、监事会或高级管理人员构成适时提出调整建议。请勤诚达投资进一步明确未来 12 个月内是否有更换公司管理层或派驻董事的计划	亿晶光电、信邦制药、荣华实业、长航凤凰、*ST 昌九
（四）是否拟对可能阻碍收购上市公司控制权的公司章程条款进行修改及修改的草案		
1	请明确说明深圳鑫腾华未来 12 个月内对上市公司资产、业务、人员、组织架构、公司章程等进行调整的后续计划	中超控股、步森控股、威华股份、江苏神州

(续表)

序号	问询问题	上市公司名称
（五）上市公司分红政策的重大变化		
1	根据《关于进一步落实上市公司现金分红有关事项的通知》第8条的规定，请在权益变动报告书中详细补充披露控制权发生变更后上市公司的现金分红政策及相应的规划安排、董事会的情况说明等信息	荣华实业、信邦制药、*ST昌九、威华股份、江苏神州
（六）其他对上市公司业务和组织结构有重大影响的计划		
1	据披露，公司近年来积极向影视传媒行业转型，但新进实际控制人冯青青并无相关行业经营经验。请补充披露新进实际控制人冯青青对公司未来发展是否已有清晰的战略规划，及对于公司原有铜加工业务有无相应的处置计划	梦舟股份、亿晶光电、同洲电子、九有股份
2	本次权益变动后，荀建华持股比例降至22.77%，勤诚达投资将持有亿晶光电7.59%的股份，成为公司持股5%以上的大股东。请勤诚达投资补充披露自权益变动报告书披露之日起的未来12个月内，是否计划对公司进行并购重组、业务重组、资产剥离和资产注入等	
3	请勤诚达投资明确未来12个月内的相关计划，包括但不限于是否有继续增减持公司股份的计划	
4	请小牛龙行及彭铁进一步明确说明是否存在未来12个月内对公司的资产、主营业务存在重大调整的具体计划；如计划进行重大调整的，则说明与相关调整匹配的人才储备和资金筹措等方面的具体安排；如无，请明确未来12个月无相关计划	

上述对于交易所问询问题的分类是基于《公开发行证券的公司信息披露内容与格式准则第16号——上市公司收购报告书》第35条关于"后续计划"的规定，具体内容见"法律规范"部分。基于这一条款，交易所再根据各个上市公司的自身情况进行有针对性的提问。

（一）普遍性问题

交易所关注的关于"后续计划"的普遍性问题包括：未来12个月内有无调整上市公司主营业务的方式、标的资产和具体方案；有无对上市公司及其子公司的资产和业务进行出售、合并、与他人合资或合作的具体计划；有无调整上市公司董事、监事和高管人员的具体计划和安排；有无调整上市公司业务和组织结构的具体计划和安排；有无调整上市公司分红政策的明确计划。

当然，交易所的问法有时也很笼统，如"请披露未来12个月内有无对上市公司的重大调整计划","变更后的新的实际控制人对公司发展有无清晰的战略规划"。从宏观的角度来看,交易所要求后续计划明确、具体,实际上是希望看到一个全面且可行的计划,从而上市公司在被收购之后能够获得良性的发展,以保护中小股东的利益。从微观来看,交易所对于后续计划具体问题的关注,在于判断各方面是否合法合规。

(二)特殊性问题

交易所的关注点除了《公开发行证券的公司信息披露内容与格式准则第16号——上市公司收购报告书》第35条涉及的方面外,还有些个别的问题。如"是否拟在未来12个月内继续增持股份或处置已拥有权益的股份","对公司业务匹配的人才储备和资金筹措等方面的安排是否具备规范运作上市公司的管理能力"等。涉及的法律文件有:《上市公司收购管理办法》《上市公司监管指引第4号——上市公司实际控制人、股东、关联方、收购人以及上市公司承诺及履行》等。

三、上市公司的常用答法

NO.1 是否拟在未来12个月内改变上市公司主营业务或者对上市公司主营业务作出重大调整

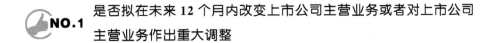

金 莱 特

交易方式:股份协议转让

转让方:控股股东蒋小荣

受让方:华欣创力

转让标的:55,991,330股股份(占公司总股本的29.99%)

转让价格:20元/股

交易结果:华欣创立成为上市公司股东,其实际控制人蔡小如成为上市公司实际控制人

交易所问题四:请进一步明确说明在蔡小如成为你公司实际控制人后12

个月内对你公司资产、主营业务的重大调整具体计划;如计划进行重大调整的,则说明与相关调整匹配的人才储备和资金筹措等方面的具体安排。

上市公司回复:

根据蔡小如出具的声明函,蔡小如在成为公司实际控制人后12个月内将保留公司现有主营业务和主要资产,不会对公司主营业务作出重大调整;但从增强上市公司持续发展能力和盈利能力,以及改善上市公司资产质量的角度出发,公司不排除未来12个月内通过自身发展或者外延式并购的方式整合产业链上下游及相关产业优质资产。

首先,华欣创力将继续保留公司现有主营业务和主要资产,并希望通过自身资源和投资管理能力,将原有业务做强做大,提升公司现有产能利用率和盈利能力,对公司潜在能力进行更好的释放。

其次,近年来,金莱特所处的可充电备用照明灯具及可充电交直流两用风扇行业增速放缓,市场竞争加剧,在原材料价格大幅上涨的背景下,公司产品毛利率及盈利能力大幅下降。为进一步增强上市公司盈利能力,华欣创力不排除未来12个月内通过自身发展或者外延式并购的方式整合产业链上下游及相关产业优质资产。

此外,蔡小如承诺在成为公司实际控制人后12个月内,金莱特不会与达华智能发生关联交易。

NO.2 未来12个月内是否拟对上市公司或其子公司的资产和业务进行出售、合并,是否有与他人合资或合作的计划,或上市公司拟购买或置换资产的重组计划

＊ST 昌九

交易方式:间接转让
转让方1:赣州工业投资集团有限公司
转让方2:江西省投资集团
转让方3:江西省工投
受让方:江西航美传媒广告有限公司(以下简称"江西航美"或"航美公司")

转让标的：赣州工投所持有的昌九集团100％股权

交易结果：本次权益变动完成后，公司的控股股东仍为昌九集团，但间接控股股东由赣州工投变更为航美公司，实际控制人由赣州市国有资产监督管理委员会变更为北京市国有文化资产监督管理办公室

交易所问题三： 明确对上市公司的具体后续计划，包括未来12个月内有无调整上市公司主营业务的方式、标的资产和具体方案；有无对上市公司及其子公司的资产和业务进行出售、合并、与他人合资或合作的具体计划；有无调整上市公司董事、监事和高管人员的具体计划和安排；有无调整上市公司业务和组织结构的具体计划和安排；有无调整上市公司分红政策的明确计划。在披露时，注意不得使用"不排除""暂无""可能"等模糊性表述。

上市公司回复：

由于上市公司的业务、资产状况尚在全面、详细核查中，截至回复日，在未来12个月内，江西航美没有制订调整上市公司主营业务的方式、标的资产和具体方案，没有制订上市公司及其子公司的资产和业务进行出售、合并、与他人合资或合作的具体计划，没有调整上市公司董事、监事和高管人员的具体计划和安排，没有调整上市公司业务和组织结构的具体计划和安排。

截至回复日，江西航美在未来12个月内没有调整上市公司分红政策的明确计划。

基于审慎、负责的态度，江西航美在此提示转让方、广大投资者，江西航美目前没有制订前述相关具体计划和安排，存在无法改善上市公司经营业绩的可能或风险。

是否拟改变上市公司现任董事会或高级管理人员的组成，包括更改董事会中董事的人数和任期、改选董事的计划或建议、更换上市公司高级管理人员的计划或建议；如果拟更换董事或者高级管理人员的，应当披露拟推荐的董事或者高级管理人员的简况；说明收购人与其他股东之间是否就董事、高级管理人员的任免存在任何合同或者默契

亿晶光电

交易方式：股份协议转让

转让方：控股股东荀建华

受让方：深圳市勤诚达投资管理有限公司

转让标的：89,287,992 股股份（占公司总股本的 7.59%）

交易结果：尚未完成

交易所问题四： 根据回复公告，勤诚达投资未来 12 个月内将对现任董事会、监事会或高级管理人员构成适时提出调整建议。请勤诚达投资进一步明确未来 12 个月内是否有更换公司管理层或派驻董事的计划。

上市公司回复：

根据勤诚达投资出具的说明，截至本说明出具日，勤诚达投资对上市公司现任董事、监事或高级管理人员进行调整的计划尚需根据与荀建华先生就股份转让所出现的问题进一步沟通、协商的结果予以确定，在与荀建华先生达成一致意见前，有关上市公司董事、监事或高级管理人员的安排无法最终确定。如勤诚达投资与荀建华先生协商一致确定后，勤诚达投资将按照有关法律法规的规定行使相应的权利，履行相应的法定程序和义务。

NO.4 是否拟对可能阻碍收购上市公司控制权的公司章程条款进行修改及修改的草案

中超控股

交易方式：股份协议转让

转让方：江苏中超控股股份有限公司

受让方：深圳市鑫腾华资产管理有限公司

转让标的：无限售流通股 367,720,000 股股份（占公司总股本的 29%）

交易结果：深圳鑫腾华持有中超控股 29% 股权，成为中超控股第一大股东,中超控股实际控制人变更为黄锦光。

交易所问题四:请明确说明深圳鑫腾华未来 **12** 个月内对上市公司资产、业务、人员、组织架构、公司章程等进行调整的后续计划。

上市公司回复:

深圳鑫腾华实际控制人黄锦光和黄彬控制的核心业务主要集中在日用化学品行业,黄锦光在 2004 年创立广东鹏锦,经过 13 年的发展,在全国有 1,436 个经销网点,成为一家年销售额超过 20 亿元的公司,并打造了以鹏锦、速力、露苡琦、高威奇、奇柔为首的五大日化品牌,产品连续多年被评为广东省名牌产品,公司 2014 年荣获"广东省著名商标",2016 年被评为"国家高新技术企业"。

鉴于上市公司第三届董事会、监事会任期已届满,上市公司将按照《公司法》及公司章程等相关规定完成第四届董事、监事改选,并由新一届董事会聘任高级管理人员,具体董事、监事、高级管理人员候选人目前尚待确定。未来上市公司将根据经营管理需求相应调整公司章程。

NO.5 上市公司分红政策的重大变化

信 邦 制 药

交易方式:股份协议转让

转让方:控股股东张观福

受让方:西藏誉曦创业投资有限公司

转让标的:358,764,349 股股份(占公司总股本的 21.04%)

交易结果:本次股份协议转让事宜已全部过户完毕,张观福先生不再持有公司股份,西藏誉曦持有公司股份 358,764,349 股,占公司总股本的 21.04%,为公司第一大股东,股份性质为限售股,朱吉满、白莉惠夫妇为公司实际控制人。

交易所问题七:根据《关于进一步落实上市公司现金分红有关事项的通知》第 **8** 条的规定,请在权益变动报告书中详细补充披露控制权发生变更后上市公司的现金分红政策及相应的规划安排、董事会的情况说明等信息。

上市公司回复：

已在《详式权益变动报告书》第五节"本次权益变动完成后的后续计划"中补充披露了控制权发生变更后上市公司的现金分红政策及相应的规划安排。具体情况如下："截至本报告书签署日，信息披露义务人承诺除根据证监会和交易所等监管部门的法律法规的要求进行调整外，在未来12个月内不向上市公司董事会提出调整上市公司现有分红政策以及相应规划安排的相关议案。"

NO.6 其他对上市公司业务和组织结构有重大影响的计划

跨 境 通

交易方式：表决权委托

转让方：杨建新

受让方：徐佳东

转让标的：108,098,093 股股份（占公司总股本的 6.94%）

交易结果：正在进行

交易所问题四： 请说明所让渡表决权对应的股份是否处于限售状态，本次表决权委托协议各方是否存在未来 12 个月内的后续股权转让、资金或其他协议安排或计划。

上市公司回复：

2018 年 11 月 7 日，杨建新先生与徐佳东先生签署《撤回表决权委托协议》，双方一致同意，自《撤回表决权委托协议》签署之日起，2018 年 9 月 21 日杨建新先生与徐佳东先生签署的《表决权委托协议》中约定的表决权委托自动撤回，《表决权委托协议》约定的各方权利义务对双方不再具有法律约束力。针对 2018 年 9 月 21 日杨建新先生与徐佳东先生签署的《表决权委托协议》回复如下：

(一)所让渡表决权对应的股份是否处于限售状态

截至本回复出具日,杨建新先生持有的上市公司股票的限售状态为:

股份限售状态	股数
限售流通股	212,520,375
无限售流通股	70,840,125
合计	283,360,500

杨建新先生持有上市公司限售流通股占其持有上市公司股数的比例为75%,均为高管锁定股。根据杨建新先生出具的《关于表决权委托的股份限售状态的说明》,本次权益变动事项中未针对表决权委托的股份的限售状态进行明确约定,杨建新先生将严格遵循《表决权委托协议》中的约定,后续如有股份转让安排,若其转让完成后剩余的股份比例不低于委托给徐佳东先生表决权所对应的股份份额的,该等被转让的股份不包括《表决权委托协议》项下已委托给徐佳东先生表决权所对应的股份份额;若杨建新先生所持跨境通的股份转让完成后将导致其剩余的股份份额低于委托给徐佳东先生表决权所对应的股份份额的,杨建新先生应提前10天书面通知徐佳东先生。

(二)本次表决权委托协议各方是否存在未来12个月内的后续股权转让、资金或其他协议安排或计划

根据杨建新先生出具的《关于本人及一致行动人未来12个月增、减持上市公司股份计划的说明》,本次权益变动暨实际控制人变更事项完成后,为进一步巩固徐佳东先生对上市公司的实际控制权的稳定性,未来12个月内,杨建新先生、樊梅花女士将通过协议转让和/或大宗交易方式向第三方减持占公司总股本7.04%的公司股份(优先转让未委托表决权所对应的股份),不排除徐佳东先生或其指定第三方参与受让上述股份,且在同等条件下,徐佳东先生及其指定第三方拥有优先受让权,具体股份转让以实际发生为准。经与徐佳东先生及杨建新、樊梅花夫妇确认,上述股权转让事项仅为初步意向及规划,双方尚未针对上述股权转让事项签署书面协议,上述事项尚存在不确定性。截至本回复出具日,樊梅花女士已通过大宗交易方式累计减持28,580,000股股份,上述减持完成后,樊梅花女士不再是持有公司5%以上股份的股东。

此外,根据徐佳东先生出具的《关于本人未12个月增、减持上市公司股份

计划的说明》，徐佳东先生不排除12个月内继续增持上市公司股份的可能性。

根据徐佳东先生及杨建新先生分别出具的《关于不存在其他重大事项未披露的说明》，本次委托权协议双方均已依据《上市公司收购管理办法》等相关法律法规分别于《跨境通宝电子商务股份有限公司详式权益变动报告书》《跨境通宝电子商务股份有限公司简式权益变动报告书》中详细披露相关信息，不存在其他重大事项未披露的情形。鉴于表决权委托在执行过程中具有一定的不确定性，在不影响公司经营稳定性的情况下，经徐佳东与杨建新协商，2018年11月7日徐佳东与杨建新签订《撤回表决权委托协议》，徐佳东与杨建新均同意撤回上述表决权委托事项。

经与徐佳东先生及杨建新、樊梅花夫妇确认，截至本回复出具日，除上述股权转让事项外，本次表决权委托协议各方不存在其他未来12个月内的后续股权转让、资金或其他协议安排或计划。

上述事项如有进展，公司将依照法律法规的规定及监管部门的要求另行公告，提请投资者关注后续公司公告信息。

龙净环保

交易方式：间接控股（上市公司控股股东发生结构性变更）
转让方：实际控制人周苏华
受让方：福建阳光集团有限公司
转让标的：183,525,140股股份（占公司总股本的17.17%）
交易结果：东正投资仍为本公司第一大股东，阳光集团及其一致行动人通过东正投资间接持有公司183,525,140股股份（占公司总股本的17.17%），公司的实际控制人变更为吴洁女士

交易所问题三：后续计划。 请阳光集团及其实际控制人说明除此次受让外，是否拟在未来12个月内继续增持公司股份或者处置已拥有权益的股份，并对照《公开发行证券的公司信息披露内容与格式准则第16号——上市公司收购报告书》第二章第六节"后续计划"，逐项说明此次股权受让后的计划安排。

上市公司回复：

阳光集团及其实际控制人除此次股份受让外，有意向在未来 12 个月内以阳光集团及其关联方名义或通过成立信托计划、资管计划等形式，通过集中竞价交易、大宗交易或其他法律法规允许的方式，基于对公司股票价值的合理判断，并根据公司股票价格波动情况及资本市场整体趋势，继续增持上市公司股份，拟继续增持股份的金额不低于 5 亿元，不超过 10 亿元。阳光集团及其关联方在其增持上市公司股份时，将严格依照相关法律法规履行审批及信息披露义务。

四、交易所的监管逻辑和法律规范

（一）监管逻辑

上市公司在被收购之后，必然会进行相应的调整。如下图所示，证券交易所作为监管方，主要关注以下几项调整：主营业务、资产或业务变动、改变董高人员构成、章程、员工聘用、分红和其他对上市公司业务和组织结构有重大影响的计划。如进行重大调整，上市公司会追问人才储备和资金筹措是否充足。

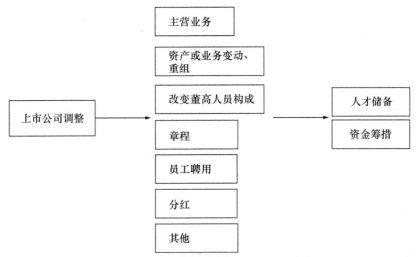

图 1-1　交易所对后续计划的监管逻辑

为何交易所会对上市公司的后续计划如此关注呢？原因在于上市公司被收购后存在诸多风险和不确定的因素，变动包括上述所提及的方面但又不仅限于此，这样的变动会给公司的股价带来不小的波动，会影响中小股民的利益。并且，进行收购活动之后，收购人的目标可能不仅限于此，后续可能会出现资产重组、借壳上市等情况，这就可能会触及证监会和其他有关部门的监管事项。所以，交易所进行事前的监管，有利于保护中小股民的利益，同时能更加严密、有力地监管上市公司的后续活动。

（二）法律规范

1.《公开发行证券的公司信息披露内容与格式准则第 16 号——上市公司收购报告书》（2014 年修订）

第三十五条　收购人应当披露其收购上市公司的后续计划，包括：

（一）是否拟在未来 12 个月内改变上市公司主营业务或者对上市公司主营业务作出重大调整；

（二）未来 12 个月内是否拟对上市公司或其子公司的资产和业务进行出售、合并、与他人合资或合作的计划，或上市公司拟购买或置换资产的重组计划；

（三）是否拟改变上市公司现任董事会或高级管理人员的组成，包括更改董事会中董事的人数和任期、改选董事的计划或建议、更换上市公司高级管理人员的计划或建议；如果拟更换董事或者高级管理人员的，应当披露拟推荐的董事或者高级管理人员的简况；说明收购人与其他股东之间是否就董事、高级管理人员的任免存在任何合同或者默契；

（四）是否拟对可能阻碍收购上市公司控制权的公司章程条款进行修改及修改的草案；

（五）是否拟对被收购公司现有员工聘用计划作重大变动及其具体内容；

（六）上市公司分红政策的重大变化；

（七）其他对上市公司业务和组织结构有重大影响的计划。

2.《上市公司收购管理办法》（2014 年修订）

第七十四条　在上市公司收购中，收购人持有的被收购公司的股份，在收购完成后 12 个月内不得转让。

收购人在被收购公司中拥有权益的股份在同一实际控制人控制的不同主体之间进行转让不受前述 12 个月的限制，但应当遵守本办法第六章的规定。

3.《关于进一步落实上市公司现金分红有关事项的通知》(2012 年发布)

八、当事人进行借壳上市、重大资产重组、合并分立或者因收购导致上市公司控制权发生变更的，应当按照本通知的要求，在重大资产重组报告书、权益变动报告书或者收购报告书中详细披露重组或者控制权发生变更后上市公司的现金分红政策及相应的规划安排、董事会的情况说明等信息。

1-3 交易定价

一、简述

在 2017 年上市公司控制权收购的市场当中，我们一共统计了 69 单上市公司控制权收购的交易(包括在 2017 年结束或者开始的控制权收购交易)，其中有 48 单交易收到了沪深两地交易所的问询函/关注函，在这些问询函/关注函中，有 26 单交易被交易所问询到"交易定价"问题，占收到问询函/关注函公司总数的 54.17%。

在 2018 年上市公司控制权收购的市场当中，我们一共统计了 89 单交易(统计标准为在 2018 年开始或者结束的控制权收购交易，其中，棕榈股份、红日药业和东方网络进行了两次股权转让，我们分别将其视为两单交易)。其中有 44 单交易收到了沪深两地交易所的问询函/关注函，在这些问询函/关注函中，有 18 单交易被交易所问询到"交易定价"问题，占比 40.91%。

根据对这些问题的归纳总结，我们发现交易所主要关注"交易定价的依据及合理性问题"。

1. 包含股份协议转让的交易方式

(1) 本次股权转让的作价依据及合理性(溢价转让)；

(2) 本次股权转让的作价依据及合理性(折价转让)；

(3) 本次股权转让的作价依据及合理性(平价转让)。

2. 采用其他交易方式的

收购作价的合理性。

二、交易所的常用问法

表1-3　有关交易定价问题交易所的常用问法

序号	问询问题	上市公司名称
（一）本次股权转让的作价依据及合理性（溢价转让）		
1	补充说明本次股权转让的作价依据及合理性、溢价收购的原因与主要考虑，以及股东决策是否审慎合理	博信股份、江泉实业、奥维通信、亿晶光电、东方银星、荣华实业、深天地A、长航凤凰、通达动力、扬子新材、开能环保、绵石投资
2	请股权转让各方明确披露转让价格的定价依据及合理性，是否存在控制权溢价安排	
（二）本次股权转让的作价依据及合理性（折价转让）		
1	请详细说明信邦制药实际控制人折价转让控股权的原因与合理性	信邦制药、延华智能
2	本次协议转让的价格为12.49元/股，较你公司股票停牌前20个交易日均价折价7%，请说明本次股份转让定价的依据及合理性	
（三）本次股权转让的作价依据及合理性（平价转让）		
1	公告显示，本次股份转让以及委托表决权完成后，公司控制权将发生变更。请相关方说明本次股权转让价格的定价依据及合理性	圣阳股份
（四）收购作价的合理性（通过增资方式实现间接收购）		
1	国风投基金向中海恒增资5亿元即取得了市值224亿的上市公司控制权，请收购人和转让方说明收购作价的合理性，是否存在收购人替转让方承担债务或其他未披露的经济或利益安排	海虹控股

三、上市公司的常用答法

（一）包含股份协议转让的交易方式

从交易所的问题本身来看，包括实体和程序两个方面的考量。在实体方面包括：股份转让价格的依据和合理性、溢价/平价/折价收购的原因与主要考虑、交易双方的关系、是否存在未披露的潜在利益安排，在溢价转让交易中，交易所还会提到"是否存在控制权溢价安排";在程序方面包括:股东决策是否审慎合理。因此,上市公司在回复这一问题时,也要从实体与程序两个方面来回答。在对所有上市公司回复进行分析、总结之后,我们发现,上市公司一般按照以下的几个方面进行回复:

1. 在实体方面

(1)上市公司本身的价值(以交易本身为准,个性化较强)。

① 目前经营状况良好,上市公司债务负担小、业务清晰、整体经营合法合规,有利于上市公司的后续经营管理和业务发展;

② 上市公司的品牌价值;

③ 上市公司的技术及研发优势。

(2)本次股权转让基于市场化原则,以上市公司停牌前股票市场价格为参考。

(3)交易双方的关系之间不存在关联关系。

(4)除本次权益变动涉及的相关协议外,不存在其他利益安排。

(5)转让价格体现了控制权溢价。

2. 在程序方面

本次股权转让履行了双方的内部决策程序,股东决策具有合理性。

ST 景 谷

交易方式:股份协议转让

转让方:重庆小康控股有限公司

受让方:周大福投资有限公司

转让标的:38,939,900 股股份(占本公司总股本的 30%)

转让价格:32.57 元/股

交易结果:周大福投资有限公司持有景谷林业 38,939,900 股股份,占景谷林业已发行股份总数的 30%,成为景谷林业第一大股东

交易所问题一: 公告披露,本次协议转让股份的价格为 32.57 元/股,较目前公司股票二级市场价格有大幅度溢价。公司 2017 年年末净资产 2,868 万

元，2017年度亏损3,096万元，公司多年经营不佳。请公司及转让双方结合当前市场情况、目前公司状况等因素，充分披露定价依据及合理性，说明转让双方及其实际控制人之间是否存在其他利益安排，此前是否在资金、业务等方面存在关联或往来。

上市公司回复：

本次协议转让股份的定价系交易双方周大福投资有限公司（以下简称"周大福投资"）与重庆小康控股有限公司（以下简称"小康控股"）协商谈判的结果。周大福投资与小康控股的《股份转让协议》的签署日期为2018年6月30日。在上述协议签署日前30个交易日景谷林业股份的平均交易价格（前30个交易日的平均交易价格＝前30个交易日的股票交易总额/前30个交易日的股票交易总量）为23.64元/股，本次股份转让价格相较于上述30个交易日平均交易价格的溢价率为37.78%。

经过周大福投资及小康控股的一致确认，本次转让的溢价原因主要有以下方面：

（1）小康控股于2016年2月4日通过协议转让方式自原控股股东景谷森达国有资产经营有限责任公司受让24.67%景谷林业股份，转让价格为每股25.37元；于2017年5月16日通过要约方式获得12.33%景谷林业股份，要约价格为每股37.78元。本次交易定价综合考虑了上述两次交易定价及实际落地的各项费用等因素，经双方友好协商后决定。

（2）本次转让股权涉及上市公司控制权变更，同时考虑到小康控股及其一致行动人北京澜峰资本管理有限公司合计持有公司高达42%的股权，股权结构较为集中。基于市场化原则，交易双方在商议股权转让价格时考虑了该控制权溢价因素。

（3）目前，景谷林业的资产形态较为单一，主要为天然林地和人工林地，总体资产规模较小，且非流动资产占比较低；景谷林业负债主要由大股东长期无息借款及应付职工薪酬构成，无其他第三方大额负债或或有负债。基于景谷林业的资产负债结构及合规经营情况等基本情况，结合收购方对景谷林业的尽职调查，收购方认为此次转让溢价合理。

（4）本次权益变动完成后，信息披露义务人有意通过对原有业务的梳理和提升，以及培育和发展新业务的方式，提升上市公司整体资产质量和经营水平，双方对上市公司未来发展有良好的预期。

（5）本次交易收购方周大福投资的企业性质较为特殊，为外商投资公司（台港澳与境内合资），其收购上市公司控制权需要考量的因素较多，而景谷林业不存在不符合外商投资公司收购的限制性条件。

（6）综合观察 2018 年上半年 A 股市场的控制权转让案例的溢价情况，本次交易的转让溢价处在合理的区间内。

截至本回复函出具之日，转让双方之周大福投资有限公司与重庆小康控股有限公司及其实际控制人之间不存在其他利益安排，此前亦不存在资金、业务等方面的关联或往来。

绵 石 投 资

交易方式：股份协议转让＋表决权委托

（1）股份协议转让

转让方：公司原控股股东中北能公司、公司原实际控制人郑宽先生、股东王瑞先生、云心公司、伍石环境、兴润宏晟

受让方：中迪金控

转让标的：53,299,585 股股份（占本公司总股本的 17.81%）

转让价格：21 元/股

（2）表决权委托

委托方：公司原实际控制人郑宽先生、公司股东王瑞先生

受托方：中迪金控

委托标的：占本公司总股本 7.03% 的股份所对应的表决权

交易结果：中迪金控成为绵石投资控股股东，其实际控制人李勤先生成为绵石投资实际控制人

交易所问题一：《详式权益变动报告书》显示，《股权转让协议》约定本次股权转让价格为 21 元/股，而本次停牌前一交易日股票收盘价为 15.03 元/股，溢价幅度为 40%。请有关股东结合交易双方的关系、资金来源、利益安排、当前市场情况等，补充说明本次股权转让的作价依据及合理性、溢价收购的原因

与主要考虑并充分揭示相关风险。请财务顾问发表核查意见。

上市公司回复：

根据交易双方确认，结合上述因素及当前市场情况，本次股份转让的作价是交易双方作为平等的市场主体，在综合考虑上市公司良好的经营情况、控制权变更等事项的基础上协商达成的，其依据及合理性、溢价收购的原因如下：

（1）截至2017年6月30日，上市公司合并财务报表总资产18.19亿元，净资产15.83亿元，资产负债率仅为12.92%，资产负债较低；2017年1—6月，上市公司实现营业收入2.13亿元，归属于上市公司股东的净利润1.24亿元，加权平均净资产收益率为8.2%，盈利能力良好。同时，基于对上市公司的尽职调查，中迪金控认为上市公司债务负担小、业务清晰、整体经营合法合规，有利于上市公司的后续经营管理和业务发展。

（2）本次转让股份涉及上市公司控制权变更，交易双方基于市场化原则，以其他上市公司控制权变更的定价原则作为参考，同时参考同行业上市公司的平均市净率等财务指标综合确定了最终的交易价格。本次交易溢价率处于市场合理区间。

交易双方充分认识本次交易风险，并经过审慎考虑作出交易决策，中迪金控已召开股东会同意本次交易；同时，本次交易的股份出让方均已履行相关决策程序，相关程序合法合规。本次交易价格经过双方友好协商和认可，具备法律效力。此外，本次交易股份出让方对中迪金控的相关情况进行了评估，认为其具备支付本次交易对价的能力，相关协议正在按约定履行。

本次交易收购方的财务顾问华西证券股份有限公司（以下简称"华西证券"）经核查后认为：中迪金控与各交易对方均不存在关联关系；其本次收购的资金全部来源为自有资金；交易双方不存在除《详式权益变动报告书》中所披露的《股份转让协议》《表决权委托协议》以外的利益安排。本次交易作价依据充分、合理，交易双方均充分认识本次交易风险，并经过审慎考虑作出交易决策。

圣 阳 股 份

交易方式：股份协议转让＋表决权委托

(1) 股份协议转让

转让方：股东宋斌、高运奎、李恕华、隋延波、孔德龙、杨玉清、王平、于海龙、官国伟

受让方：新能电力

转让标的：无限售流通股，合计转让 17,755,800 股股份（占上市公司总股本的 5.01%）

转让价格：8.37 元/股

(2) 表决权委托

委托方：上述 9 人及其一致行动人青岛融实创力股权投资管理企业（有限合伙）

受托方：新能电力

委托标的：57,780,379 股股份（占上市公司总股本的 16.3%）所对应的表决权

交易结果：新能电力直接持有上市公司无限售流通股 17,755,800 股，占上市公司总股本的 5.01%，在上市公司中拥有表决权的股份数量合计为 75,536,179 股，占上市公司总股本的 21.31%，为上市公司单一拥有表决权份额最大的股东

交易所问题二：公告显示，本次股份转让以及委托表决权完成后，公司控制权将发生变更。请相关方说明本次股权转让价格的定价依据及合理性。

上市公司回复：

根据股份转让协议，新能电力受让宋斌及其一致行动人持有的上市公司 17,755,800 股股份需支付的资金总额为 1.49 亿元，折合每股转让价格为 8.37 元/股。本次协议转让价格系转让双方基于上市公司目前的经营状况和未来发展预期等因素，经友好协商一致确定，具体原因如下：

1. 上市公司目前运行平稳，经营状况稳健

根据上市公司 2016 年年度报告和 2017 年第三季度报告，2016 年、2017 年 1—9 月，上市公司分别实现营业收入 15.52 亿元、11.99 亿元，实现净利润 0.54 亿元、0.26 亿元；截至 2017 年 9 月 30 日，上市公司总资产 20.13 亿元，净资产 12.11 亿元。

基于对上市公司未来发展的信心，新能电力拟通过本次权益变动取得上市

公司控制权。本次权益变动完成后，新能电力及其控股股东将按照有利于上市公司可持续发展、有利于全体股东利益的原则，优化上市公司业务结构，改善上市公司资产质量，进一步提升上市公司价值。

2. 本次协议转让定价系交易双方经过市场化谈判、协商而确定

本次股份转让中，每股转让价格为 8.37 元/股，与上市公司停牌前一个交易日（即 2017 年 11 月 9 日）的收盘价保持一致。此交易价格系新能电力与宋斌及其一致行动人基于真实商业背景，考虑到新能电力（包括其控股股东）和上市公司在业务上的协同性和后续新能电力关联方优质资产注入上市公司的安排，在市场化谈判的基础上，双方充分协商后达成一致意见的结果，且本次交易相关方已履行相关的内部决策程序。

综上所述，本次协议转让价格系交易双方经过市场化谈判、协商而确定的，定价合理。

信 邦 制 药

交易方式：股份协议转让

转让方：公司控股股东、实际控制人张观福

受让方：西藏誉曦

转让标的：358,764,349 股股份（占公司总股本的 21.04%）

转让价格：8.424 元/股

交易结果：西藏誉曦持有公司股份 358,764,349 股，占公司总股本的 21.04%，为公司第一大股东，股份性质为限售股，朱吉满、白莉惠夫妇为公司实际控制人

交易所问题四：根据公告，每股转让价格以此次协议签署日的前一交易日上市公司股票收盘价为定价基准，乘以 0.9 之后确定，双方确认最终每股转让价格为 8.424 元/股，请详细说明信邦制药实际控制人折价转让控股权的原因与合理性，请详细说明你公司、你公司董监高及你公司实际控制人与信邦制药实际控制人、信邦制药董监高、信邦制药前 10 名股东是否存在关联关系，或者在产权、业务、资产、债权债务、人员等方面存在致使信邦制药对你公司利益倾斜的其他关系；请说明除已披露的股权转让协议外，转让方与受让方是否存在

其他已经或正在签署、谈判的合同,是否存在其他默契或者安排。请独立财务顾问对上述事项发表明确意见。

上市公司回复:

1. 实际控制人折价转让控股权的原因与合理性

张观福折价转让控股权的原因是自身实现股权投资回报的需求。

本次交易定价具有合理性,其原因如下:

(1) 资本市场的整体环境

随着首次公开发行股票审核速度加快,上市公司数量增多,冲击存量上市公司估值水平。

(2) 交易价格对应的估值水平

为办理股份过户手续需要,本公司与张观福于2017年5月23日签订了《股份转让协议之补充协议》,本次交易价格已调整为8.43元/股,2016年信邦制药扣除非经常性损益后的每股收益约为0.11元,对应市盈率约为77倍。根据Wind资讯,高于同行业上市公司的平均市盈率约38倍(以停牌前一个交易日2017年4月25日收盘价计算)。

(3) 参照相关法规的规定

根据《深圳证券交易所上市公司股份协议转让业务办理指引》第8条的规定,上市公司股份协议转让价格范围下限比照大宗交易的规定执行(不低于上一交易日收盘价的90%)。本次交易定价符合《深圳证券交易所上市公司股份协议转让业务办理指引》的上述规定。

综上,本次交易定价是基于当前资本市场的整体环境、上市公司目前的估值水平及相关法规的规定,经过双方平等友好协商确定的,具有合理性。

财务顾问查阅了西藏誉曦与张观福签订的《股份转让协议》《股份转让协议之补充协议》及行业相关估值资料。

2. 西藏誉曦与信邦制药的关联关系

财务顾问取得了西藏誉曦的股东信息,西藏誉曦董事、监事、高级管理人员名单及其直系亲属身份信息,实际控制人朱吉满、白莉惠夫妇身份及其直系亲属身份信息,张观福及其直系亲属身份信息,信邦制药董事、监事、高级管理人员名单及其直系亲属身份信息,信邦制药前10名股东名单,经交叉比对,不存在重合的情况。财务顾问取得了西藏誉曦提供的不存在关联关系的说明,并对西藏誉曦的主要负责人进行了访谈,核查了相关企业的工商资料以及西藏誉曦、朱吉满、白莉惠出具的相关承诺。

西藏誉曦、西藏誉曦董事、监事、高级管理人员及实际控制人朱吉满、白莉惠夫妇与信邦制药实际控制人张观福、信邦制药董事、监事、高级管理人员及信邦制药前10名股东不存在关联关系,亦不存在在产权、业务、资产、债权债务、人员等方面的关系以及其他可能或已经造成信邦制药对其利益倾斜的其他关系。

3. 西藏誉曦除与张观福于2017年5月10日签订的《股份转让协议》以及于2017年5月23日签订的《股份转让协议之补充协议》之外,没有与张观福签署其他相关协议。

财务顾问查阅了西藏誉曦与张观福签订的《股份转让协议》《股份转让协议之补充协议》及西藏誉曦出具的相关承诺,并取得了张观福的说明,确认除了签订的《股份转让协议》《股份转让协议之补充协议》之外,双方没有签署其他相关协议。

财务顾问核查意见:

经核查,本次财务顾问认为,本次交易价格具有合理性;西藏誉曦的董事、监事、高级管理人员及实际控制人朱吉满、白莉惠夫妇与信邦制药实际控制人张观福、信邦制药董事、监事、高级管理人员和信邦制药前10名股东不存在关联关系,亦不存在产权、业务、资产、债权债务、人员等方面的关系;西藏誉曦除与张观福于2017年5月10日签订的《股份转让协议》以及于2017年5月23日签订的《股份转让协议之补充协议》之外,双方没有签署其他相关协议。

(二)采用其他交易方式的:收购作价的合理性

虽然交易方式与股份协议转让存在差异,但是交易所的问询方式、关注要点以及上市公司的回复方式与其并没有太大差别,而且被问询到该问题的交易只有一单,下面我们直接来看这一案例。

海虹控股

交易方式:间接控股(增资)

上市公司控股股东：中海恒

增资方：国风投基金

增资金额：30,000万元（现金方式认缴）

交易结果：中海恒的注册资本由10,000万元增至40,000万元，国风投基金对中海恒的持股比例为75%，国风投基金已成为中海恒的控股股东，从而成为公司的间接控股股东，公司的实际控制人由康乔女士变更为国风投基金的实际控制人中国国新

交易所问题一：国风投基金向中海恒增资5亿元即取得了市值224亿的上市公司控制权，请收购人和转让方说明收购作价的合理性，是否存在收购人替转让方承担债务或其他未披露的经济或利益安排。

上市公司回复：

1. 本次收购作价具备合理性

（1）本次交易定价基础

本次国风投基金控股中海恒（以下简称"本次交易"）系根据《国有资产评估管理办法》《企业国有资产评估管理办法》《中国国新控股有限责任公司资产评估项目公示暂行办法》等有关规定，以2017年7月31日为基准日对中海恒评估。本次交易作价依据为北京中和谊资产评估有限公司出具的《中国国有资本风险投资基金股份有限公司拟向中海恒实业发展有限公司增资所涉及中海恒实业发展有限公司股东全部权益价值项目资产评估报告》（中和谊评报字〔2017〕11127号），该评估结果已根据要求履行公示程序，并向中国国新控股有限责任公司履行备案程序。本次评估假设前提为中海恒未来持续经营。

依照中和谊评报字〔2017〕11127号评估报告，截至2017年7月31日，中海恒股权全部权益的评估结果为20.64亿元。鉴于本次交易采取增资方式，以前述评估值作为参考，经交易各方协商确定，国风投基金增资中海恒75%股权作价41.96亿元。

根据上述，《增资协议》约定在中海恒持续合法有效存续且未发生债务纠纷的前提下，国风投基金拟以不超过419,600万元的总金额，认缴中海恒新增资本。

（2）本次交易对价的相关安排

经交易各方充分沟通、协商，本次交易系采取国风投基金对中海恒增资方式进行。根据《公司法》有关规定，公司增资实行认缴制，公司股东增资可分步

进行。根据交易各方协商确定，相关流程具体如下：

第一，自《增资协议》生效且本次大宗交易期限届满后10个工作日内，中海恒应办理完毕本次增资的工商变更登记、备案手续；自前述本次增资的工商变更登记、备案手续办理完毕之日（即登记日）起，国风投即成为中海恒股东，并享有及承担其所认缴的出资额比例（即75%的持股比例）对应的中海恒股东权利、义务、风险、责任。

第二，自本次增资的工商变更登记、备案手续完成后国风投基金向中海恒缴纳增资款50,000万元，其中30,000万元计入中海恒注册资本，20,000万元计入中海恒资本公积金。

第三，在中海恒持续合法有效存续且未发生债务纠纷的前提下，自登记日起5年内，国风投基金可视中海恒和海虹控股的实际经营情况，由国风投基金决定继续投入369,600万元。

结合中和谊评报字〔2017〕11127号《评估报告》《增资协议》及本次交易对价的相关安排可知，在中海恒未来持续经营的前提下，本次中海恒75%股权作价41.96亿元，该交易对价分期支付，其中首期款项5亿元系于工商变更登记、备案完成后支付，剩余36.96亿元款项后续视中海恒和海虹控股的实际经营情况投入。复牌后，国风投基金办理中海恒的75%股份登记，取得海虹控股的控制权。前述收购作价及支付安排具有合理性，且符合公司法和国有资产监管方面的法律法规。

2. 本次交易不存在收购人替转让方承担债务或其他未披露的经济或利益安排

本次交易价格系双方以评估报告为基础、结合中海恒实际经营情况和财务状况，经交易双方协商确定，并已经完成相关国资备案程序。本次交易采用国风投基金对中海恒直接增资的方式，未向中海恒原股东海南中恒、海南策易支付交易对价。本次增资资金主要用于中海恒日常经营。国风投基金、海南中恒及海南策易确认本次增资资金不用于偿还海南中恒及海南策易债务，亦不用于其他未披露的经济或利益安排。

四、交易所的监管逻辑和法律规范

(一) 监管逻辑

1. 交易定价应当立足于上市公司和交易本身

从被交易所问询到的 26 单交易来看,无论是溢价转让、平价转让还是折价转让,交易所都非常关心交易定价的定价依据以及合理性问题。无论交易价格或高或低,都要符合上市公司本身存在的优势和劣势这一客观事实,更要符合交易本身的实际情况。通过前述分析我们发现,交易定价还受到一些因素的影响,例如:上市公司股价在二级市场的表现、交易双方是否存在关联关系、交易本身是否存在其他经济或利益安排、交易定价是否考虑控制权溢价。

2. 有条件的控制权溢价

张巍教授曾在其文章中写道:"控股股东掌控着公司的运营决策,其行止举动都可能牵动中小股东的利益。经济学家们的研究一再发现掌握了公司控制权的股票比没有控制权的股票具有更高的价值,这部分高出普通股票的价值被称为控制权溢价,实际上是控股股东从公司获取的私人利益。"所以,为了避免控股股东侵害中小股东权益,交易所一般会关注三点,即股东决策是否审慎合理、交易双方是否存在关联关系、交易本身是否存在其他经济或利益安排。同时,强制要约收购制度也是保护中小股东权益的重要手段。但是,由于强制要约收购只有在满足一定的条件下才能够执行,正如我们在本书综述中看到的,大部分上市公司控制权收购并没有达到强制要约收购的条件。就目前的控制权收购市场来看,控制权溢价还是为交易所所接受的。

(二) 法律规范

1.《上市公司收购管理办法》(2014 年修订)

第十七条 投资者及其一致行动人拥有权益的股份达到或者超过一个上市公司已发行股份的 20% 但未超过 30% 的,应当编制详式权益变动报告书,除须披露前条规定的信息外,还应当披露以下内容:

……………

（二）取得相关股份的价格、所需资金额、资金来源，或者其他支付安排；

....

2.《深圳证券交易所上市公司股份协议转让业务办理指引》（2016 年发布）

第八条　上市公司股份协议转让价格范围下限比照大宗交易的规定执行，法律、行政法规、部门规章、规范性文件及本所业务规则另有规定的除外。

....

3.《深圳证券交易所交易规则》（2016 年修订）

3.6.4　有价格涨跌幅限制证券的协议大宗交易的成交价格，在该证券当日涨跌幅限制价格范围内确定。

....

1-4　关联关系、关联交易

一、简述

在 2017 年上市公司控制权收购的市场当中，我们一共统计了 69 单上市公司控制权收购的交易（包括在 2017 年结束或者开始的控制权收购交易），其中有 48 单交易收到了沪深两地交易所的问询函/关注函，在这些问询函/关注函中，有 20 单交易被交易所问询到"关联关系与关联交易"问题，占收到问询函/关注函公司总数的 41.67%。

在 2018 年上市公司控制权收购的市场当中，我们一共统计了 89 单交易（统计标准为在 2018 年开始或者结束的控制权收购交易，其中，棕榈股份、红日药业和东方网络进行了两次股权转让，我们分别将其视为两单交易）。其中有 44 单交易收到了沪深两地交易所的问询函/关注函，在这些问询函/关注函中，有 7 单交易被交易所问询到"关联关系与关联交易"问题，占比 15.91%。

二、交易所的常用问法

按照控制权转让方式的不同，我们将交易所问询函中涉及"关联关系、关联交易"的问题作初步分类：

表 1-4　有关关联关系、关联交易问题交易所的常用问法

序号	问询问题	上市公司名称
（一）股权协议转让的方式		
1	请说明此次股权转让的受让方与上市公司是否存在关联关系	四川金顶、梦舟股份、深天地 A、东方银星
2	请补充披露某公司与你公司、A 公司、B 公司、C 公司及你公司控股股东、实际控制人、公司董事、监事、高级管理人员在产权、业务、资产、债权债务、人员等方面的具体关系，是否存在关联关系或其他利益安排	奥维通信、亿晶光电、信邦制药、共达电声
3	对照《上市公司信息披露管理办法》中关于"关联法人"的认定标准，请全面披露与 3 位实际控制人相关的关联法人	金洲管道
（二）股权协议转让＋委托表决权的方式		
1	请说明受让人是否与你公司、你公司持股 5% 以上股东和董事、监事、高级管理人员存在关联关系或除关联关系以外的其他任何关系	江苏神通、龙星化工、扬子新材、开能环保
2	请说明你企业及关联方所从事的业务与 ST 生化的业务之间是否存在同业竞争或潜在的同业竞争，是否存在关联交易	ST 生化
（三）间接控股的方式（控股股东的结构性变化）		
1	请说明春晓金控及其股东与润泰供应链、润宏茂、润坤德、润源飞、润丰恒业及其股东、润泰投资及其股东之间的业务合作及资金往来情况，是否存在关联关系或其他协议安排	九有股份
2	请说明受让方集团各股东、间接股东或出资人及各方董监高之间，是否存在关联关系、一致行动关系或委托持股、委托表决权等协议或安排，以及上述主体与上市公司、上市公司直接和间接控股股东、实际控制人以及各方董监高之间是否存在关联关系	*ST 昌九、海虹控股
（四）承债方式收购上市公司控股股东母公司		
1	上市公司母公司的主要债权人向上市公司委派的法定代表人及主要债权人与原控股股份和实际控制人是否存在关联关系或其他关系	尤夫股份
（五）增资的方式		
1	增资方与上市公司及其董监高之间、增资方股东之间是否存在关联关系	升达林业
（六）二次流程变更控制权		
1	上述股东与你公司董事长张培峰之间是否存在关联关系或者除关联关系以外的其他关系	凯瑞德

虽然上述问题是按照不同控制权收购方式为标准进行梳理的,但是不难发现在不同的控制权收购方式中,证监会都会关注以下几方面的问题:

(1) 受让方与上市公司间是否存在关联关系;

(2) 受让方(或者表决权受托方)与上市公司控股股东、实际控制人、持股5%以上的股东、董事、监事、高级管理人员是否存在关联关系或其他利益安排;

(3) 上市公司母公司的主要债权人向上市公司委派的法定代表人及主要债权人与原控股股份和实际控制人是否存在关联关系或其他关系;

(4) 增资方与上市公司及其董监高之间、增资方股东之间是否存在关联关系。

前两个问题属于普遍性问题,后两个问题明显是针对具体控制权收购方式提出的问询,这里先对普遍性问题进行讨论。

三、上市公司的常用答法

NO.1 受让方与上市公司间是否存在关联关系

在股权协议转让的控制权收购方式中,这一问询率很高,而且上市公司对此的回复也非常简洁。交易所从是否存在关联关系入手,包括股权转让方与受让方之间、标的公司与上市公司及其董监高和控股股东之间、标的公司与客户之间等是否存在关联关系。问询涉及多方面,但是回复方式也比较简单,公司在具体回答时有其一致性:正面明确回答不存在关联关系,或者以往存在的关联关系现在已经消除。回答需要简洁明了,并且有理有据。

梦舟股份(鑫科材料)

交易方式:股份协议转让

转让方:芜湖恒鑫铜业集团有限公司

受让方:霍尔果斯船山文化传媒有限公司

转让标的:175,000,000股股份(占公司总股本的9.889%)

转让价格:5.1元/股,标的股份转让总价款为8.925亿元

交易结果:公司的控股股东由恒鑫集团有限公司变更为船山传媒,实际控制人由李非列变更为冯青青

交易所问题四:据披露,本次股权转让完成后,冯青青将成为公司的实际控制人,除红鹭创业外,冯青青下属的企业主要为湖南百美生物医疗科技有限公司。请公司补充披露冯青青及下属企业与上市公司是否具有关联关系。

上市公司回复:

根据冯青青及其下属企业提供的相关资料、出具的声明以及对冯青青的访谈,冯青青及其下属企业与上市公司之间不存在关联关系。

东 方 银 星

交易方式:股份协议转让

转让方:晋中东鑫建材贸易有限公司

受让方:与中庚地产实业集团有限公司

转让标的:38,374,400股股份(占公司总股本的29.98%)

转让价格:56.03元/股

交易结果:原公司第一大股东晋中东鑫持有公司股票的比例将下降至2.02%,导致公司实际控制人发生变化,但鉴于本次股份转让后的公司股权结构以及相关股东存在不得收购上市公司的情形,公司暂时无法确定新的实际控制人

交易所问题三:有关公司治理的情况。我部关注到,公司前期曾出现控制权争夺,治理结构不稳定。公司原第一大股东晋中东鑫与第二大股东豫商集团有限公司(以下简称"豫商集团")及其一致行动人持股比例接近,双方分别持有公司股份的32%和31%。本次股权转让完成后,中庚集团将持有公司股票38,374,400股,占公司总股本的29.98%;晋中东鑫将持有公司股票2,585,699股,占公司总股本的2.02%。据此,请公司补充披露受让方中庚集团与晋中东鑫、豫商集团中的任何一方是否存在关联关系或一致行动关系。

上市公司回复：

在本次股份转让前，中庚集团和晋中东鑫、豫商集团之间并不相识，相关各方也并无往来，不存在关联关系。中庚集团和晋中东鑫在本次股份转让过程中未提及一致行动事项，双方也未就一致行动行为签署过任何协议约定。因此，受让方中庚集团与晋中东鑫、豫商集团中的任何一方均不存在关联关系或一致行动关系。

上市公司对于问询"关联关系"的回复是非常简洁的，通过当事人或者相关主体承诺；在没有承诺的情况下，陈述不存在关联关系的事实。

NO.2 受让方（或者表决权受托方）与上市公司控股股东、实际控制人、持股5%以上的股东、董事、监事、高级管理人员是否存在关联关系

这一问题在不同类型的控制权收购方式中普遍被问询，可见是交易所关注的要点。该点本质上是对第一个关注点的深入问询。

民 盛 金 科

交易方式：股份协议转让＋表决权委托

（1）股份协议转让

转让方：阿拉山口市民众创新股权投资有限合伙企业

受让方：内蒙古正东云驱科技有限公司

转让标的：40,193,250股股份（占公司总股本的10.77%）

（2）表决权委托

委托方：景华及其一致行动人

受让方：内蒙古正东云驱科技有限公司

委托标的：民盛金科51,571,504股股份（占公司总股本的13.82%）所对应的表决权

交易结果：云驱科技直接持有公司40,193,250股股份，占公司总股本的10.77%，与其一致行动人仁东（天津）科技有限公司、赵美合计持有公司

60,042,535股股份,占公司总股本的16.08%;同时,云驱科技通过表决权委托的方式持有民盛金科51,571,504股股份所对应的表决权,占公司总股本的13.82%。云驱科技及其一致行动人成为在民盛金科中拥有表决权的股份数量最多的第一大股东,合计持有拥有表决权的股份数量为111,614,039股,占公司总股本的29.9%。截至本公告披露日,公司控股股东由和柚技术集团有限公司变更为云驱科技,公司实际控制人由郝江波变更为霍东。

交易所问题九: 请说明霍东、云驱科技及其一致行动人是否与你公司、你公司持股5%以上股东和董事、监事、高级管理人员存在关联关系或除关联关系以外的其他任何关系。请独立财务顾问核查并发表明确意见。

上市公司回复:

截至本回复出具之日,云驱科技一致行动人仁东(天津)科技有限公司持有上市公司5.27%股份,与公司存在关联关系,除此之外,霍东、云驱科技及其一致行动人与公司、公司持股5%以上股东和董事、监事、高级管理人员之间不存在关联关系或除关联关系以外的其他任何关系。

经查询国家企业信用信息公示系统,查阅霍东、云驱科技、上市公司及上市公司持股5%以上的股东出具的承诺函,财务顾问认为,除云驱科技一致行动人仁东(天津)科技有限公司持有上市公司5.27%股份,与公司存在关联关系以外,霍东、云驱科技及其一致行动人与公司、公司持股5%以上股东和董事、监事、高级管理人员之间不存在关联关系或除关联关系以外的其他任何关系。具体内容详见与本公告同日在巨潮资讯网披露的《中天国富证券有限公司关于深圳证券交易所〈关于对民盛金科控股股份有限公司的问询函〉相关问题的核查意见》。

奥 维 通 信

交易方式:股份协议转让

转让方:杜方(奥维通信股份有限公司董事长兼总裁)及一致行动人杜安顺、王崇梅

受让方:瑞丽市瑞丽湾旅游开发有限公司

转让标的：99,725,000 股股份（占公司总股本的 27.95%）

转让价格：1,677,000,000 元（奥维通信停牌前 20 个工作日股票均价为 11.25 元/股，本次交易对价为 16.82 元/股，溢价 49.48%）

交易结果：瑞丽湾成为公司第一大股东，公司实际控制人变更为董勒成

交易所问题二：中缅翡翠是否参与本次股权收购事项，如是，请补充披露其为股权收购提供资金的具体来源，与你公司、瑞丽湾、景成集团、兴龙实业及你公司控股股东、实际控制人、董事、监事、高级管理人员在产权、业务、资产、债权债务、人员等方面的具体关系，是否存在关联关系或其他利益安排。

上市公司回复：

中缅翡翠主要经营翡翠原材料、翡翠饰品和黄金饰品，公司充分利用地处深圳、毗邻香港的技术优势、信息优势和地理优势来开展经营活动。

根据中缅翡翠出具的声明，其未参与本次收购，亦不存在为本次股权收购提供过桥贷款的行为，中缅翡翠同景成集团、瑞丽湾、董勒成之间关于本次收购不存在股份代持及一致行动关系。除与景成集团和云南兴龙实业有限公司发生正常业务往来外，截至目前，中缅翡翠同奥维通信、瑞丽湾、景成集团、云南兴龙实业有限公司及奥维通信控股股东、实际控制人、公司董事、监事、高级管理人员不存在关联关系或其他利益安排。

扬子新材

交易方式：股份协议转让＋表决权委托

（1）股份协议转让

转让方：泸溪勤硕来投资有限公司

受让方：南宁颐然养老产业合伙企业（有限合伙）

转让标的：68,990,000 股股份（占上市公司总股本的 13.47%）

转让价格：10.43 元/股

（2）表决权委托

委托方：泸溪勤硕来投资有限公司

受托方：南宁颐然养老产业合伙企业（有限合伙）

委托标的:84,610,000股股份(占上市公司总股本的16.52%)所对应的表决权

交易结果:南宁颐然养老产业合伙企业(有限合伙)在公司拥有表决权的股份数量合计为153,600,000股,占上市公司总股本的29.9963%,成为公司控股股东,公司无实际控制人

交易所问题六:请说明南宁颐然是否与你公司、你公司持股5%以上股东和董事、监事、高级管理人员存在关联关系或除关联关系以外的其他任何关系。

上市公司回复:

(1)截至本回复出具之日,南宁颐然的股权控制关系如下图所示:

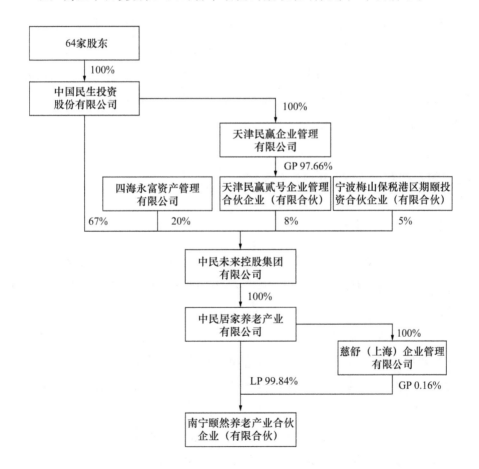

截至本回复出具之日，南宁颐然的有限合伙人为中民养老，普通合伙人为中民养老的全资子公司上海慈舒。中民养老为中民未来的全资子公司，中民未来的控股股东为中民投。中民投是经国务院批准，由全国工商联牵头组织，59家民营企业发起设立的大型投资公司，成立于2014年5月，注册资本500亿元。

截至本回复出具之日，中民投股东为64家企业，股权结构分散，无实际控制人。

（2）经查询，南宁颐然与公司、公司持股5%以上股东和董事、监事、高级管理人员不存在关联关系或除关联关系以外的其他任何关系。

扬子新材的回复显然非常充分，以图表形式介绍了新控股股东的股权结构，直观清晰地展示了股东之间的持股关系；在此基础上非常明确地告知交易所控股股东与上市公司之间不存在股东或者权益控制关系，与上市公司的董监高、5%以上股份股东之间也不存在口头或者书面达成的关联关系。论证逻辑清晰，说理明确，值得借鉴。

四、交易所的监管逻辑和法律规范

（一）监管逻辑

正常市场交易的情况下，股权转让交易双方的作价一般是公允的。在标的公司亏损或表现不佳的情况下，一般以公司的净资产价值或股东初始投资成本作价。但若交易双方之间存在关联关系，即使在标的公司发展较好的情况下，为了避免缴纳所得税，股权转让作价也会存在不公允的可能性，一般等于或低于股东初始投资成本，从而侵害上市公司原有股东的利益，同时减损国家的税收收入。因而，无论是证监会对并购重组过程还是交易所对控制权转让过程的监管，对于关联关系与关联交易都会加以足够的重视。

针对可能存在关联关系的不同主体进行提问，主要有以下几种问法：

（1）股权受让方与上市公司之间是否存在关联关系；

（2）股权转让方（或者表决权委托方）与受让方是否存在关联关系；

(3) 受让方与上市公司原控股股东、董监高、直接或间接持股 5% 以上股东等是否存在关联关系；

(4) 增资方股东之间是否存在关联关系；

(5) 增资方与上市公司及其董监高之间是否存在关联关系。

针对不同的问题，上市公司在回复时需要依据事实情况，正面回答交易所的问询，也可以通过列出股权结构图直观明确地阐述不存在关联关系。

(二) 法律规范

1.《上市公司收购管理办法》(2014 年修订)

第八十三条 本办法所称一致行动，是指投资者通过协议、其他安排，与其他投资者共同扩大其所能够支配的一个上市公司股份表决权数量的行为或者事实。

在上市公司的收购及相关股份权益变动活动中有一致行动情形的投资者，互为一致行动人。如无相反证据，投资者有下列情形之一的，为一致行动人：

(一) 投资者之间有股权控制关系；

(二) 投资者受同一主体控制；

(三) 投资者的董事、监事或者高级管理人员中的主要成员，同时在另一个投资者担任董事、监事或者高级管理人员；

(四) 投资者参股另一投资者，可以对参股公司的重大决策产生重大影响；

(五) 银行以外的其他法人、其他组织和自然人为投资者取得相关股份提供融资安排；

(六) 投资者之间存在合伙、合作、联营等其他经济利益关系；

(七) 持有投资者 30% 以上股份的自然人，与投资者持有同一上市公司股份；

(八) 在投资者任职的董事、监事及高级管理人员，与投资者持有同一上市公司股份；

(九) 持有投资者 30% 以上股份的自然人和在投资者任职的董事、监事及高级管理人员，其父母、配偶、子女及其配偶、配偶的父母、兄弟姐妹及其配偶、配偶的兄弟姐妹及其配偶等亲属，与投资者持有同一上市公司股份；

(十) 在上市公司任职的董事、监事、高级管理人员及其前项所述亲属同时持有本公司股份的，或者与其自己或者其前项所述亲属直接或者间接控制的企业同时持有本公司股份的；

（十一）上市公司董事、监事、高级管理人员和员工与其所控制或者委托的法人或者其他组织持有本公司股份；

（十二）投资者之间具有其他关联关系。

一致行动人应当合并计算其所持有的股份。投资者计算其所持有的股份，应当包括登记在其名下的股份，也包括登记在其一致行动人名下的股份。

投资者认为其与他人不应被视为一致行动人的，可以向中国证监会提供相反证据。

2.《上市公司监管指引第 4 号——上市公司实际控制人、股东、关联方、收购人以及上市公司承诺及履行》（2013 年发布）

一、上市公司实际控制人、股东、关联方、收购人以及上市公司（以下简称承诺相关方）在首次公开发行股票、再融资、股改、并购重组以及公司治理专项活动等过程中作出的解决同业竞争、资产注入、股权激励、解决产权瑕疵等各项承诺事项，必须有明确的履约时限，不得使用"尽快""时机成熟时"等模糊性词语，承诺履行涉及行业政策限制的，应当在政策允许的基础上明确履约时限。

上市公司应对承诺事项的具体内容、履约方式及时间、履约能力分析、履约风险及对策、不能履约时的制约措施等方面进行充分的信息披露。

3.《上市公司信息披露管理办法》（2006 年发布）

第四十八条　上市公司董事、监事、高级管理人员、持股 5％以上的股东及其一致行动人、实际控制人应当及时向上市公司董事会报送上市公司关联人名单及关联关系的说明。上市公司应当履行关联交易的审议程序，并严格执行关联交易回避表决制度。交易各方不得通过隐瞒关联关系或者采取其他手段，规避上市公司的关联交易审议程序和信息披露义务。

1-5　收购人的结构、产权控制权关系

一、简述

在 2017 年上市公司控制权收购的市场当中，我们一共统计了 69 单上市公

司控制权收购的交易（包括在 2017 年结束或者开始的控制权收购交易），其中有 48 单交易收到了沪深两地交易所的问询函/关注函，在这些问询函/关注函中，有 17 单交易被交易所问询到"收购人结构、产权控制权关系"问题，占收到问询函/关注函公司总数的 35.42%。

在 2018 年上市公司控制权收购的市场当中，我们一共统计了 89 单交易（统计标准为在 2018 年开始或者结束的控制权收购交易，其中，棕榈股份、红日药业和东方网络进行了两次股权转让，我们分别将其视为两单交易）。其中有 44 单交易收到了沪深两地交易所的问询函/关注函，在这些问询函/关注函中，有 4 单交易被交易所问询到"收购人结构、产权控制关系"问题，占比 9.09%。

二、交易所的常用问法

表 1-5　有关收购人的结构、产权控制权关系问题交易所的常用问法

序号	问询问题	上市公司名称
1	请公司核实并披露受让方上海超聚的股权结构、主营业务、主要财务数据，以及实际控制人控制的资产等情况。请上海超聚说明受让公司股份的主要考虑、资金来源、筹措方式、支付能力等，以及本次股权转让前后是否存在质押股份的情形或计划	江泉实业、深天地A、长航凤凰、通达动力、信邦制药、胜利股份、哈工智能、九有股份、升达林业
2	请详细说明你公司、你公司董监高及你公司实际控制人与信邦制药实际控制人、信邦制药董监高、信邦制药前 10 名股东是否存在关联关系，或者在产权、业务、资产、债权债务、人员等方面存在致使信邦制药对你公司利益倾斜的其他关系	
3	请广东文华及陈文杰补充披露具体增资计划，包括但不限于拟参与增资的其他投资者基本信息、金额、增资完成后的股权架构、控制关系、增资完成期限等	
4	结合春晓金控自设立以来的股权沿革、变动原因及定价依据，说明是否存在为本次控制权转让的特定安排	
5	请公司补充披露船山传媒及红鹭创业是否系为本次控制权转让所专门设立的公司，设计此种交易架构的具体原因	

三、上市公司的常用答法

交易所在问询函/关注函中对上市公司提出的问题，通常都基于相应的法条或准则规定，对于收购人的结构、产权控制权关系问题也是如此，上市公司需

按照相应规定对收购人的情况进行详细披露。通常,交易所会结合收购人的财务状况、资金来源等问题一并对上市公司进行问询,以便进一步了解收购人的合法性。按照要求,上市公司不仅要对收购人的直接股权构成进行披露,还需要进行底层穿透,向交易所和公众展示出收购人的实际控制方。上市公司通常采用方框图和表格的形式对收购人的股权结构进行披露。同时,上市公司也需要披露收购人的持股方出具的相关声明,说明该股权权属清晰,不存在权利瑕疵。

万里股份

交易方式:股份协议转让＋表决权委托

（1）股份协议转让

转让方:深圳市南方同正投资有限公司

受让方:家天下资产管理有限公司

转让标的:15,328,740 股股份(占公司总股本的 10%)

转让价格:300,000,000 元

（2）表决权委托

委托方:深圳市南方同正投资有限公司

受托方:家天下资产管理有限公司

委托标的:10,072,158 股股份(占上市公司总股本的 6.57%)所对应的表决权

交易结果:家天下资产管理有限公司直接持有万里 15,328,740 股股份,持股比例为 10%;在上述股份转让的同时,南方同正将其所持有的除上述股份以外的 10,072,158 股万里股份股票的表决权委托给信息披露义务人行使,从而使信息披露义务人取得万里股份的控制权。即家天下资产管理有限公司成为万里股份的控股股东,莫天全成为万里股份的实际控制人

交易所问题二:请本次股权受让方房天下详细披露其股权结构、主营业务情况、主要财务数据,说明受让公司股份的资金来源和具体安排,以及本次股权转让前后是否存在质押股份的情形或计划。

上市公司回复：

北京房天下网络技术有限公司为房天下控股有限公司（以下简称"房天下控股"）的全资子公司，根据指定，具体实施房天下控股的战略计划。

（一）房天下控股股权结构

截至2018年3月31日，房天下控股共计88,797,687股普通股，主要股东情况如下：

主要股东	股数（股）	百分比（%）
Media Partner Technology Limited	11,355,645	12.8
Next Decade Investments Limited	11,354,600	12.8
General Atlantic Singapore Fund Pte. Ltd.	6,860,040	7.7
Davis Selected Advisers, L. P.	5,533,494	6.2
IDG Alternative Global Limited	5,359,658	6.0
Fosun International Limited	4,572,913	5.1
Morgan Stanley	4,338,328	4.9
Safari Group Holdings Limited	3,418,803	3.9
The Goldman Sachs Group, Inc.	3,338,900	3.8
Digital Link Investments Limited	3,137,921	3.5
Greenwoods Asset Management Limited	3,096,440	3.5

（二）主营业务情况

房天下是房地产家居行业专业网络平台，业务包括：

（1）挂牌业务：挂牌业务分为基础挂牌业务与特殊挂牌业务，主要为房产中介机构、经纪人、开发商、业主、家居供应商等提供服务。基础挂牌业务是为客户提供在房天下网站及移动平台发布其房源、产品或服务的业务。特殊挂牌业务是为客户提供线上与线下渠道的营销活动服务。

（2）市场营销业务：主要在房天下网页及移动端为开发商提供新房广告的业务，同时也会根据房产中介及家居供应商等的需求提供相应广告营销服务。

（3）电商业务：主要为房天下的注册会员服务的业务。

（4）金融业务：主要通过 www.fangtx.com 的平台以及线下的小贷公司为符合信用评估的客户提供贷款的业务。

（5）其他增值服务：主要为客户提供数据库端口的订购，以及房地产行业相关的研究咨询服务。

(三) 主要财务数据

根据符合 U.S. GAAP 的经审计的财务数据,房天下控股 2017 年营业收入为 44,429.6 万美元,净利润为 2,170.4 万美元,总资产为 200,025.5 万美元,净资产为 74,027.5 万美元。

(四) 受让公司股份的资金来源和具体安排

本次受让股份的资金由房天下控股自有资金支付。

(五) 本次股权转让前后是否存在质押股份的情形或计划

本次股份转让前后房天下控股不存在质押股份的情形,目前也没有质押股份的计划。

通 达 动 力

交易方式:股份协议转让＋表决权委托

(1) 股份协议转让

转让方:公司股东姜煜峰

受让方:天津鑫达瑞明企业管理咨询中心(有限合伙)

转让标的:9,900,000 股股份(占公司总股本的 5.99%)

(2) 表决权委托

① 委托方:公司股东姜煜峰

受托方:天津鑫达瑞明企业管理咨询中心(有限合伙)

委托标的:29,737,483 股股份(占上市公司总股本的 18.02%)所对应的表决权

② 委托方:公司股东姜客宇

受托方:天津鑫达瑞明企业管理咨询中心(有限合伙)

委托标的:9,862,517 股股份(占上市公司总股本的 6%)所对应的表决权

交易结果:天津鑫达在上市公司中拥有表决权的股份数量为 49,500,000 股(占公司总股本的 29.9818%),为公司的控股股东,魏少军及魏强父子成为公司实际控制人。

交易所问题三:请根据《公开发行证券的公司信息披露内容与格式准则第 16 号——上市公司收购报告书》(以下简称《格式准则第 16 号》)第 18 条等规

定,以方框图或其他有效形式全面披露天津鑫达的产权及控制关系,直至披露到自然人、国有资产管理部门或者股东之间达成某种协议或安排的其他机构。

上市公司回复:

经确认,根据《格式准则第16号》第18条等规定,详式权益变动报告书以方框图的形式全面披露天津鑫达的产权及控制关系,直至披露到自然人。具体如下图所示:

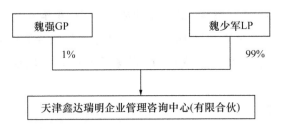

截至本回复出具之日,天津鑫达的股权结构如下:

序号	股东名称	出资金额(万元)	实缴出资额(万元)	出资比例(%)
1	魏少军	49,500	29,700	99
2	魏强	500	300	1
	合计	50,000	30,000	100

天津鑫达全部出资额均来源于魏少军、魏强父子,其中魏少军出资占总出资额的99%,魏强出资占总出资额的1%。魏少军、魏强父子共同控制天津鑫达,为天津鑫达的实际控制人。同时,魏少军、魏强分别出具了声明:(1)本人合法持有天津鑫达股权,对该股权拥有完整的股东权益;(2)本人持有的天津鑫达股权之权属清晰,不存在现实或潜在争议,该等股权不存在信托安排、不存在股份代持,不代表其他方的利益,且该等股权不存在质押或其他任何担保权益以及扣押、查封、冻结等限制或禁止转让的情形。

九 有 股 份

交易方式:间接转让

转让方:李东锋、朱胜英、孔汀筠

受让方：北京春晓金控科技发展有限公司

转让标的：天津盛鑫元通有限公司100%股权

交易结果：本次股权转让实施完成后，朱胜英女士、李东锋先生和孔汀筠女士不再持有盛鑫元通的股权，盛鑫元通持有上市公司19.06%的股份不变，春晓金控持有盛鑫元通100%股权，韩越先生持有春晓金控86.8%的股权，为春晓金控的实际控制人，因此韩越先生成为上市公司的最终实际控制人

交易所问题二：公告披露，春晓金控成立于2016年6月28日，截至2017年6月30日，其资产负债率为102.67%。请你公司结合春晓金控自设立以来的股权沿革、变动原因及定价依据，说明是否存在为本次控制权转让的特定安排。

上市公司回复：

春晓金控于2016年6月28日设立，设立时注册资本为30,000万元，其中，韩越认缴出资额23,400万元，占注册资本的比例为78%；吕佳凯认缴出资额3,000万元，占注册资本的比例为10%；何文认缴出资额3,000万元，占注册资本的比例为10%；李梦认缴出资额600万元，占注册资本的比例为2%。

春晓金控设立时的股权结构设置的缘由：韩越、吕佳凯、何文和李梦共同于2015年5月2日、2015年5月5日设立了石河子春晓股权投资管理有限公司（以下简称"石河子春晓"）和北京春晓汇商股权投资管理有限公司（以下简称"春晓汇商"），并以石河子春晓、春晓汇商为开展股权投资管理业务的主要平台募集并管理了若干只基金。石河子春晓、春晓汇商设立时的股权结构相同，即韩越、吕佳凯、何文和李梦认缴出资额占注册资本的比例分别为78%、10%、10%和2%。2016年上半年，根据业务发展的需要并为了优化内部股权管理结构，韩越、吕佳凯、何文和李梦协商一致，以同样的股权结构设立春晓金控，并将注册资本确定为3亿元。

2017年8月17日，春晓金控股东会决议同意增加注册资本20,000万元，其中，韩越以1元/注册资本的价格增加出资20,000万元。本次增资后，春晓金控注册资本为50,000万元。其中，韩越认缴出资额43,400万元，占注册资本的比例为86.8%；吕佳凯认缴出资额3,000万元，占注册资本的比例为6%；何文认缴出资额3,000万元，占注册资本的比例为6%；李梦认缴出资额600万元，占注册资本的比例为1.2%。本次增资是考虑到春晓金控收购天津盛鑫100%股权7.5亿元的交易定价。增资后，春晓金控将以自有资金5亿元及韩

越对春晓金控的2.5亿元借款作为本次收购的资金来源。2017年8月23日,春晓金控注册资本已完成实缴金额50,000万元。

综上所述,春晓金控的设立并非为本次上市公司控制权收购的特定安排。

哈工智能

交易方式:股份协议转让

转让方:江苏双良科技有限公司

受让方:无锡哲方哈工智能机器人投资企业(有限合伙)、无锡联创人工智能投资企业(有限合伙)

转让标的:友利控股183,383,977股非限售流通A股股份(占公司总股本的29.9%)

交易结果:无锡哲方持有公司股份114,078,327股,占本公司总股本的18.6%,无锡联创持有公司股份69,305,650股,占本公司总股本的11.3%,无锡哲方与无锡联创存在一致行动安排,为一致行动人;根据股份转让协议约定,无锡哲方成为公司的控股股东,无锡哲方的最终实际控制人乔徽先生和无锡联创的最终实际控制人艾迪女士成为友利控股的共同实际控制人

交易所问题一:(1)请进一步完善无锡哲方哈工智能机器人投资企业(有限合伙)(以下简称"无锡哲方")和无锡联创人工智能投资企业(有限合伙)(以下简称"无锡联创")的产权及控制关系方框图,直至披露到自然人、国有资产管理部门或者股东之间达成某种协议或安排的其他机构。

(2)如产权及控制关系中涉及信托或其他资产管理方式的,则全面披露其权益结构、参与主体主要信息等,包括但不限于名称(委托人较为分散的集合或一对多资产管理产品可披露前10大委托人及其一致行动人名称,及其他委托人的数量)、所参与的业务类型、出资额及资金来源、享有的产品份额、享有的投资决策等权利、承担的义务。

(3)如产权及控制关系中涉及合伙企业的,则披露合伙企业各参与主体名称(参与主体较为分散时,可披露前10大合伙人及其一致行动人名称,及其他合伙人的数量)、出资额及其来源、投资决策权、承担的义务、合伙人权利归属、

重大事项决策程序、利益分配(是否涉及结构化安排)、持有上市公司股份权益的表决权归属、认定合伙企业的控制人情况及其依据、合伙企业最近1年的历史沿革、合伙期限等。

上市公司回复思路:

针对第(1)小问,上市公司首先给出了无锡哲方的产权及控制关系图。(图略)

无锡哲方的产权控制方涉及多个合伙企业,包括嘉兴盛仓投资合伙企业(有限合伙)、嘉兴盛淼投资合伙企业(有限合伙)、宁波梅山保税港区泰瑞思创股权投资合伙企业(有限合伙)、深圳哈工领智壹号投资合伙企业(有限合伙)、深圳哈工智慧贰号投资合伙企业(有限合伙)、深圳哈工智慧壹号投资合伙企业(有限合伙)、深圳前海永宣创业投资企业(有限合伙)一系列企业,因此上市公司紧接着对每个合伙企业穿透后的股权结构进行了进一步的披露,直至披露到自然人、国有资产管理部门或者股东之间达成某种协议或安排的其他机构。

同时,上市公司在回复中表示,上述企业均出具了承诺函,承诺:"本合伙企业认购哈工大机器人集团有限公司的资金全部来源于本合伙企业的实缴出资或自筹资金,该等资金来源合法合规,不存在结构化安排,不存在直接或间接来源于上市公司友利控股及其关联方的情况,不存在通过与上市公司友利控股进行资产置换或者其他交易获取资金的情形。本合伙企业存续期间及合伙人退出本合伙企业时,各合伙人之间在利润分配、亏损分担等方面均不存在任何结构化安排。"

对于无锡联创,上市公司同样给出了产权结构图。(图略)

对于第(2)小问,上市公司首先列举出了无锡哲方的普通合伙人、直接控制人以及有限合伙人,并分别用表格对其基本信息进行了列示:

(1) 无锡哲方普通合伙人马鞍山哲方的基本情况

公司名称	马鞍山哲方智能机器人投资管理有限公司
注册地	马鞍山经济技术开发区红旗南路2号
法人代表	陈佩
注册成本	2,000万
企业类型	有限责任公司(自然人投资或控股)
成立时间	2016年10月11日
统一社会信用代码	91340500MA2N13GK06

（续表）

经营范围	受托资产管理、受托管理股权投资基金、股权投资、证券投资（不含二级市场）（依法须经批准的项目，经相关部门批准后方可开展经营活动）
经营期限	2016年10月11日至长期
通讯地址	上海市漕河泾开发区松江高科技园莘砖公路258号32幢804室-2
通讯方式	021-67680038

（2）无锡哲方实际控制人乔徽先生的基本情况

姓名	乔徽	曾用名	无
性别	男	国籍	中国
身份证号	32102319××××××××××		
通信地址	上海市漕河泾开发区松江高科技园莘砖公路258号32幢804室-2		
是否取得其他国家或者地区的居留权	否		
主要职业和职务			
任职单位	起止时间	职务	是否与任职单位存在产权关系
马鞍山哲方智能机器人投资管理有限公司	2016年10月至今	监事	是
哈尔滨工大服务机器人有限公司	2015年3月—2016年8月	董事长	否
哈工大机器人集团	2015年11月—2016年8月	副总裁、轮值总裁	否
哈工大张家港智能装备及新材料技术产业化研究院	2013年9月—2016年8月	副院长	否
张家港哈工药机有限公司	2012年3月—2013年11月	总工程师	否
光达光电技术有限公司	2011年9月—2012年2月	研发总监	否
上海中微半导体设备有限公司	2010年9月—2011年9月	研发资深经理	否
德国爱思强（上海）有限公司	2006年7月—2010年8月	主管工程师	否

(3) 无锡哲方有限合伙人哈工大机器人集团（哈尔滨）智能投资有限公司的基本情况

公司名称	哈工大机器人集团（哈尔滨）智能投资有限公司
住所	哈尔滨经开区南岗集中区嵩山路24号207室
统一社会信用代码	91230199MA19057X5R
经营范围	以自有资金对工业、商业、科技业、服务业进行投资；接受委托从事企业管理；企业项目策划服务；企业并购服务；科技信息咨询；经济信息咨询；商务信息咨询（依法须经批准的项目，经相关部门批准后方可开展经营活动）
企业性质	有限责任公司（非自然人投资或控股的法人独资）
经营期限	2016年9月30日至长期
注册资本	25,000万元
法定代表人	吴博

上市公司进而得出结论："综上，无锡哲方是一家由普通合伙人马鞍山哲方和有限合伙人智能投资、君和投资、北京来自星、义乌金控、农银二号、邓金荣和李刚共同出资设立的有限合伙企业，不涉及信托或其他资产管理持股。"上市公司对于无锡联创的回答思路亦是如此，不再赘述。

对于第(3)小问，上市公司按照交易所的要求，依次对无锡哲方和无锡联创两个合伙企业各参与主体名称、出资额及其来源、投资决策权、承担的义务、合伙人权利归属、重大事项决策程序、利益分配、持有上市公司股份权益的表决权归属、认定合伙企业的控制人情况及其依据、合伙期限依次进行了披露。值得注意的是，关于合伙企业具体权利义务的问题，需要依据相应的合伙协议进行阐述。

四、交易所的监管逻辑和法律规范

（一）监管逻辑

交易所对上市公司控制权收购人股权结构的问询，主要依据《公开发行证券的公司信息披露内容与格式准则第16号——上市公司收购报告书》第18条第 2 款的规定。(详细内容参见"法律规范")根据该项规定,上市公司需要在收购报告书中披露收购人的股权结构,并追溯到能对收购人产生直接或间接控制的自然人、国有资产管理部门或者股东之间达成某种协议或安排的其他机构,以便于监管机构对收购人进行穿透核查,从而判断该项收购交易背后是否涉及关联方交易、控制方是否稳定以及交易方控股股东权利是否存在瑕疵等等。鉴于此,当上市公司在权益变动报告书中未将该问题披露完全时,交易所便会在问询函/关注函中要求上市公司补充披露收购人结构、产权关系等情况。通过对股权结构的分析,监管机构能进一步了解该笔控制权转让交易中收购人的情况,从而确保交易的安全性、合法性,进而维护中小股东的利益。

(二)法律规范

1.《上市公司收购管理办法》(2014 年修订)

第三条 上市公司的收购及相关股份权益变动活动,必须遵循公开、公平、公正的原则。

上市公司的收购及相关股份权益变动活动中的信息披露义务人,应当充分披露其在上市公司中的权益及变动情况,依法严格履行报告、公告和其他法定义务。在相关信息披露前,负有保密义务。

信息披露义务人报告、公告的信息必须真实、准确、完整,不得有虚假记载、误导性陈述或者重大遗漏。

第十七条 投资者及其一致行动人拥有权益的股份达到或者超过一个上市公司已发行股份的 20% 但未超过 30% 的,应当编制详式权益变动报告书,除须披露前条规定的信息外,还应当披露以下内容:

(一)投资者及其一致行动人的控股股东、实际控制人及其股权控制关系结构图;

…………

2.《公开发行证券的公司信息披露内容与格式准则第 16 号——上市公司收购报告书》(2014 年修订)

第十八条 收购人为法人或者其他组织的,应当披露如下基本情况:

(一)收购人的名称、注册地、法定代表人、注册资本、工商行政管理部门或者其他机构核发的注册号码及代码、企业类型及经济性质、经营范围、经营期限、税务登记证号码、股东或者发起人的姓名或者名称(如为有限责任公司或者股份有限公司)、通讯地址、通讯方式(包括联系电话);

(二)收购人应当披露其控股股东、实际控制人的有关情况,并以方框图或者其他有效形式,全面披露与其控股股东、实际控制人之间的股权控制关系,实际控制人原则上应披露到自然人、国有资产管理部门或者股东之间达成某种协议或安排的其他机构;

收购人应当说明其控股股东、实际控制人所控制的核心企业和核心业务、关联企业及主营业务的情况;

…………

第二十六条 虽不是上市公司股东,但通过股权控制关系、协议或其他安排进行上市公司收购的,收购人应当披露形成股权控制关系或者达成协议或其他安排的时间、与控制关系相关的协议(如取得对上市公司股东的控制权所达成的协议)的主要内容及其生效和终止条件、控制方式(包括相关股份表决权的行使权限)、控制关系结构图及各层控制关系下的各主体及其持股比例,以及是否存在其他共同控制人及其身份介绍等。

第三十一条 上市公司董事、监事、高级管理人员及员工或者其所控制或委托的法人或其他组织收购本公司股份并取得控制权,或者通过投资关系、协议或其他安排导致其拥有权益的股份超过本公司已发行股份30%的,应当披露以下基本情况:

(一)上市公司是否具备健全且运行良好的组织机构以及有效的内部控制制度、公司董事会成员中独立董事的比例是否达到或者超过一半;

(二)上市公司董事、监事、高级管理人员及员工在上市公司中拥有权益的股份种类、数量、比例,以及董事、监事、高级管理人员个人持股的种类、数量、比例;

如通过上市公司董事、监事、高级管理人员及员工所控制或委托的法人或其他组织持有上市公司股份,还应当披露该控制关系或委托、相关法人或其他组织的股本结构、内部组织架构、内部管理程序、公司章程的主要内容、所涉及的人员范围、数量、比例等;

…………

1-6 收购人的财务状况

一、简述

在 2017 年上市公司控制权收购的市场当中,我们一共统计了 69 单上市公司控制权收购的交易(包括在 2017 年结束或者开始的控制权收购交易),其中有 48 单交易收到了沪深两地交易所的问询函/关注函,在这些问询函/关注函中,有 16 单交易被交易所问询到"收购人的财务状况"问题,占收到问询函/关注函公司总数的 33.33%。

在 2018 年上市公司控制权收购的市场当中,我们一共统计了 89 单交易(统计标准为在 2018 年开始或者结束的控制权收购交易,其中,棕榈股份、红日药业和东方网络进行了两次股权转让,我们分别将其视为两单交易)。其中有 44 单交易收到了沪深两地交易所的问询函/关注函,在这些问询函/关注函中,有 5 单交易被交易所问询到"收购人的财务状况"问题,占比 11.36%。

收购人的财务状况本身就是收购过程中需要披露的关键内容。不仅是其能否支持本次收购的基础,也对完成控制权转让后上市公司的后续发展有着重要影响。通过总结,可以发现交易所对于这一问题的关注主要包括在以下几个方面:

(1) 财务状况的补充披露;

(2) 股东实际出资情况;

(3) 财务顾问核查。

此外,还涉及控制权稳定性影响等个别性问题。

二、交易所的常用问法

表1-6　有关收购人的财务状况问题交易所的常用问法

序号	问询问题	上市公司名称
(一)财务状况的补充披露		
1	天津鑫达设立不满3年且专为本次收购而设立,请根据《公开发行证券的公司信息披露内容与格式准则第16号——上市公司收购报告书》第18条第3款等规定,补充披露天津鑫达控股股东或实际控制人所从事的业务及最近3年的财务状况	希努尔、通达动力、绵石投资、步森控股、延华智能、华塑控股、升达林业、哈工智能
2	鉴于直接收购方深圳鑫腾华自成立以来未正式开展具体业务,请参照《公开发行证券的公司信息披露内容与格式准则第16号——上市公司收购报告书》第18条的要求,补充披露其控股股东、实际控制人黄锦光和黄彬所从事的业务及最近3年的财务状况。请分析说明黄锦光和黄彬的资金实力是否足以支持本次收购	中超控股、奥维通信、荣华实业
(二)股东实际出资情况		
1	万木隆投资成立于2017年3月30日,注册资本5亿元。请说明万木隆投资股东认缴出资、实际出资情况;如目前尚未实缴出资,请进一步详细说明出资到位计划及资金来源。请说明万木隆投资7位股东中,除孙进峰、封堃、李巧思3人签署一致行动人协议之外,其他股东签署相关协议情况,以及与3位实际控制人之间是否存在其他形式的约定	金洲管道
2	《提示性公告》披露保和堂成立于2017年2月23日,注册资本为1亿元,单洋和单晓松分别持有保和堂90%和10%的股权。请补充说明以下问题:(1)上述注册资本是否为实缴资本,保和堂是否有履约能力;(3)保和堂正在办理新增股东的增资事宜,说明保和堂新增股东及新增股东的增资金额	升达林业
3	结合合伙协议和股权转让协议的约定,披露截至回复本函件之日无锡哲方和无锡联创各合伙人的实缴出资额,若尚未完全出资,请披露出资时间安排和各合伙人的履约能力,同时披露截至回复本函件之日本次股权转让协议的履行进度	哈工智能
(三)财务顾问意见		
1	请独立财务顾问就盛屯集团的收购实力、收购意图、是否具备收购人的资格等情况发表明确意见	威华股份
2	请广东文华聘请的财务顾问核查其最近3年的诚信记录、收购资金来源的合法性、是否具备履行相关承诺的能力、是否存在结构化杠杆收购以及相关信息披露内容的真实性、准确性和完整性	长航凤凰

(续表)

序号	问询问题	上市公司名称
(四) 个别性问题		
1	请结合瑞丽湾自身财务状况和前述收购资金来源情况,说明此次收购资金安排对上市公司控制权稳定性和经营管理业务稳定性造成的影响和判断依据	奥维通信

通过整理可以发现,如果收购人设立不满 1 年或专为本次收购设立,以及存在近 3 年没有实际开展业务的情况,交易所会要求上市公司补充披露其控股股东或实际控制人的财务状况。另外包括收购人内部的实际出资情况和出资的来源,这一部分涉及收购资金的来源问题,以及是否存在任何杠杆融资结构化设计产品等。除这些之外,在讨论控制权稳定等问题时也会涉及收购人的财务状况问题,需要结合说明。

三、上市公司的常用答法

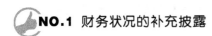

NO.1 财务状况的补充披露

通过对交易所问询函/关注函中对于补充披露财务状况问题的总结可以发现,主要包括**收购人设立不满 1 年或是专为本次收购而设立**的情形,依据相关法规(《格式准则第 17 号》第 39 条、《格式准则第 16 号》第 38 条、《格式准则第 15 号》第 41 条,详细内容参见第四部分"法律规范")要求补充披露收购人控股股东或者实际控制人所从事的业务及最近 3 年的财务状况。另外,**若收购人设立已满 3 年但近 3 年未开展实际业务**,也需要参照以上法规的要求补充披露。特殊情况下,例如荣华实业案例中,还要求披露包括但不限于历史沿革、目前股东结构、主要业务以及最近 1 年及 1 期的主要财务数据等内容。

从回复方式上看,普遍可按照法规的要求说明收购人控股股东或者实际控制人所从事的业务以及最近 3 年的财务状况。还可对控股股东或者实际控制人作基本情况的介绍,或者具体按照交易所的披露要求来充分说明收购人有支持本次收购的资金实力。

民盛金科

交易方式:股份协议转让+表决权委托

转让方:阿拉山口市民众创新股权投资有限合伙企业

受让方:内蒙古正东云驱科技有限公司

转让标的:40,193,250 股股份(占公司总股本的 10.77%)

交易结果:已完成

交易所问题六:鉴于直接收购方云驱科技成立于 2018 年 1 月,尚未开展实际经营活动,请参照《公开发行证券的公司信息披露内容与格式准则第 16 号——上市公司收购报告书》第 18 条的要求,补充披露其控股股东正东致远或实际控制人霍东所从事的业务及最近 3 年的财务状况;同时根据第 40 条第 3 款的要求,提供控股股东正东致远最近 1 个会计年度经具有证券、期货从业资格的会计师事务所审计的财务会计报告,注明审计意见的主要内容以及采用的会计制度及主要会计政策、主要科目的注释等。

上市公司回复:

正东致远于 2017 年 9 月成立,为控股型公司。目前,正东致远除持有云驱科技和仁东科技 100% 的股权外,不持有其他公司的股权,霍东先生除控股正东致远外,不控股其他企业。霍东先生对正东致远的出资款计划全部来自于其个人及家庭积累,具体如下:

(1)本次收购资金有 83,350 万元计划来源于霍东个人及家庭自有资金。霍东拟通过正东致远对云驱科技出资 83,350 万元,目前已出资 63,020 万元,霍东先生将继续使用个人及家庭自有资金通过正东致远对云驱科技进行出资。这部分资金非外部借贷资金,来源于霍东及家庭的多年积累所得,该笔资金为本次收购款的主要资金来源。

(2)本次收购资金有 47,000 万元计划来源于霍东的家庭积累。该部分家庭积累系霍东向岳母张淑艳女士的借款,该部分借款金额为 47,000 万元,未约定还款期限和利息,未提供担保。

正东致远的出资资金来源汇总情况如下:(表略)

2018年2月9日,中兴华会计师事务所(特殊普通合伙)出具了中兴审字(2018)第010105号审计报告,审计意见如下:"我们审计了正东致远(天津)实业有限公司(以下简称'正东致远公司')财务报表,包括2017年12月31日的合并及母公司资产负债表,2017年度的合并及母公司利润表、合并及母公司现金流量表、合并及母公司所有者权益变动表以及相关财务报表附注。我们认为,后附的财务报表在所有重大方面按照企业会计准则的规定编制,公允反映了正东致远公司2017年12月31日合并及母公司的财务状况以及2017年度合并及母公司的经营成果和现金流量。"

奥维通信

交易方式:股份协议转让

转让方:杜方(奥维通信股份有限公司董事长兼总裁)及一致行动人杜安顺、王崇梅

受让方:瑞丽市瑞丽湾旅游开发有限公司

转让标的:99,725,000股股份(占公司总股本的27.95%)

转让价格:1,677,000,000元(奥维通信停牌前20个工作日股票均价为11.25元/股,本次交易对价为16.82元/股,溢价49.48%)

交易结果:瑞丽湾成为公司第一大股东,公司实际控制人变更为董勒成

交易所问题二:鉴于直接收购方瑞丽湾近3年未实际开展业务,请参照《公开发行证券的公司信息披露内容与格式准则第16号——上市公司收购报告书》第18条的要求,补充披露其控股股东景成集团或实际控制人所从事的业务及最近3年的财务状况、实际控制人核心企业完整的股权结构及其主要业务情况。请分析说明景成集团及实际控制人的资金实力是否足以支持本次收购。

上市公司回复:

信息披露义务人已在《详式权益变动报告书》第二章"信息披露义务人介绍"之"三、控股股东、实际控制人所控制的核心企业和核心业务、关联企业及主营业务情况"中披露如下:

信息披露义务人的控股股东景成集团坐落于国家重点开发开放试验区——云南省瑞丽市,区位优势显著,主营业务包括航空、工程建筑、医疗旅游大健康三大产业,景成集团还与北京汽车集团有限公司合资成立北汽云南瑞丽汽车有限公司,主要生产符合缅甸等东南亚国家以及中国西南地区市场需求的商用车、SUV等产品,对于加快推进沿边重点地区开发开放和云南主动融入国家"一带一路"规划、拓展东南亚市场具有重大意义。景成集团资金实力雄厚,资产总额逾百亿元,2016年实现营业收入40多亿元,跻身云南企业百强之列。

截至目前,除瑞丽湾外,信息披露义务人的控股股东景成集团、实际控制人董勒成控制的其他核心企业和核心业务如下:(表略)

截至目前,信息披露义务人的控股股东景成集团、实际控制人董勒成控制的主要关联企业及主营业务的情况如下:(表略)

信息披露义务人控股股东景成集团最近3年的财务数据(未经审计)如下:

项目	2016年12月31日	2015年12月31日	2014年12月31日
资产总计(元)	12,170,159,471.26	9,724,112,171.65	9,731,767,359.75
负债总计(元)	7,857,656,994.58	6,294,976,485.89	6,590,325,640.87
股东权益合计(元)	4,312,502,476.68	3,429,135,685.76	3,141,441,718.88
资产负债率(%)	64.56	64.74	67.72
项目	2016年度	2015年度	2014年度
营业收入(元)	4,183,587,895.63	2,811,695,630.74	2,283,961,469.74
主营业务收入(元)	4,142,168,656.68	2,790,221,790.12	2,279,828,372.67
净利润(元)	745,156,549.75	541,335,768.67	219,611,060.99
净资产收益率(%)	17.28	15.79	6.99

景成集团资金实力雄厚,截至2016年12月31日,资产总额121.7亿元,2016年实现营业收入41.84亿元,净利润7.45亿元。景成集团资产规模大,资金实力强,足以支持本次收购。

NO.2 股东实际出资情况

对于收购人尚未实缴出资的情况,交易所会在收购时关注其**出资到位的计划和资金来源**。这一问题也涉及收购资金的来源问题以及审查收购人的资金实力。

从回复中可以看到,收购人在回复时若尚未完全出资到位的,可说明股东出资情况包括公司章程中的股东出资额、出资时间和出资方式,截至本回复时的实缴情况,以及剩余部分出资计划和资金来源;说明是否存在该等资金来源与转让方及其关联方,包含任何杠杆融资结构化设计产品或负有数额较大债务等情形。

哈工智能(友利控股)

交易方式:股权协议转让

转让方:江苏双良科技有限公司

受让方:无锡哲方哈工智能机器人投资企业(有限合伙)、无锡联创人工智能投资企业(有限合伙)

转让标的:183,383,977 股股份

转让价格:32.4 亿元

交易结果:根据无锡哲方与无锡联创出具的一致行动人协议,无锡哲方与无锡联创存在一致行动安排,为一致行动人;根据股份转让协议约定,无锡哲方成为公司的控股股东;本次变动后,缪双大先生不再是公司的实际控制人,无锡哲方的最终实际控制人乔徽先生和无锡联创的最终实际控制人艾迪女士成为友利控股的共同实际控制人。

交易所问题五:请你们结合合伙协议和股权转让协议的约定,披露截至回复本函件之日无锡哲方和无锡联创各合伙人的实缴出资额,若尚未完全出资,请披露出资时间安排和各合伙人的履约能力,同时披露截至回复本函件之日本次股权转让协议的履行进度。

上市公司回复:

截至本回复签署之日,无锡哲方、无锡联创各合伙人认缴的出资额已全部实缴完毕。

截至本回复签署之日,受让方无锡哲方、无锡联创已经按照与转让方江苏双良科技有限公司(简称"双良科技")之间于 2016 年 12 月 29 日签署的《关于江苏友利投资控股股份有限公司之股份转让协议》的约定履行了付款义务。具体履行进度情况如下:

(1)受让方无锡哲方、无锡联创已向转让方双良科技支付了履约定金 10,000 万元。该等履约定金将于标的股份交割日自动转为受让方支付的股份转让价款。

(2)在上述股份转让协议签署日后的 5 个工作日之内,受让方无锡哲方、无锡联创已分别向双良科技名下并由转让方和受让方共同实施管理的共管账户合计支付了履约定金之外的全部剩余股份转让款 314,000 万元。

NO.3 财务顾问意见

依据相关法律规定,财务顾问意见包括:财务顾问关于收购人最近 3 年的诚信记录、收购资金来源合法性、**收购人具备履行相关承诺的能力**以及相关信息披露内容真实性、准确性、完整性的核查意见;收购人成立未满 3 年的,财务顾问还应当提供其控股股东或者实际控制人最近 3 年诚信记录的核查意见。

威 华 股 份

交易方式:股权协议转让+表决权委托

(一)股份协议转让

转让方:李建华

受让方:深圳盛屯集团有限公司

转让标的:40,000,000 股股份(占公司总股本的 8.1516%)

转让价格:12.32 元/股

交易结果：李建华先生持有公司股份数为 75,475,200 股，占公司总股本比例为 15.381%，仍为公司控股股东和实际控制人；盛屯集团持有公司股份数为 4,000 万股，占公司总股本比例为 8.1516%，为公司持股 5% 以上股东

（二）表决权委托

转让方：李建华

受让方：深圳盛屯集团有限公司

委托表决权部分股份：51,475,200 万股（占公司总股本的 10.4901%）

交易结果：公司的控股股东将由李建华变更为盛屯集团，实际控制人由李建华变更为姚雄杰。

交易所问题一：请独立财务顾问就盛屯集团的收购实力、收购意图、是否具备收购人的资格等情况发表明确意见。

上市公司回复：

本次表决权委托不涉及资金。根据盛屯集团财务报表，目前注册资本为 23 亿元，2016 年年末和 2017 年 3 月末总资产分别为 150.29 亿元和 162.49 亿元，股东权益合计分别为 53.67 亿元和 59.59 亿元，账面货币资金分别为 12.07 亿元和 11.65 亿元，实力较为雄厚。

同时，盛屯集团作为威华股份 2016 年非公开发行的唯一认购对象，拟以不超过 65,843.2 万元现金进行认购，体现了对威华股份的资金支持。此外，在实业经营管理方面，盛屯集团以产业投资为主业，深耕于有色金属行业，涵盖勘探、采、选、冶及金属产业链增值服务，并在此基础上聚焦于新能源、新材料领域，多年来形成了相当的影响力。

经核查，财务顾问认为，盛屯集团具备本次收购威华股份的实力。

四、交易所的监管逻辑和法律规范

（一）监管逻辑

从之前的整理可以看到，交易所对于"收购人的财务状况"问题问询的主要法律依据即是"该法人或其他组织成立不足 1 年或者是专为本次上市公司收购而设立的，则应当比照前述规定披露其实际控制人或者控股公司的财务资料"。

在案例中也可以发现,若收购人近3年没有实际开展业务则也被划为需要补充披露其实际控制人或控股股东的财务资料的范围。据此,要求收购人充分说明是否拥有完成本次收购的资金实力。

收购人的财务状况是收购过程中要求披露的基础内容,与收购资金来源等一系列问题紧密联系,涉及杠杆收购等多个监管重点。根据收购资金来源和组成,对收购人目前以及未来财务状况的要求也会有所不同,从而影响上市公司未来的经营。因此,加强对收购人财务状况披露的监管也是维护市场稳定的重要措施之一。

(二)法律规范

1.《上市公司收购管理办法》(2014年修订)

第六条　任何人不得利用上市公司的收购损害被收购公司及其股东的合法权益。

有下列情形之一的,不得收购上市公司:

(一)收购人负有数额较大债务,到期未清偿,且处于持续状态;

(二)收购人最近3年有重大违法行为或者涉嫌有重大违法行为;

(三)收购人最近3年有严重的证券市场失信行为;

(四)收购人为自然人的,存在《公司法》第一百四十六条规定情形;

(五)法律、行政法规规定以及中国证监会认定的不得收购上市公司的其他情形。

第五十条　收购人公告上市公司收购报告书时,应当提交以下备查文件:

…………

(五)收购人及其控股股东或实际控制人的核心企业和核心业务、关联企业及主营业务的说明;收购人或其实际控制人为两个或两个以上的上市公司控股股东或实际控制人的,还应当提供其持股5%以上的上市公司以及银行、信托公司、证券公司、保险公司等其他金融机构的情况说明;

(六)财务顾问关于收购人最近3年的诚信记录、收购资金来源合法性、收购人具备履行相关承诺的能力以及相关信息披露内容真实性、准确性、完整性的核查意见;收购人成立未满3年的,财务顾问还应当提供其控股股东或者实际控制人最近3年诚信记录的核查意见。

第五十三条　上市公司控股股东向收购人协议转让其所持有的上市公司股份的,应当对收购人的主体资格、诚信情况及收购意图进行调查,并在其权益变动报告书中披露有关调查情况。

控股股东及其关联方未清偿其对公司的负债,未解除公司为其负债提供的担保,或者存在损害公司利益的其他情形的,被收购公司董事会应当对前述情形及时予以披露,并采取有效措施维护公司利益。

2.《公开发行证券的公司信息披露内容与格式准则第 17 号——要约收购报告书》(2014 年修订)

第三十九条　收购人为法人或者其他组织的,收购人应当披露其最近 3 年的财务会计报表,注明是否经审计及审计意见的主要内容;其中最近一个会计年度财务会计报告应当经具有证券期货业务资格的会计师事务所审计,并注明审计意见的主要内容、采用的会计制度及主要会计政策、主要科目的注释等。会计师应当说明公司前两年所采用的会计制度及主要会计政策与最近一年是否一致,如不一致,应做出相应的调整。

如截至要约收购报告书摘要公告之日,收购人的财务状况较最近一个会计年度的财务会计报告有重大变动的,收购人应当公告最近一期财务会计报告并予以说明。

如果该法人或其他组织成立不足一年或者是专为本次上市公司收购而设立的,则应当比照前述规定披露其实际控制人或者控股公司的财务资料。

收购人是境内上市公司的,可以免于披露最近 3 年财务会计报告;但应当说明刊登其年报的报刊名称及时间。

收购人为境外投资者的,应当公告依据中国会计准则或国际会计准则编制的财务会计报告。

3.《公开发行证券的公司信息披露内容与格式准则第 16 号——上市公司收购报告书》(2014 年修订)

第十八条　收购人为法人或者其他组织的,应当披露如下基本情况:

(一)收购人的名称、注册地、法定代表人、注册资本、工商行政管理部门或者其他机构核发的注册号码及代码、企业类型及经济性质、经营范围、经营期限、税务登记证号码、股东或者发起人的姓名或者名称(如为有限责任公司或者股份有限公司)、通讯地址、通讯方式(包括联系电话);

(二)收购人应当披露其控股股东、实际控制人的有关情况,并以方框图或者其他有效形式,全面披露与其控股股东、实际控制人之间的股权控制关系,实际控制人原则上应披露到自然人、国有资产管理部门或者股东之间达成某种协议或安排的其他机构;

收购人应当说明其控股股东、实际控制人所控制的核心企业和核心业务、关联企业及主营业务的情况;

(三)收购人从事的主要业务及最近3年财务状况的简要说明,包括总资产、净资产、收入及主营业务收入、净利润、净资产收益率、资产负债率等;如收购人设立不满1年或专为本次收购而设立的公司,应当介绍其控股股东或实际控制人所从事的业务及最近3年的财务状况;

....

第四十条 收购人为法人或者其他组织的,收购人应当披露最近3年财务会计报表,并提供最近一个会计年度经具有证券、期货从业资格的会计师事务所审计的财务会计报告,注明审计意见的主要内容及采用的会计制度及主要会计政策、主要科目的注释等。会计师应当说明公司前两年所采用的会计制度及主要会计政策与最近一年是否一致,如不一致,应做出相应的调整。

如截至收购报告书摘要公告之日,收购人的财务状况较最近一个会计年度的财务会计报告有重大变动的,收购人应提供最近一期财务会计报告并予以说明。

如果该法人或其他组织成立不足一年或者是专为本次收购而设立的,则应当比照前款披露其实际控制人或者控股公司的财务资料。

收购人为境内上市公司的,可以免于披露最近3年财务会计报表,但应当说明刊登其年报的报刊名称及时间。

收购人为境外投资者的,应当提供依据中国会计准则或国际会计准则编制的财务会计报告。

收购人因业务规模巨大、下属子公司繁多等原因,难以按照前述要求提供相关财务资料的,须请财务顾问就其具体情况进行核查,在所出具的核查意见中说明收购人无法按规定提供财务资料的原因、收购人具备收购上市公司的实力,且没有规避信息披露义务的意图。

1-7 收购的目的、原因、背景

一、简述

在 2017 年上市公司控制权收购的市场当中,我们一共统计了 69 单上市公司控制权收购的交易(包括在 2017 年结束或者开始的控制权收购交易),其中有 48 单交易收到了沪深两地交易所的问询函/关注函,在这些问询函/关注函中,有 16 单交易被交易所问询到"收购的目的、原因、背景"问题,占收到问询函/关注函公司总数的 33.33%。

在 2018 年上市公司控制权收购的市场当中,我们一共统计了 89 单交易(统计标准为在 2018 年开始或者结束的控制权收购交易,其中,棕榈股份、红日药业和东方网络进行了两次股权转让,我们分别将其视为两单交易)。其中有 44 单交易收到了沪深两地交易所的问询函/关注函,在这些问询函/关注函中,有 14 单交易被交易所问询到"收购的目的、原因、背景"问题,占比 31.82%。

经过对交易所涉及"收购的目的、原因、背景"相关提问的分析,我们发现交易所对"收购目的、原因、背景"的提问通常与后续计划紧密相连,但是由于收购方及转让方之后的对上市公司股份的增减持计划与本次收购的目的密切相关,故在进行问题分类时将后续股份增减持计划归入"收购的目的、原因、背景"这一章。

根据对相关问题的归纳总结,我们发现交易所主要关注的问题有以下两类:

(1) 收购与转让的目的、原因及背景;
(2) 后续股份增减持计划。

二、交易所的常用问法

表1-7 有关收购的目的、原因、背景问题交易所的常用问法

序号	问询问题	上市公司名称
(一)收购与转让的目的、原因及背景		
1	请公司补充披露:(1)公司原实际控制人进行本次股权转让的具体原因;(2)转让方仍保留3.959%股份的具体原因,未来12个月内有无增减持计划	狮头股份、希努尔、龙净环保、鑫科材料、博信股份、扬子新材、威华股份
2	请公司补充披露转让方本次股权转让的背景和目的,控制权发生转移后对公司未来经营的可能影响,并充分提示相关不确定性及风险	
3	请独立财务顾问就收购方的收购实力、收购意图、是否具备收购人的资格等情况发表明确意见	
(二)后续股份增减持计划		
1	请公司使用客观、确定的语言,根据实际情况进一步明确披露未来12个月内增减持意向,不得出现"暂无""不排除"等模糊字眼	中超股份、步森股份、四川金顶、东方银星、美达股份、*ST昌九
2	请公司按照上海证券交易所临时公告格式指引(第99号)的具体要求,详细披露收购方的增持计划,包括但不限于增持目的、增持规模、增持价格、增持方式、资金安排等,并充分揭示相关风险	
3	请明确说明受让方是否有意在未来12个月内继续增加其在上市公司中拥有权益的股份,以及转让方是否有意在未来12个月内继续减少其在上市公司中拥有权益的股份。如有相关意向的,请详细说明比例、时间安排等具体情况	

三、上市公司的常用答法

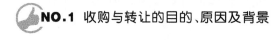

NO.1 收购与转让的目的、原因及背景

该关注点可进一步细分为两类,即:
(1) 收购方角度的目的、原因及背景;
(2) 出售方角度的目的、原因及背景。

合金投资

交易方式：股份协议转让

转让方：霍尔果斯通海股权投资有限公司

受让方：甘霖及其一致行动人

交易结果：甘霖先生持有通海投资60%的股份,甘霖及其一致行动人通过通海投资间接持有公司20%的股份,甘霖先生成为公司实际控制人

交易所问题一：请说明你公司控股股东通海投资控制权收购的具体原因。

上市公司回复：

2016年12月,通海投资与中融国际信托有限公司（以下简称"中融信托"）签署《信托贷款合同》,分3笔向中融信托累计贷款10亿元。由于近期证券市场大幅波动及其他因素影响,通海投资短期资金流动性受限,已无法按《信托贷款合同》约定偿还对中融信托的全部债务。通海投资的股东赵素菲、翁扬水为妥善解决通海投资的债务问题,降低因通海投资的债务违约而给上市公司带来的负面影响,基于个人自愿,拟以出让通海投资股权并以受让方向通海投资提供借款的方式供其专项偿还对中融信托的债务,解决通海投资的债务风险。

希努尔

交易方式：股份协议转让

（1）第一次股份协议转让：

转让方：新郎希努尔集团股份有限公司及其一致行动人山东新郎欧美尔家居置业有限公司

受让方：广州雪松文化旅游投资有限公司

转让标的：81,289,447股股份（占本公司总股本的25.4%）

转让价格：21元/股

(2) 第二次股份协议转让：

① 转让方：重庆信三威投资咨询中心（有限合伙）—昌盛三号私募基金

受让方：广州雪松文化旅游投资有限公司

转让标的：22,900,000 股股份（占本公司总股本的 7.16%）

转让价格：21 元/股

② 转让方：重庆信三威投资咨询中心（有限合伙）—昌盛四号私募基金

受让方：广州雪松文化旅游投资有限公司

转让标的：32,100,000 股股份（占本公司总股本的 10.03%）

转让价格：21 元/股

(3) 第三次股份协议转让：

转让方：达孜县正道咨询有限公司

受让方：广州雪松文化旅游投资有限公司

转让标的：32,800,000 股股份（占本公司总股本的 10.25%）

转让价格：21 元/股

交易结果：公司的控股股东由新郎希努尔集团变更为雪松文旅，实际控制人由王桂波变更为张劲

交易所问题二：2014 年至 2016 年，希努尔归属于母公司股东的净利润（以下简称"净利润"）为 −4,659.06 万元、2,258.61 万元和 746.86 万元，扣除非经常性损益后的净利润为 −5,053.74 万元、−5,869.43 万元和 −5,121.37 万元。根据《公开发行证券的公司信息披露内容与格式准则第 17 号——要约收购报告书》第 27 条的规定，请你公司进一步明确说明本次收购意图，在收购完成后 12 个月内是否有对上市公司资产、主营业务的重大调整计划。如是，请补充说明计划内容，并说明与相关调整匹配的人才储备和资金筹措等方面的具体安排；如否，则请补充说明你公司拟提高希努尔盈利能力的具体措施。同时，请独立财务顾问对你公司的收购实力、收购意图、是否具备收购人资格等情况发表明确意见。

上市公司回复：

雪松文旅本次收购上市公司希努尔，主要是基于公司的发展战略，以及综合考虑上市公司行业地位、品牌价值、营销网络优势、研发设计优势等因素所作出的决策。

（1）君华集团的多元化发展战略

雪松文旅秉持雪松控股一贯的"坚守实业、创造价值"的理念,在"多元化发展,专业化运作"的战略下,基于对希努尔行业地位、未来发展前景的认可,长期看好希努尔发展,通过收购希努尔控制权的方式,一方面能够拓展集团主营业务外延,推进集团整体业务多元化布局,优化集团业务结构,增强发展动力和抗风险能力,是深入践行多元化发展战略的重要举措;另一方面通过提高上市公司管理决策效率和水平,同时通过战略整合和协同发展,增强上市公司盈利能力,为股东争取更多的投资回报。

（2）希努尔的行业地位较高

希努尔创始于 1992 年,2010 年在深交所上市,具有较高的行业地位。根据中国纺织工业联合会于 2016 年 11 月 18 日发布的《关于发布 2015—2016 年度中国纺织服装企业竞争力 500 强测评结果的通知》（中纺联函〔2016〕167号）,希努尔获得 2015—2016 年度中国纺织服装企业竞争力 500 强企业称号。它自设立之初,一直致力于西装、衬衫及其他服饰类产品的设计、生产和销售,已建立起以自制生产为主、委托加工生产为辅,以直营店和特许加盟店为主、团体订购、外贸出口和网上直销为补充的成熟、完整、具有特色的生产销售模式。希努尔拥有 11 条西装上衣生产流水线、9 条西裤生产流水线、10 条衬衫生产流水线,是国内规模最大的男士正装生产基地。

（3）希努尔具有较高的品牌价值

希努尔男装产品依靠优雅的风格、较高的性价比、优良的品质以及优质的服务、创新性和领先性的营销策略,在国内市场尤其是北方市场具有较高的知名度,已拥有一批忠诚、稳定的消费群体,品牌的美誉度逐年提升。在此基础上,希努尔还一直注重品牌的推广和宣传,通过对营销终端——店铺装潢设计、产品陈列等统一规范管理、策划创意,借助户外广告、网络平台和全国知名杂志等广告投放,全方位、立体化、不间断地进行品牌宣传,大大提高了希努尔品牌的知名度,并通过大型展会和各类营销活动,强化希努尔品牌的美誉度。综上,希努尔品牌具有较高的品牌价值。

（4）营销网络价值

自成立以来,希努尔销售终端已覆盖全国多个省、自治区、直辖市主要城市的重点商圈。以总部所在地山东为基地,不断扩大终端销售网络,目前,已构筑了以山东、河北、河南、山西、江苏、陕西6省为核心的第一市场圈,以上6省区大部分县级以上城市的主要商业中心都设有希努尔男装的销售网络,营销网络广泛。

(5) 研发设计优势

希努尔拥有国内一流的设计师为核心的设计研发团队,研发中心被山东省认定为省级企业技术中心。目前,希努尔拥有技术人员800余名,每年设计研发3,000多款新产品。公司与英国和意大利设计公司合作,为国内和国际品牌提供设计服务。希努尔在运作模式、设计理念和设计水平上位居国内男装行业前列,并逐渐向国际水平靠拢。

博 信 股 份

交易方式:股份协议转让

转让方:深圳前海烜卓投资发展中心、朱凤廉

受让方:苏州晟隽营销管理有限公司

转让标的:65,300,094股股份(占上市公司总股本的28.39%)

转让价格:23元/股

交易结果:公司控股股东变更为苏州晟隽营销管理有限公司,公司实际控制人由石志敏先生变更为罗静女士

交易所问题一:本次转让后,公司控股股东将变更为苏州晟隽,实际控制人由石志敏变更为罗静。请公司补充披露前海烜卓、朱凤廉本次股权转让的背景和目的,控制权发生转移后对公司未来经营的可能影响,并充分提示相关不确定性及风险。

上市公司回复:

鉴于公司近年来的经营形势较为严峻,虽经持续努力,但仍未找到并购重组或转型升级的市场机会,上市公司内生发展和外延发展均遇到一定的困难。公司控股股东前海烜卓有意通过引入产业实力雄厚、市场资源丰富的企业经营者,帮助上市公司扭转经营状况不佳的局面,推进公司转型升级,优化公司股权结构,增强公司持续盈利能力,维护中小股东的利益。同时,罗静女士看好A

股上市公司平台与其未来发展战略的契合,认为控股 A 股上市公司有助于其实现产业战略发展布局和市场资源的整合。前海烜卓与罗静女士就交易事项初步协商之后,将谈妥的主要条款告知公司股东朱凤廉,并问询朱凤廉是否将所持有的公司股份一起转让给广州承兴营销管理有限公司指定的关联方,朱凤廉同意加入本次交易,三方经友好协商后就本次交易达成一致并签署了股份转让协议。

交易所对于股份增减持计划的提问方式主要有以下几类:

(1) 对于增减持股份意向披露不明确的,交易所要求进一步披露;

(2) 对于未披露增减持股份意向的,交易所要求披露(包括收购方和出售方);

(3) 对于已披露增减持股份意向但不明确的,交易所要求详细披露增减持计划。

中超控股

交易方式:股份协议转让

转让方:江苏中超控股股份有限公司

受让方:深圳市鑫腾华资产管理有限公司

转让标的:无限售流通股 367,720,000 股股份(占公司总股本的 29%)

转让价格:5.19 元/股

交易结果:深圳鑫腾华持有中超控股 29% 股权,是中超控股第一大股东,中超控股实际控制人变更为黄锦光

交易所问题三:请明确说明深圳鑫腾华是否有意在未来 12 个月内继续增加其在上市公司中拥有权益的股份,以及中超集团是否有意在未来 12 个月内继续减少其在上市公司中拥有权益的股份。如有相关意向的,请详细说明比例、时间安排等具体情况。

上市公司回复:

黄锦光深耕日用化学品行业多年,在同行中享有较高的知名度,有着更进

一步的实业雄心，但由于没有通畅的资本运营平台，企业的战略规划缺少资本的助力，无法更快更好实施。本次通过取得中超控股的控股权，可以直接打通与资本市场的链接，有利于公司未来的资本运作。

本次交易完成后，在维持上市公司原有业务稳定发展的基础上，深圳鑫腾华及实际控制人将对日用化学品行业及上下游资产进行合理规划，未来12个月内计划通过并购重组等方式进行外延式扩张。如启动相关计划，深圳鑫腾华未来12个月内持有上市公司的股份可能进一步增加。根据中超集团出具的承诺函，本次交易完成后12个月内，中超集团将不会继续减少其在上市公司中拥有权益的股份。

四、交易所的监管逻辑和法律规范

（一）监管逻辑

1. 收购与转让的目的、原因及背景

为了保护中小股东的权益，防止大股东及管理层为了自己的利益私自决定公司收购与转让，交易所要求收购方及被收购方说明本次交易的目的、原因、背景，以证明本次交易能够使双方受益，帮助公司改善目前困境或是实现多元化等战略发展意图。实际上，根据对相关公司回复的分析，可以发现收购方所作说明多从产业环境、自身地位、发展意图等方面着手，而被收购方则从自身问题、发展困境，乃至股东个人生活等方面表达对公司发展、对公司中小股东利益负责任的态度。

2. 后续股份增减持计划

后续股份增减持计划对于理解收购目的有着重要的意义，并且证监会、交易所相关规范性文件对于股份增减持的比例等提出了严格的信息披露要求。本质上，后续股份增减持计划体现了收购方与被收购方对于公司未来的计划。对收购方来说，是收购运营，还是短暂控制之后再出售盈利，或是借壳为重大资产重组作准备；而对被收购方而言，继续减持意味着其完全撤出公司套现的意图，而增持或保持一定份额则说明其有意愿继续参与公司经营等。收购方与被收购方的不同操作体现着整单交易背后的意图，而这样的意图或好或坏都关系到广大中小股东及公司的利益,故其是证监会、交易所监管的重点。

(二) 法律规范

1.《公开发行证券的公司信息披露内容与格式准则第 16 号——上市公司收购报告书》(2014 年修订)

第二十一条 收购人应当披露其关于本次收购的目的、是否拟在未来 12 个月内继续增持上市公司股份或者处置其已拥有权益的股份。

2.《公开发行证券的公司信息披露内容与格式准则第 15 号——权益变动报告书》(2014 年修订)

第二十条 增加其在上市公司中拥有权益的股份的信息披露义务人,应当披露其持股目的,并披露其是否有意在未来 12 个月内继续增加其在上市公司中拥有权益的股份。

减少其在上市公司中拥有权益的股份的信息披露义务人,应当披露其是否有意在未来 12 个月内增加或继续减少其在上市公司中拥有权益的股份。

3.《上市公司收购管理办法》(2014 年修订)

1-8 股份质押

一、简述

在 2017 年上市公司控制权收购的市场当中,我们一共统计了 69 单上市公司控制权收购的交易(包括在 2017 年结束或者开始的控制权收购交易),其中有 48 单交易收到了沪深两地交易所的问询函/关注函,在这些问询函/关注函中,有 15 单交易被交易所问询到"股份质押"问题,占收到问询函/关注函公司总数的 31.25%。

在 2018 年上市公司控制权收购的市场当中,我们共统计了 89 单交易(统计标准为在 2018 年开始或者结束的控制权收购交易,其中,棕榈股份、红日药业和东方网络进行了两次股权转让,我们分别将其视为两单交易)。其中有 44 单交易收到了沪深两地交易所的问询函/关注函,在这些问询函/关注函中,有14单交易被交易所问询到"股份质押"问题,占比31.82%。

根据对这些问题的归纳总结,我们发现交易所主要关注以下几个方面:

(1) 本次股权转让之前及之后是否存在质押股份的情形或计划;

(2) 股权质押的交易目的或原因;

(3) 股权质押是否存在平仓风险;

(4) 股权质押对公司控制权转移的影响。

二、交易所的常用问法

表1-8 有关股份质押问题交易所的常用问法

序号	问询问题	上市公司名称
1	本次股权转让之前及之后是否存在质押股份的情形或计划	四川金顶、奥维通信、江泉实业、亿晶光电、绵石投资、步森控股、保龄宝、华塑控股、*ST昌九
2	股权质押的交易目的或原因	深天地A、长航凤凰
3	股权质押是否存在平仓风险	亿晶光电、共达电声
4	股权质押对公司控制权转移的影响	亿晶光电、通达动力、保龄宝、中毅达

三、上市公司的常用答法

 NO.1 本次股权转让之前及之后是否存在质押股份的情形或计划

四 川 金 顶

交易方式:股份协议转让

转让方:公司原控股股东海亮金属贸易集团有限公司

受让方:朴素至纯投资企业

转让标的:71,553,484股股份(占公司总股本的20.5%)

转让价格:12亿元

交易结果:朴素至纯成为公司控股股东,梁斐成为公司的实际控制人

交易所问题一：公告披露，此次股权转让金额 **12 亿元**的支付方式全部为现金支付，资金来自于自有资金、自筹资金和普通合伙人朴素资本受托管理的资金。股权受让方朴素至纯成立日期为 2016 年 6 月 15 日，成立时间较短。请说明本次股权转让之前及之后是否存在质押股份的情形或计划，并说明相关金额比例。

上市公司回复：

1. 本次股份转让前，标的股份不存在质押情况

本次交易标的为海亮金属持有的上市公司 71,553,484 股股份，占公司总股本的比例为 20.5%。

根据朴素至纯与海亮金属于 2017 年 1 月 26 日签订的《股份转让协议》，乙方（海亮金属）保证其合法持有目标股份，该等股份没有设置任何抵押、质押等他项权利或任何诉讼、争议等法律瑕疵。

根据中登公司上海分公司的查询记录，截至查询日 2017 年 2 月 7 日，海亮金属持有上市公司 71,553,484 股股份不存在被冻结情形。

经查询四川金顶公告文件，截至本回复出具日，海亮金属持有四川金顶 71,553,484 股股份不存在质押情形。

综上，截至本回复出具日，海亮金属持有上市公司 71,553,484 股股份不存在质押情形。

2. 本次股份转让后，标的股份质押计划

本次标的股份办理过户登记手续后，朴素至纯合法拥有四川金顶 71,553,484 股股份。根据朴素至纯与海亮金属签署的《股份转让协议》，上市公司股份转让交割完成后，作为朴素至纯支付第三期股份转让价款义务的担保，朴素至纯承诺在股份交割日当日将上市公司 35,776,742 股股份（对应股份比例为 10.25%）质押给海亮金属。

除上述股权质押安排外，截至本回复出具日，朴素至纯未与其他第三方签署股权质押协议，也不存在其他质押计划。

财务顾问核查意见：

经核查，财务顾问认为：截至本回复出具日，海亮金属持有上市公司 71,553,484 股股份不存在被质押情形；上市公司股份转让交割完成后，作为朴素至纯支付第三期股份转让价款义务的担保，朴素至纯承诺在股份交割日当日

将上市公司 35,776,742 股股份（对应股份比例为 10.25%）质押给海亮金属；除前述股权质押安排外，朴素至纯未与其他第三方签署股权质押协议，也不存在其他质押计划。

NO.2 股权质押的交易目的或原因

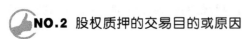

深天地 A（尚未完成）

交易方式：股份协议转让

转让方：公司原股东宁波华旗同德投资管理合伙企业（有限合伙）、深圳市东部开发（集团）有限公司、陕西恒通果汁集团股份有限公司

受让方：广东君浩股权投资控股有限公司

转让标的：38,000,000 股股份（占公司总股本的 27.39%）

转让价格：19 亿元

交易结果：广东君浩成为上市公司的控股股东，广东君浩的股东林宏润、林凯旋夫妇成为上市公司实际控制人

交易所问题三：根据广东君浩与东部集团和恒通果汁签订的《股份转让协议书 B》，出于担保目的，东部集团承诺将其持有标的公司 7,000,000 股股份转让给广东君浩后，将其持有的你公司剩余 3,805,800 股股份质押给广东君浩。请说明本次质押的交易目的，双方约定的广东君浩可以行使质权的情形，约定的质押期间结束后如东部集团、恒通果汁或华旗同德仍有未履行债务，双方关于质权的安排，以及广东君浩进一步取得该部分股份的可能性。

上市公司回复：

（一）本次质押的交易目的

根据《股份转让协议书 B》，为担保东部集团、恒通果汁在该协议项下义务的履行和责任的承担以及华旗同德在《股份转让协议书 A》项下义务的履行和责任的承担，东部集团承诺将其持有上市公司 7,000,000 股股份转让给广东君浩后，将其持有剩余 3,805,800 股上市公司股份质押给广东君浩。质押登记手续应于上述 7,000,000 股股份过户登记至广东君浩名下之日起 3 个工作日内办理完成，质押期限为前述质押登记手续办理完成之日起 6 个月。东部集团承诺自前述质押登记手续办理完成之日起 6 个月内，不对外转让其持有的上市公司剩余 3,805,800 股股份。

广东君浩与东部集团关于前述剩余 3,805,800 股股份的质押约定主要是担保东部集团、恒通果汁和华旗同德依照《股份转让协议书 B》《股份转让协议书 A》及时办理股份过户，推动上市公司董事会、监事会改组和关于上市公司在经营、效益、财务及财产状况方面不存在重大不利变化等义务、承诺和保证的履行，以及东部集团、恒通果汁和华旗同德违反相关约定所承担的责任。除前述目的外，双方关于前述股份的质押不存在其他目的。

（二）双方约定的广东君浩可以行使质权的情形

根据《中华人民共和国物权法》第 219 条的规定，"债务人不履行到期债务或者发生当事人约定的实现质权的情形，质权人可以与出质人协议以质押财产折价，也可以就拍卖、变卖质押财产所得的价款优先受偿。"

根据《股份转让协议书 B》，广东君浩与东部集团未就实现质权的情形作出约定；双方未就质押期间东部集团、恒通果汁或华旗同德违反相关约定并不履行相关义务和责任时，关于前述质押股份的折价安排作出约定。若质押期间东部集团、恒通果汁或华旗同德违反相关约定并不履行相关义务和责任的，广东君浩将根据《中华人民共和国物权法》的规定仅就拍卖、变卖前述质押股份所得的价款优先受偿。

（三）约定的质押期间结束后如东部集团、恒通果汁或华旗同德仍有未履行债务，双方关于质权的安排，以及广东君浩进一步取得该部分股份的可能性

质押期间届满后，双方未对质权的安排进行进一步约定，如东部集团、恒通果汁或华旗同德仍有未履行债务，广东君浩将按照《股份转让协议书 B》的约定主张相关权利。除《股份转让协议书 B》外，广东君浩与东部集团就前述质押股份不存在其他书面约定。

综上，前述股份质押仅是为担保东部集团、恒通果汁在《股份转让协议书 B》项下义务的履行和责任的承担以及华旗同德在《股份转让协议书 A》项下义务的履行和责任的承担。广东君浩与东部集团在《股份转让协议书 B》中未就实现质权的情形作出约定；质押期间届满后，双方未对质权的安排进行进一步约定，如东部集团、恒通果汁或华旗同德仍有未履行债务，广东君浩将按照《股

份转让协议书 B》的约定主张相关权利。未来，广东君浩未有进一步取得前述质押股份的意向。

NO.3 股权质押是否存在平仓风险

天广中贸

交易方式：股份协议转让＋表决权委托
转让方：陈秀玉、陈文团
受让方：深圳市东方盛来投资管理有限公司
转让标的：不低于标的公司股份总数的 5％
交易结果：正在进行

交易所问题三：请说明你公司股东邱茂国、邱茂期及其一致行动人的股权质押情况，质押股份是否存在平仓风险以及除股份质押外相关股东持有的你公司股份是否还存在其他权利受限的情形。

上市公司回复：

（1）股东邱茂国、邱茂期及其一致行动人的股权质押情况及是否存在平仓风险

股东邱茂国、邱茂期及其一致行动人所持公司股票质押明细情况如下表所示：

质押人名称	质权人名称	质押初始日	质押到期日	质押股数（股）	质押股份性质	预警价格（元）	平仓价格（元）
邱茂国	长江证券（上海）资产管理有限公司	2017.01.11	2018.07.04	88,792,000	流通股	6.37	5.66
	江海证券有限公司	2017.08.17	2018.08.16	57,000,000	限售股	7.98	6.91
	江海证券有限公司	2017.10.25	2018.10.24	13,900,000	限售股	8.72	7.56
	江海证券有限公司	2018.01.09	2020.01.08	184,365,782	限售股	7.35	6.81

(续表)

质押人名称	质权人名称	质押初始日	质押到期日	质押股数（股）	质押股份性质	预警价格（元）	平仓价格（元）
	武汉市江夏区铁投小额贷款有限责任公司	2018.02.06	2019.02.06	18,000,000	限售股	—	—
	江海证券有限公司	2018.02.26	2018.08.16	1,200,000	流通股	补充质押	补充质押
	江海证券有限公司	2018.02.26	2018.08.16	1,800,000	限售股	补充质押	补充质押
	江海证券有限公司	2018.02.26	2018.10.24	2,000,000	限售股	补充质押	补充质押
邱茂期	国信证券股份有限公司	2017.08.30	2018.08.30	64,700,000	流通股	6.30	5.56
	深圳平安大华汇通财富管理有限公司	2018.01.30	2019.01.30	10,000,000	流通股	7.09	6.54
	深圳平安大华汇通财富管理有限公司	2018.01.30	2019.01.30	14,000,000	限售股	7.09	6.54
蔡月珠	光大证券股份有限公司	2017.04.17	2018.04.17	4,097,826	流通股	5.29	4.63
合计	—	—	—	459,855,608		—	—

目前，邱茂国、邱茂期及其一致行动人质押的公司股票不存在平仓风险，但若公司股票复牌后股价继续大幅下跌，邱茂国、邱茂期及其一致行动人质押的公司股票可能面临被平仓的风险，进而有可能导致公司股东结构发生较大变动。经向邱茂国、邱茂期及其一致行动人了解，其表示将采取积极、有效措施应对可能存在的平仓风险。

（2）股份是否还存在其他权利受限的情形

邱茂国、邱茂期及其一致行动人持有的公司股份除以上质押情形外，不存在其他权利受限的情形。

亿晶光电

交易方式:两次股份协议转让

(1) 第一次股份协议转让

转让方:荀建华

受让方:勤诚达投资

转让标的:89,287,992 股股份(占公司总股本的 7.59%)

转让价格:15 亿元

交易结果:股份过户登记完成后,荀建华持有公司 267,863,978 股股份,占公司总股本的 22.77%,勤诚达投资持有公司 89,287,992 股股份,占公司总股本的 7.59%;公司实际控制人仍为荀建华

(2) 第二次股份协议转让

转让方:荀建华

受让方:勤诚达投资

转让标的:145,983,862 股股份(占亿晶光电总股本的 12.41%)

转让价格:15 亿元

交易结果:本次协议转让完成后,深圳市勤诚达投资管理有限公司直接持有 235,271,854 股公司股份,占公司总股本的 20%,勤诚达投资成为公司第一大股东,古耀明成为公司实际控制人,荀建华持有公司股份比例降至 10.36%

交易所问题二:根据公告,上述股份质押的期限自 2017 年 5 月 4 日质押登记日起,至办理解除质押为止,请补充披露质押期限。如股份质押双方未明确质押期限,请说明原因。此外,请核实是否可能存在因质押股份平仓而导致的公司控制权转移的情形,并充分提示相关不确定性和风险。

上市公司回复:

(1) 根据《股份质押协议》,本协议项下被担保的主债权金额为 13 亿元,担保范围包括主债权及利息、债务人应支付的违约金(包括罚息)和损害赔偿金以及实现债权的费用(包括诉讼费、律师费等)。根据荀建华先生出具的说明,双

方目前尚未明确质押期限,因为双方正在就相关事项进行协商,并将在签署借款协议后对质押期限进行补充约定。

综上,截至本回复出具日,双方尚未就本次质押的主债权安排达成一致意见,且质押期限不明确,一旦双方就借款事项达成一致意见且荀建华先生未如期偿还相关借款,本次质押存在实质转让公司股份的风险,特提请广大投资者注意相关风险。

(2)根据《股份质押协议》,如果荀建华先生未适当履行被担保事项(根据《股份质押协议》,被担保的主债权为 13 亿元),或者发生法律、法规、规章规定的勤诚达投资有权处分质押标的的情况时,勤诚达投资可以选择以下方式行使质押权:

① 向结算公司申请解除质押,并指令将质押股份抛售,以出售款清偿主债务。
② 向结算公司申请将质押股份转让抵偿给质权人。
③ 依法将质押股份转让给第三方并以转让价款清偿债权。

根据上述约定,如未来荀建华先生向勤诚达投资借款且数额巨大(如《股份质押协议》中约定被担保主债权为 13 亿元),并无法如期偿还,则可能面临转让其质押的公司股份的风险,届时荀建华先生持有公司的股份比例可能降至 10.36%,即存在因质押股份平仓而导致的公司控制权转移的风险,特提请广大投资者注意相关风险。

NO.4 股权质押对公司控制权转移的影响

保龄宝

交易方式:通过两步来实现控制权收购:第一步,受让方通过股份协议转让的方式,获得上市公司部分股份;第二步,受让方通过股份协议转让和表决权委托协议的方式,获得上市公司控制权

(1)股份协议转让

转让方:刘宗利、薛建平、杨远志、王乃强

受让方:永裕投资

转让标的:27,077,104 股股份(占公司总股本的 7.33%)

转让价格:541,542,080 元

(2)表决权委托

委托方:刘宗利、薛建平、杨远志、王乃强

被委托方:永裕投资

委托份额:47,227,636 股股份(占公司总股本的 12.79%)

交易结果:本次权益变动完成后,永裕投资在保龄宝中拥有表决权的股份数量合计 74,304,740 股,占上市公司股份总额的 20.12%;永裕投资成为保龄宝控股股东,其实际控制人戴斯觉成为保龄宝新的实际控制人

交易所问题三:请你公司核查并说明本次委托表决权的相关股权的后续安排,包括但不限于刘宗利等股东未来的减持计划、股票质押融资安排,相关委托表决权的委托是否受该等股票被质押、冻结等事项的影响,刘宗利等股东减持相关股权后相关表决权的安排及对你公司实际控制权的影响。

上市公司回复:

(1)本次委托表决权的相关股权的后续安排,包括但不限于刘宗利等股东未来的减持计划、股票质押融资安排

根据刘宗利、薛建平、杨远志、王乃强 4 位股东与永裕投资签订的《股份转让协议》,经双方协商一致,双方有意向就后续的股份转让安排进行磋商。双方待后续股份转让事宜最终协商确定具体条款后将另行签署股份转让协议。

刘宗利、薛建平、杨远志、王乃强 4 位股东确认:委托股份未质押,目前没有对委托股份进行质押融资的安排。

(2)相关委托表决权的委托是否受该等股票被质押、冻结等事项的影响

根据刘宗利、薛建平、杨远志、王乃强 4 位股东出具的承诺:截至本承诺函出具之日,该委托股份不存在被质押、冻结等权利限制的情形;《表决权委托协议》约定的委托授权期限内,未经永裕投资同意,不会对委托股份进行质押;若因本人个人债务原因,导致委托授权期间委托股份被冻结,本人将尽快解冻,且不影响委托股份的表决权及表决权委托安排。

（3）刘宗利等股东减持相关股权后相关表决权的安排及对你公司实际控制权的影响

刘宗利、薛建平、杨远志、王乃强4位股东减持其持有的我公司27,077,104股股份（占公司总股本的7.33%），并将47,227,636股股份（占公司总股本的12.79%）的表决权不可撤销地委托给永裕投资行使后，公司控股股东变更为永裕投资，公司实际控制人变更为戴斯觉。

按照刘宗利、薛建平、杨远志、王乃强4位股东与永裕投资签订的《股份转让协议》《表决权委托协议》的安排，双方有意向就后续的股份转让安排进行磋商。双方待后续股份转让事宜最终协商确定具体条款后将另行签署股份转让协议。但若交易双方违约等事项导致表决权委托协议终止，则会对上市公司控制权的稳定性造成一定影响。

四、交易所的监管逻辑和法律规范

（一）监管逻辑

根据《中国结算》公布的数据，超九成的上市公司股权质押比例低于50%。总的来看，上市公司股权质押的风险整体属于可控状态。但是，如果大股东质押股票"爆仓"，相关公司面临实际控制人变更等风险，经营可能因此受到影响。

2018年3月12日，《股票质押式回购交易及登记结算业务办法（2018年修订）》开始执行。这意味着股权质押更聚焦服务实体经济，风险把控更完善。而据我们了解，在新规正式实施前，对于股票质押集中度、质押比例、质押融资用途等，不少券商都已经开始按照新规的要求执行。

与此前的规定相比，新规明确规定：股权质押率上限不得超过60%，单一证券公司、单一资管产品作为融出方接受单只A股股票质押比例分别不得超过30%、15%，单只A股股票市场整体质押比例不得超过50%。这样的规定旨在保护中小投资者利益，防止股票质押后股价大跌，导致股票面临平仓风险而对市场造成冲击。

(二)法律规范

1.《上市公司收购管理办法》(2014 年修订)

第六十六条 收购人聘请的财务顾问就本次收购出具的财务顾问报告,应当对以下事项进行说明和分析,并逐项发表明确意见:

……

(六)收购人的收购资金来源及其合法性,是否存在利用本次收购的股份向银行等金融机构质押取得融资的情形;

……

2.《上市公司股东、董监高减持股份的若干规定》(2017 年发布)

第四条 上市公司股东、董监高可以通过证券交易所的证券交易卖出,也可以通过协议转让及法律、法规允许的其他方式减持股份。

因司法强制执行、执行股权质押协议、赠与、可交换债换股、股票权益互换等减持股份的,应当按照本规定办理。

第十二条 上市公司大股东的股权被质押的,该股东应当在该事实发生之日起 2 日内通知上市公司,并予公告。

中国证券登记结算公司应当统一制定上市公司大股东场内场外股权质押登记要素标准,并负责采集相关信息。证券交易所应当明确上市公司大股东办理股权质押登记、发生平仓风险、解除股权质押等信息披露内容。

因执行股权质押协议导致上市公司大股东股份被出售的,应当执行本规定。

3.《上海证券交易所上市公司股东及董事、监事、高级管理人员减持股份实施细则》(2017 年发布)

第二条 本细则适用于下列减持行为:

……

(三)董监高减持所持有的股份。

因司法强制执行、执行股权质押协议、赠与、可交换公司债券换股、股票收益互换等方式取得股份的减持,适用本细则。

……

第十六条 上市公司大股东的股权被质押的,该股东应当在该事实发生之日起2日内通知上市公司,并按本所有关股东股份质押事项的披露要求予以公告。

4.《〈上海证券交易所上市公司股东及董事、监事、高级管理人员减持股份实施细则〉问题解答(一)》(2018年发布)

8. 司法强制执行、执行股权质押协议涉及的股份转让,如何适用《细则》的规定?

答:司法强制执行和执行股权质押协议,按照具体执行方式分别适用《细则》,即通过集中竞价交易执行的,适用《细则》关于集中竞价交易减持的规定;通过大宗交易执行的,适用《细则》关于大宗交易减持的规定;通过司法扣划、划转等非交易过户的,比照适用《细则》关于协议转让减持的规定,但《细则》第六条第一款有关受让比例、转让价格下限的规定除外;过户后,过出方不再具有大股东身份或者过户标的为特定股份的,过出方、过入方的后续减持应当遵守《细则》第六条第二款、第三款有关减持比例、信息披露的规定。

1-9 上市公司控制权的稳定性

一、简述

在2017年上市公司控制权收购的市场当中,我们一共统计了69单上市公司控制权收购的交易(包括在2017年结束或者开始的控制权收购交易),其中有48单收到了沪深两地交易所的问询函/关注函,在这些问询函/关注函中,有11单交易被交易所问询到"上市公司控制权的稳定性"问题,占收到问询函/关注函公司总数的22.92%。

在2018年上市公司控制权收购的市场当中,我们一共统计了89单交易(统计标准为在2018年开始或者结束的控制权收购交易,其中,棕榈股份、红日药业和东方网络进行了两次股权转让,我们分别将其视为两单交易)。其中有44单交易收到了沪深两地交易所的问询函/关注函,在这些问询函/关注函中,有16单交易被交易所问询到"上市公司控制权的稳定性"问题,占比36.36%。

通过总结我们可以发现，围绕上市公司控制权的问题主要涉及几个方面：首先是上市公司控股股东、实际控制人的认定。其次是此次收购的资金安排等对于公司未来控制权的影响，是否会造成未来的经营风险；或者监管层发现可能存在隐匿式易主的情况，也会就公司未来控制权的稳定性进行确认。最后若存在控制权不稳定的风险的，还需要上市公司对存在控制权风险的情况作出相应的具有可行性和可执行性的维稳措施。

二、交易所的常用问法

表1-9 有关上市公司控制权的稳定性问题交易所的常用问法

序号	问询问题	上市公司名称
（一）上市公司控股股东、实际控制人认定		
1	说明上市公司的控股股东或实际控制人的认定情况	延华智能、保龄宝、*ST昌九、威华股份、中毅达
（二）对上市公司控制权稳定性的影响		
1	请公司核实本次股权转让对公司的生产经营是否将产生重大影响，股权转让后对公司的控制权是否稳固	亿晶光电、延华智能、*ST昌九、升达林业、威华股份、奥维通信、步森股份
2	结合你公司财务状况、股权结构及前述收购资金来源安排等，说明此次收购的资金安排方案，对今后上市公司控制权稳定和经营业务稳定的影响及判断依据	
（三）保持上市公司控制权稳定的措施		
1	未来保持控制权稳定性拟采取的具体措施	哈工智能（友利控股）、同洲电子、开能环保、尤夫股份、威华股份、凯瑞德、四川金顶

三、上市公司的常用答法

NO.1 上市公司控股股东、实际控制人认定

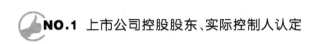

延 华 智 能

交易方式:股份协议转让+表决权委托

(1) 股份协议转让

转让方:胡黎明

受让方:上海雁塔科技有限公司

转让标的:67,389,136 股股份(占上市公司总股本的 9.41%)

转让价格:12.49 元/股

(2) 表决权委托

委托方:胡黎明

受托方:上海雁塔科技有限公司

委托标的:67,389,137 股股份(占上市公司总股本的 9.41%)所对应的表决权

交易结果:雁塔科技成为上市公司拥有表决权最多的第一大股东和控股股东,雁塔科技的实际控制人潘晖先生成为上市公司的实际控制人

交易所问题:本次股份转让及表决权委托完成后,雁塔科技在你公司中拥有表决权的股份数量合计为 134,778,273 股,占你公司总股本的 18.82%。你公司第二大股东上海延华高科技有限公司持有你公司总股本的比例为 18.3%,前两大股东持股比例较为接近。请详细说明认定雁塔科技为你公司控股股东、认定潘晖为你公司的实际控制人的具体原因以及充分合理性,请你公司律师核查并发表专业意见。

上市公司回复:

(一) 认定雁塔科技为上市公司控股股东的依据

《公司法》第 216 条规定,控股股东,是指其出资额占有限责任公司资本总

额50%以上或者其持有的股份占股份有限公司股本总额50%以上的股东；出资额或者持有股份的比例虽然不足50%，但依其出资额或者持有的股份所享有的表决权已足以对股东会、股东大会的决议产生重大影响的股东。

《上市公司收购管理办法》第84条规定，有下列情形之一的，为拥有上市公司控制权：(1)投资者为上市公司持股50%以上的控股股东；(2)投资者可以实际支配上市公司股份表决权超过30%；(3)投资者通过实际支配上市公司股份表决权能够决定公司董事会半数以上成员选任；(4)投资者依其可实际支配的上市公司股份表决权足以对公司股东大会的决议产生重大影响；(5)中国证监会认定的其他情形。

根据上述规定，认定雁塔科技为上市公司控股股东的依据包括：

(1) 本次股份转让及表决权委托完成后，雁塔科技将成为上市公司单一拥有表决权份额最大的股东。

(2) 上市公司董事共7名，其中非独立董事4名、独立董事3名，本次股份转让完成后，雁塔科技有权向上市公司提名4名董事人选(含3名非独立董事和1名独立董事)，而延华高科仅有权向上市公司提名3名董事人选(含1名非独立董事和2名独立董事)。由此可见，雁塔科技可提名上市公司董事会超过半数的人选；对于决定上市公司非独立董事人选的比例，雁塔科技和延华高科的差距更是达到3∶1。基于上述分析，雁塔科技可有效控制董事会。

(3) 延华高科已于2017年12月28日出具《关于不谋求上市公司控制权的承诺函》，承诺："1. 延华高科不主动谋求上市公司控制权；2. 延华高科不单独或与任何方协作(包括但不限于签署一致行动人协议等)对潘晖的实际控制人地位形成任何形式的威胁；3. 支持上海雁塔科技有限公司采取推进上市公司董事会改组、提名董事等巩固控制权的措施；4. 如有必要，延华高科将采取积极措施，对潘晖的上市公司实际控制人地位提供支持。"该承诺函切实可行，有利于保障雁塔科技的控股股东地位。

因此，本次股份转让及本次表决权委托完成后，雁塔科技为单一拥有表决权份额最大的股东，虽然其持有上市公司股份的比例不足50%，但依其持有的股份所享有的表决权已足以对上市公司股东大会的决议以及董事会半数以上成员人选(尤其是非独立董事)产生重大影响，并且延华高科已承诺不主动谋求延华智能的实际控制权并将支持雁塔科技采取推进上市公司董事会改组、提名董事等巩固控制权的措施。根据《公司法》《上市公司收购管理办法》,雁塔科技应被认定为上市公司控股股东。

(二)认定潘晖为上市公司实际控制人的依据

《公司法》第216条规定,实际控制人,是指虽不是公司的股东,但通过投资关系、协议或者其他安排,能够实际支配公司行为的人。

根据《详式权益变动报告书》,潘晖持有雁塔科技60%股权且为雁塔科技执行董事,潘晖为雁塔科技控股股东并实际控制雁塔科技,如上文所述,雁塔科技为上市公司控股股东并实际控制上市公司,因此,潘晖通过雁塔科技间接控制上市公司,成为上市公司实际控制人。

此外,潘晖已于2017年12月28日出具《关于维持上市公司控制权的承诺函》,承诺:"1. 在未来36个月内,本人将积极保证本人及上海雁塔科技有限公司直接或者间接控制的上市公司股份数量超过其他股东及其一致行动人直接或者间接控制的股份数量,并维持本人作为上市公司实际控制人的地位;2. 在前述期限内,如出现任何可能危及本人上市公司实际控制人地位的情形,本人及雁塔科技将采取一切必要之措施,以维持对上市公司的控制权。"该承诺函切实可行,有利于保障潘晖对上市公司的实际控制权。

延华智能的回复比较全面,可资借鉴。首先,写明认定实际控制人的标准需要参照《公司法》第216条和《上市公司收购管理办法》第84条(具体条文内容见第四部分)。其次,根据法条的规定对照公司实际情况,说明认定控股股东和实际控制人的原因。最后,由于该案例的特殊性,公司存在前两大股东持股比例非常接近的情况。为保证控制权,由另一股东出具了承诺函来保证控股股东的地位。

NO.2 对上市公司控制权稳定性的影响

从2017年和2018年的案例可以看出,对于存在较高杠杆的交易,交易所对于交易后上市公司控制权的稳定性会更加关注。若是通过表决权委托等隐匿式易主方式,交易所还会提前要求核实控制权的稳定性。设问的形式主要是直接问询"今后上市公司控制权是否稳定"或者"是否存在控制权不稳定的风险",在提问或者回答角度上一般均会与后一问询要点"稳定措施"相结合。

若是关注收购资金安排对公司控制权稳定性影响的,则需要从收购资金的来源以及收购人的财务实力等角度来进行说明,避免过高的杠杆收购为公司未来经营带来风险。

*ST 昌 九

交易方式:间接转让

转让方:赣州工业投资集团有限公司、江西省投资集团、江西省工投

受让方:江西航美传媒广告有限公司(以下简称"江西航美"或"航美公司")

转让标的:昌九集团100%股权

转让价格:143,229.22万元

交易结果:本次权益变动完成后,公司的控股股东仍为昌九集团,但间接控股股东由赣州工投变更为航美公司,实际控制人由赣州市国有资产监督管理委员会变更为北京市国有文化资产监督管理办公室

交易所问题十九:结合你公司财务状况、股权结构及前述收购资金来源安排等,说明此次收购的资金安排方案,对今后上市公司控制权稳定和经营业务稳定的影响及判断依据。

上市公司回复:

航美集团系国内领先的航空媒体运营商,机场广告业务覆盖国内主流机场,在航空媒体领域占有较大市场份额,营收状况稳定,现金流良好,无重大负债。江西航美以经营机场传媒广告、机场媒体技术开发业务为主,2016年营业收入2.8亿元,2016年实现净利润1.39亿元,2016年年末资产负债率46.2%,经营性现金流良好,无银行借款,营业收入稳定增长,具有持续盈利能力。江西航美及航美集团的现金流收入足以覆盖相关借款成本。

江西航美的相应借款不会影响今后上市公司控制权稳定和经营业务稳定:

(1)江西航美、航美集团及其股东以自有资金支付转让价格7.5亿元。

(2)针对7亿元左右的银行借款,江西航美将按约履行还本付息义务,航

美集团及其股东将提供资金支持,不会对上市公司控制权稳定和经营稳定产生影响。

文化中心基金、龙德文创基金优先级有限合伙人退出后,文投集团作为两只基金的劣后级有限合伙人将提供或安排资金支持置换优先级有限合伙人份额,以保持上市公司控制权稳定。

综上所述,江西航美此次收购的资金安排,对今后上市公司控制权稳定和经营业务稳定不会构成重大不利影响。

NO.3 保持上市公司控制权稳定的措施

正如前文所提到的,无论问询函/关注函中是否要求说明具体的控制权稳定措施,在回复中一般都会列明一些具体的措施。关键是上市公司所作出的相关承诺,有利于公众知晓交易的真实情况或目的,也可以对公司的未来经营方向作出一些预测。

例如,四川金顶在发布公告后,上交所就对于此次收购可能存在控制权不稳定的情况当日向上市公司发出了问询函。通过回复可以看到,朴素至纯维持控制权稳定的措施主要包括:(1)增加资金投入和提升资金置换能力;(2)按合伙协议的约定,普通合伙人有权影响有限合伙人退伙、权益转让;(3)若存在赎回情形,承诺朴素资本将受让7只基金所持有的朴素至纯份额。

综合其他案例的回复来看,受让方所采取的稳定措施主要包括几个角度:一是收购资金上,提供还款来源说明及还款计划避免因到期债务被起诉;二是作出相关持股比例或表决权比例承诺,申明在本次交易完成后12个月内不转让所持的上市公司股份或是根据个体情况而有所不同,例如表决权委托的情况,原表决权股东也需要对表决权委托期间的相关事宜作出相应保证受让方控制权稳定的承诺;三是在董事会构成上保证其控制权。

达 意 隆

交易方式:股份协议转让

转让方：北京凤凰财鑫股权投资中心（有限合伙）

受让方：张颂明先生

转让标的：13,000,000 股股份（占公司总股本的 6.66%）

转让价格：10.25 元/股

交易结果：张颂明先生直接持有上市公司 51,175,449 股股份，占达意隆总股本的 26.21%，成为上市公司实际控制人

交易所问题五：请说明张颂明成为上市公司控股股东后保持上市公司控制权稳定的措施，以及本次协议转让对你公司经营稳定性的影响。

上市公司回复：

（一）稳定控制权的措施

张颂明受让上市公司股份的主要目的是获得上市公司的控制权。本次协议转让完成后张颂明将持有上市公司 51,175,449 股股份，占上市公司总股本的 26.21%。根据张颂明与凤凰财鑫于 2018 年 2 月 12 日签署的《股份转让协议》，本次股权转让的标的股份过户完成后，张颂明将向上市公司推荐合格的董事人选，由上市公司股东大会依据有关法律、法规及公司章程进行董事会选举。上市公司董事会改选完成后，张颂明先生提名的董事将占上市公司董事会成员的一半以上。

（二）本次协议转让对公司经营稳定性的影响

本次协议转让完成后张颂明将持有上市公司 51,175,449 股股份，占上市公司总股本的 26.21%，成为上市公司的控股股东、实际控制人，增强对上市公司的管控力度，稳定公司的股权结构。

张颂明作为公司的原控股股东、实际控制人一直关注并支持上市公司的发展，同时在公司现有业务领域拥有丰富的管理经验和专业能力，对目前公司主营业务的进一步发展有不可替代的作用。因此，本次股份转让完成后，将有助于上市公司在现有的包装机械业务和智能自动化业务的基础上，积极协助上市公司在新技术、新产业、新业态、新模式的企业方向上进行拓展，继续通过内生式和外延式的发展方式，做大做强，实现产业升级。

四川金顶

交易方式:股份协议转让

转让方:海亮金属贸易集团有限公司

受让方:深圳朴素至纯投资企业

转让标的:71,553,484 股股份(占公司总股本的 20.5%)

转让价格:12 亿元

交易结果:朴素至纯持有本公司股份 71,553,484 股,占本公司总股本的 20.5%,朴素至纯成为公司控股股东,梁斐先生为公司的实际控制人,海亮金属不再持有公司股份

交易所问题一:请公司详细列明总交易金额中自有资金、自筹资金和普通合伙人朴素资本受托管理的资金的所占比例,说明股份受让方朴素至纯与非自有资金的实际提供方是否存在相关公司股权、人事及未来发展等相关安排,并就本次股权转让行为完成后的股权稳定性等进行风险提示。

上市公司回复:

1. 保持朴素至纯基金规模稳定性的措施

朴素至纯及朴素资本将通过以下措施保持基金规模稳定性,进而保障朴素至纯持有四川金顶股份的稳定性。

(1) 朴素资本将扩大其管理的基金规模来提升自身实力,加强项目投入和管理,提升自身盈利能力,通过增加资金投入和提升资金置换能力来保持朴素至纯基金规模的稳定性和朴素至纯持有上市公司股权的稳定性。

(2) 朴素至纯《合伙协议》约定:普通合伙人有权决定有限合伙人退伙、权益转让等事宜。根据该约定,有限合伙人申请赎回或转让朴素至纯基金份额时,应事先经过普通合伙人朴素资本的批准。因此,朴素资本可以通过影响有限合伙人退伙、权益转让保持朴素至纯基金规模的稳定性和朴素至纯持有上市公司股权的稳定性。

(3) 朴素资本承诺:朴素资本 6 号成长股权投资基金、朴素资本 7 号成长股权投资基金、朴素创赢 1 号私募股权投资基金、朴素创赢 2 号私募股权投

资基金、朴素创富1号私募股权投资基金、朴素创富2号私募股权投资基金以及方物汇盈私募证券投资基金到期后,若存在该等基金需要进行赎回或转让份额的情形的,则朴素资本将自行受让或由第三方受让该等基金所持有的朴素至纯份额,若未能向第三方转让的,朴素资本将按照公允价格受让该7只基金所持有的朴素至纯份额,以保持朴素至纯持有上市公司股份的稳定性。

2. 关于股权稳定性的风险提示

信息披露义务人已在《四川金顶(集团)股份有限公司详式权益变动报告书》中新增"重大事项提示"并补充披露如下:

"本次收购主体的GP(普通合伙人)为朴素资本,截至本报告书签署日,朴素资本受托管理的基金规模超过30亿元。本次收购资金均为朴素至纯自有资金,朴素至纯经营期限是10年。本次收购人朴素至纯的基金规模为134,060万元,其中朴素资本出资60,000万元、朴素资本受托管理的基金出资25,960万元,合计出资85,960万元,占本次交易总额的比例为71.63%。同时,朴素至纯《合伙协议》约定:普通合伙人有权决定有限合伙人退伙、权益转让等事宜。根据该约定,有限合伙人申请赎回或转让朴素至纯基金份额时,应事先经过普通合伙人朴素资本的批准。综上,朴素至纯用于本次收购的资金不存在因合伙人转让或退伙导致其持有上市公司股份不稳定的情形。

"同时,朴素至纯的出资人中存在7只基金剩余到期期限为1.5—3年的情形,存在到期后需进行展期、赎回、转让等情形,对朴素至纯的基金流动性构成风险,影响本次收购人朴素至纯的持股稳定性。根据朴素资本的经营计划,朴素至纯的基金规模在本次收购后将继续增加,其基金出资中朴素资本的自有资金出资金额将继续增加。朴素资本已承诺,基金到期后,若存在该等基金需要进行赎回或转让份额的情形的,则朴素资本将自行受让或由第三方受让该等基金所持有的朴素至纯份额,若未能向第三方转让的,朴素资本将按照公允价格受让该7只基金所持有的朴素至纯份额,以保持朴素至纯持有上市公司股份稳定性。

"尽管朴素资本可以通过增加资金投入或提升资金置换能力来保持股权稳定性,但是若朴素资本募集资金的规模不达预期并且已投资项目收益不达预期,前述基金大规模到期后,可能会存在对本次收购上市公司的股权进行变现的情形,导致上市公司控股权出现不稳定的情形。"

四、交易所的监管逻辑和法律规范

(一) 监管逻辑

上市公司的控制权相关问题一直是公司信息披露中的重中之重,若公司的控制权不稳定则会影响企业的经营和管理,增加公司治理的不稳定性。尤其是可能存在控股股东短期套利等目的时,中小投资者的利益将会严重受损。因此,监管层也逐渐加大了对于上市公司控制权转让相关事项的问询力度。

谈到上市公司的控制权,首先考虑到的是上市公司控制权的实际归属问题。若交易所认为上市公司存在控股股东或实际控制人模糊的情形,则会要求上市公司披露交易时公司的控股股东或实际控制人及认定的原因。在案例中还涉及对于实际控制人经营管理公司能力的相关问询。穿透披露作为一种监管手段,有助于提高交易的透明度,从而有效地规范实际控制人的行为,保障中小股东的利益。

其次,对于存在高杠杆的收购方案,由于收购人难以保证对杠杆资金的控制力,存在巨大的经营风险,对于上市公司未来的控制权的稳定也有很大的影响。在这种情况下,监管层对收购资金的偿还方案等会作出相应的问询。另外,若是通过委托表决权、一致行动人协议等达到控制权转让目的的,也必然存在一定的控制权风险,因此需要另外设置保持控制权稳定的具体措施。

(二) 法律规范

1.《上市公司收购管理办法》(2014 年修订)

第七十四条 在上市公司收购中,收购人持有的被收购公司的股份,在收购完成后 12 个月内不得转让。

收购人在被收购公司中拥有权益的股份在同一实际控制人控制的不同主体之间进行转让不受前述 12 个月的限制,但应当遵守本办法第六章的规定。

第八十四条 有下列情形之一的,为拥有上市公司控制权:

（一）投资者为上市公司持股50%以上的控股股东；

（二）投资者可以实际支配上市公司股份表决权超过30%；

（三）投资者通过实际支配上市公司股份表决权能够决定公司董事会半数以上成员选任；

（四）投资者依其可实际支配的上市公司股份表决权足以对公司股东大会的决议产生重大影响；

（五）中国证监会认定的其他情形。

2.《中华人民共和国证券法》（2014年修订）

第九十八条 在上市公司收购中，收购人持有的被收购的上市公司的股票，在收购行为完成后的十二个月内不得转让。

3.《中华人民共和国公司法》（2018年修订）

第二百一十六条 本法下列用语的含义：

....

（二）控股股东，是指其出资额占有限责任公司资本总额百分之五十以上或者其持有的股份占股份有限公司股本总额百分之五十以上的股东；出资额或者持有股份的比例虽然不足百分之五十，但依其出资额或者持有的股份所享有的表决权已足以对股东会、股东大会的决议产生重大影响的股东。

（三）实际控制人，是指虽不是公司的股东，但通过投资关系、协议或者其他安排，能够实际支配公司行为的人。

....

1-10 公司治理、公司经营

一、简述

在2017年上市公司控制权收购的市场当中，我们一共统计了69单上市公司控制权收购的交易（包括在2017年结束或者开始的控制权收购交易），其中有48单交易收到了沪深两地交易所的问询函/关注函，在这些问询函/关注函中，有11单交易被交易所问询到"公司治理与公司经营"问题，占收到问询函/

关注函公司总数的22.92%。

在2018年上市公司控制权收购的市场当中,我们一共统计了89单交易(统计标准为在2018年开始或者结束的控制权收购交易,其中,棕榈股份、红日药业和东方网络进行了两次股权转让,我们分别将其视为两单交易)。其中有44单交易收到了沪深两地交易所的问询函/关注函,在这些问询函/关注函中,有4单交易被交易所问询到"公司治理与公司经营"问题,占比9.09%。

根据对这些问题的归纳总结,我们发现交易所主要关注"公司治理与公司经营"两大类问题:

1. 公司经营相关问题

(1) 控制权收购对公司生产经营的影响;

(2) 对控制权稳定性的影响和保持稳定拟采取的措施。

2. 公司治理相关问题

对公司治理有效性的保障。

二、交易所的常用问法

表1-10 有关公司治理、公司经营问题交易所的常用问法

序号	问询问题	上市公司名称
(一)控制权收购对公司生产经营的影响		
1	请说明本次控制权收购事项是否对你公司生产经营造成重大影响	威华股份、龙净环保、ST生化、扬子新材、保龄宝、延华智能、龙星化工
(二)控制权收购对控制权稳定性的影响和保持稳定拟采取的措施		
1	控股股东未来保持控制权稳定性拟采取的具体措施	威华股份、步森控股、保龄宝
2	结合控股股东及其实际控制人的背景和经历,说明控股股东及其实际控制人是否具有经营管理上市公司的能力和维持上市公司控制权稳定的能力	华塑控股

（续表）

序号	问询问题	上市公司名称
（三）对公司治理有效性的保障		
1	如原控股股东与新控股股东产生分歧，交易双方及公司将采取何种具体措施保障公司治理的有效性	延华智能、江泉实业
2	我部关注到，公司前期曾出现控制权争夺，治理结构不稳定。请公司补充披露控股股东是否存在改善公司治理结构、化解股东矛盾的相关计划或安排；若有，请予以充分披露	东方银星

三、上市公司的常用答法

NO.1 控制权收购对公司生产经营的影响

公司的主要业务、资产、负债、权益和经营成果等都是公司命脉。公司经营相关问题的重要性也贯穿于整个收购过程。控股股东在收购公司前，其收购能力会受到审查，其中就包括"是否具备规范运作上市公司的管理能力"，这也是对收购人公司经营和公司治理能力的规范。在收购人作出提示性公告后至要约收购完成的过程中，法律也对公司主要业务的调整行为有所限制，董事会的决策不能对公司的经营造成重大影响。在收购完成后的12个月内，财务顾问则需要时刻关注上市公司的经营情况。可见，在整个收购过程中，上市公司的主营业务和日常经营都有法律明确规定，交易所对此加以重点关注也是理所当然的。

ST 生 化

交易方式：股份协议转让＋债务重组之股份补偿＋表决权委托

（1）股份协议转让

转让方：振兴集团

受让方：航运健康

转让标的：无限制流通股 50,621,064 股股份（占公司总股本的 18.57％）

(2) 债务重组之股份补偿

转让方:振兴集团

受托方:信达深分

转让标的:11,000,000 股股份(占公司总股本的 4.04%)

(3) 表决权委托之一

委托方:振兴集团

受托方:航运健康

委托标的:61,621,064 股股份的表决权(占 ST 生化股份总额的 22.61%)

委托时间:振兴集团与航运健康签署《投票权委托协议》之日起至《股份转让协议》中约定的股份过户登记至航运健康名下之日止;振兴集团与航运健康签署《投票权委托协议》之日起至《债务重组三方协议》中约定的股份过户登记至信达深分名下之日止

(4) 表决权委托之二

委托方:信达深分

受托方:航运健康

委托标的:11,000,000 股股份(占公司总股本的 4.04%)

委托时间:信达深分根据《债务重组三方协议》自振兴集团受让的 ST 生化 11,000,000 股股份过户登记至其名下之日起 12 个月内

交易结果:航运健康在 ST 生化中拥有表决权的股份数量合计 61,621,064 股,占上市公司股份总额的 22.61%,航运健康成为 ST 生化控股股东,其实际控制人郭英成先生和郭英智先生成为 ST 生化新的实际控制人

交易所问题三:(3) 经营管理风险。请结合你企业及一致行动人的主营业务等相关情况,说明是否具备经营管理 ST 生化主营业务所需要的技术、人员、资金、渠道、经营经验等方面的条件,并充分提示开展相关业务可能存在的风险。

上市公司回复:

本企业执行事务合伙人的单一股东浙民投拥有强大的股东背景,主要管理层拥有丰富的企业运营的管理经验,可促进上市公司的稳定、持续发展。具体体现如下:

(1) 强大的股东背景

浙民投是一家集聚浙江省优秀民营企业资本、金融资源的大型股份制产融

投资公司,由8家浙江民营龙头企业,包括正泰集团股份有限公司、富通集团有限公司、巨星控股集团有限公司、卧龙控股集团有限公司、万丰奥特控股集团有限公司、奥克斯集团有限公司、圣奥集团有限公司、杭州锦江集团有限公司和机构共同发起创立。股东方拥有10余家国内外控股上市公司,总市值超过1,500亿元。

(2) 雄厚的资金实力

浙民投目前的实缴注册资本50亿元,截至2016年12月31日,浙民投合并财务报表中货币资金、短期理财产品及可供出售金融资产余额约29亿元。未来计划进一步增资至300亿元。

(3) 丰富的企业运营经验

浙民投的股东方多为经营多年的中国民营企业500强企业,经营领域包括医疗、环保、智能电器、新能源、通信、机械制造、工业自动化、汽配、通用航空、家电家具、金融等多个领域,且都是各自领域的领军企业,拥有极其丰富的企业运营经验和管理人才,能够在企业经营上给予足够的支持和协同。浙民投的管理团队大多来源于金融投资机构和实体企业的高层,参与企业主要的运营决策,在行业内外具有丰富的人脉,对企业管理经验丰富。

如本次收购能获得ST生化的控制权,本企业及一致行动人拟遵循维持上市公司主业不变的原则,在保证上市公司"三分开、五独立"的基础上,采用市场化的运营机制,建立合理的激励制度激发企业活力,有效地履行控股股东职责,保障上市公司及其全体股东的合法利益。

考虑到本企业及一致行动人的主营业务与上市公司存在一定差异,因此对本次要约收购的经营管理风险提示如下:

本次要约收购的收购人及其一致行动人所从事的主营业务与上市公司存在一定差异,但收购人执行合伙人的单一股东浙民投拥有强大的股东背景,且其管理层拥有丰富的企业运营的管理经验,有助于ST生化后续的经营管理;同时收购人及其一致行动人在获得上市公司控股权后拟通过改善公司治理机制、建立市场化运营机制等方面提升上市公司的管理能力和盈利水平。以上措施的实施效果存在一定的不确定性,本企业提醒广大投资者注意,并在《要约收购报告书摘要(修订稿)》"特别提示"中作了风险提示。

扬子新材

交易方式：股份协议转让＋表决权委托

（1）股份协议转让

转让方：泸溪勤硕来投资有限公司

受让方：南宁颐然养老产业合伙企业（有限合伙）

转让标的：68,990,000 股股份（占上市公司总股本的 13.47%）

转让价格：10.43 元/股

（2）表决权委托

委托方：泸溪勤硕来投资有限公司

受托方：南宁颐然养老产业合伙企业（有限合伙）

委托标的：84,610,000 股股份（占上市公司总股本的 16.52%）所对应的表决权

交易结果：南宁颐然养老产业合伙企业（有限合伙）在公司拥有表决权的股份数量合计为 153,600,000 股，占上市公司总股本的 29.9963%，成为公司控股股东，公司无实际控制人

交易所问题七：请你公司详细说明本次协议转让与委托表决权的安排对公司经营的稳定性的影响。

上市公司回复：

本次协议转让与委托表决权的安排不会对公司经营的稳定性造成不利影响。

（1）根据协议约定，在委托期限内，南宁颐然拥有相关股份的表决权具有稳定性

南宁颐然与勤硕来投资已就表决权委托事宜在表决权委托协议中进行了明确约定，本次委托为全权委托，委托期限为自股份转让协议项下过户完成日（含当日）起始，至双方对解除或终止表决权委托协商一致并书面签署终止协议，或经南宁颐然同意勤硕来投资对授权股份进行依法处分且相关股份不再登记在勤硕来名下之日孰早发生者为准。在委托期限内，南宁颐然可以充分享

有相应股份的表决权,且根据表决权委托协议,勤硕来投资不可撤销地授权南宁颐然作为勤硕来投资所持上市公司 8,461 万股股份的唯一、排他的代理人,相关表决权委托不可撤销,能充分保证南宁颐然所拥有相关表决权的稳定性。

(2) 为进一步保证上市公司控制权和经营的稳定性,原实际控制人已出具相关承诺

本次协议转让及表决权委托完成后,南宁颐然将成为公司表决权最多的股东。上市公司原实际控制人胡卫林已出具承诺:"本人不会以任何方式增持(包括本人增持或通过任何主体增持)上市公司股份;本次交易完成后,本人亦不会以增持上市公司股份(包括本人增持或通过任何主体增持)或签订一致行动人协议、作出其他安排等任何方式,成为上市公司的实际控制人或谋求对上市公司的实际控制权。"上述安排有利于提高公司的控制权和经营的稳定性,确保不会因为本次权益变动对上市公司稳定运营带来不利影响。

(3) 收购方及其控股股东具有规范运作上市公司的能力

本次权益变动中,收购方南宁颐然为中民投间接控制的子公司。南宁颐然及其控股股东的主要管理人员具有丰富的管理经验及资本市场经历,熟悉有关法律、行政法规和中国证监会的规定,充分了解应承担的义务和责任,具备规范运作上市公司的能力。

(4) 南宁颐然本次收购完成后将按照有利于上市公司可持续发展和全体股东权益的原则经营和管理上市公司,推动上市公司价值提升

南宁颐然本次收购的目的是取得上市公司控制权。本次权益变动完成后,南宁颐然将按照有利于上市公司可持续发展、有利于全体股东权益的原则,优化上市公司业务结构,改善上市公司资产质量,提升上市公司价值。因此,本次协议转让与委托表决权的安排不会对公司经营的稳定性造成不利影响。

ST 生化的收购人"航运健康"在论述其对企业经营的影响时,主要从三方面进行论述:第一,强大的股东背景;第二,雄厚的资金实力;第三,丰富的企业运营经验。同时保证在收购完成后,将维持上市公司的主业不变,建立合理的激励制度增强企业活力,改变原有的公司治理模式。这属于比较完整的一个回复。

扬子新材的回复非常有针对性,围绕着对公司经营稳定性的影响,从四个方面论述不会影响公司经营的稳定性:第一,根据股权转让协议的约定,在委托期限内,新控股股东拥有相关股份的表决权具有稳定性;第二,为进一步保证上市公司控制权和经营的稳定性,原实际控制人已出具相关承诺;第三,收购人及其控股股东具有规范运作上市公司的能力;第四,新控股股东在本次收购完成后将按照有利于上市公司可持续发展和全体股东权益的原则经营和管理上市公司,推动上市公司价值提升。最后得出本次权益变动完成后,不会对公司经营稳定性造成影响的结论。论证充分、逻辑清晰,值得借鉴。

 NO.2 对控制权稳定性的影响和保持稳定拟采取的措施

公司控制权的正当行使,对公司经营和治理有至关重要的作用,保持控制权的稳定有利于建立股东之间的信任基础,有利于提高公司运行的效率。它是一种表征公司运行状态的评价体系,其真正价值就是平衡各方相关主体的现实利益和合理的期望利益。如果控制权无法在较长期间内保持稳定,公司的决策、日常运行甚至存续都会受到冲击,最终损害股东利益,因此我们将控制权稳定性归到了"公司经营"这一大问题之下,同时这也是交易所对这一问题关注的原因。

达 意 隆

交易方式:股份协议转让
转让方:北京凤凰财鑫股权投资中心
受让方:张颂明
交易结果:张颂明先生将直接持有达意隆 51,175,449 股股份,占上市公司总股本的 26.21%,上市公司的实际控制人由杜力先生、张巍先生变更为张颂明先生

交易所问题五:请说明张颂明成为上市公司控股股东后保持上市公司控制权稳定的措施,本次协议转让对你公司经营稳定性的影响。

上市公司回复：

（一）稳定控制权的措施

张颂明受让上市公司股份的主要目的是获得上市公司的控制权。本次协议转让完成后张颂明将持有上市公司 51,175,449 股股份，占上市公司总股本的 26.21%。根据张颂明与凤凰财鑫于 2018 年 2 月 12 日签署的《股份转让协议》，本次股权转让的标的股份过户完成后，张颂明将向上市公司推荐合格的董事人选，由上市公司股东大会依据有关法律、法规及公司章程进行董事会选举。上市公司董事会改选完成后，张颂明先生提名的董事将占上市公司董事会成员的一半以上。

（二）本次协议转让对公司经营稳定性的影响

本次协议转让完成后张颂明将持有上市公司 51,175,449 股股份，占上市公司总股本的 26.21%，成为上市公司的控股股东和实际控制人，增强对上市公司的管控力度，稳定公司的股权结构。

张颂明作为公司的原控股股东、实际控制人一直关注并支持上市公司的发展，同时在公司现有业务领域拥有丰富的管理经验和专业能力，对目前公司主营业务的进一步发展有不可替代的作用。因此，本次股份转让完成后，将有助于上市公司在现有的包装机械业务和智能自动化业务的基础上，积极协助上市公司在新技术、新产业、新业态、新模式的企业方向上进行拓展，继续通过内生式和外延式的发展方式，做大做强，实现产业升级。

步 森 控 股

交易方式：股份协议转让＋表决权委托

（1）股份协议转让

转让方：睿鸷资产

受让方：安见科技

转让标的：22,400,000 股股份（占公司总股本的 16%）

（2）表决权委托

委托方：睿鸷资产

受托方：安见科技

委托标的：19,400,000 股股份（占公司总股本的 13.86%）

交易结果：安见科技持有步森股份 22,400,000 股（无限售流通股），占步森股份总股本的 16%，成为公司第一大股东；睿鸷资产持有步森股份 19,400,000 股（无限售流通股），占步森股份总股本的 13.86%，成为公司第二大股东；公司控股股东由睿鸷资产变更为安见科技，实际控制人由徐茂栋变更为赵春霞

交易所问题六：请说明控股权变化对你公司的影响，以及你公司未来保持控制权稳定性拟采取的具体措施。

上市公司回复：

1. 对上市公司的影响

本次控股权变更后，安见科技将持有上市公司 22,400,000 股股份，同时接受睿鸷资产持有的上市公司 19,400,000 股股份表决权委托，本次交易完成后安见科技合计控制步森股份 29.86% 的表决权。安见科技将严格按照有关法律、法规及步森股份《公司章程》的规定，通过股东大会依法行使股东权利，同时承担相应股东义务。

本次权益变动对上市公司的人员独立、资产完整、财务独立不产生影响。步森股份仍将具有独立经营能力，在采购、生产、销售、知识产权等方面仍将保持独立。本次权益变动后，控股股东及实际控制人承诺将按照《公司法》《证券法》和其他有关法律法规对上市公司的要求，对上市公司实施规范化管理，合法合规地行使股东权利并履行相应的义务，采取切实有效的措施保证上市公司在人员、资产、财务、机构和业务方面的独立性。

2. 公司未来保持控制权稳定性拟采取的措施

为保证上市公司控制权的稳定，赵春霞出具《关于维持上市公司控制权的承诺函》，承诺如下："(1) 在睿鸷资产委托给安见科技的股权到期后的 24 个月内，本人将积极保证本人直接或间接控制的上市公司股份数量超过其他股东及其一致行动人合计直接或间接控制的股份数量，并维持本人作为上市公司实际控制人的地位。(2) 在前述期限内，如出现任何可能危及本人上市公司实际控

制人地位的,本人将通过二级市场购买上市公司股份等形式增持上市公司股份,维持上市公司控制权。"

同时,睿鹜资产出具《关于不谋求上市公司控制权的承诺函》,承诺如下:"在睿鹜资产委托给安见科技的股权到期后的24个月内:(1)不增持上市公司股份;(2)不得单独或与任何方协作(包括但不限于签署一致行动协议、实际形成一致行动关系等)对赵春霞的实际控制人地位形成任何形式的威胁;(3)如有必要,将采取一切有利于赵春霞对上市公司的实际控制人地位的行动,对赵春霞提供支持;(4)如违反上述承诺获得上市公司股份的,应予以减持,减持完成前不行使该等股份的表决权。"

对于保持上市公司控制权稳定性拟采取的措施这一问题,步森控股的回复方式是比较常见的,主要从收购人和原控股股东两方面来进行回答。首先,收购人承诺将积极保证其直接或间接控制的股份数量以保持其控股股东的地位,以及如果出现意外,也会通过在二级市场积极购买股份增持,以维持其控制权。其次,原控股股东承诺不增持,也不单独或者通过协作方式威胁新控股股东的地位,这是消极的不作为;也有积极的作为,即采取一切有利于维护实际控制人控制权的措施。

NO.3 对公司治理有效性的保障

公司治理是研究企业内部权力安排的一门学科。基于经济学专业立场,企业有所有权和经营权,二者是分离的。公司治理是建构在企业"所有权层次"上,研究企业内部权力安排的学科,主要包括股东(大)会、董事会、经理层的关系,这些利益关系决定企业的发展方向和业绩。公司治理讨论的基本问题,就是如何使企业的管理者在利用股东提供的资产发挥资产用途的同时,承担起对股东的责任,利用公司治理的结构和机制,明确不同公司利益相关者的权力、责任和影响,建立公司内部激励机制,这是提高企业战略决策能力,为投资者创造价值的前提。因而交易所在公司收购过程中,除了对公司经营的关注外,也会问询到公司治理相关问题。

延华智能

交易方式:股份协议转让+表决权委托

(1) 股份协议转让

转让方:胡黎明

受让方:雁塔科技

转让标的:67,389,136 股股份(占公司总股本的 9.41%)

(2) 表决权委托

委托方:胡黎明

受托方:雁塔科技

委托标的:67,389,137 股股份(占公司总股本的 9.41%)

交易结果:雁塔科技合计拥有公司 134,778,273 股股份所对应的投票权,占公司总股本的 18.82%;雁塔科技成为上市公司拥有投票权最多的第一大股东和控股股东,雁塔科技的实际控制人潘晖先生成为上市公司的实际控制人

交易所问题七:请你公司详细说明本次协议转让与委托表决权的安排对公司经营的稳定性的影响,如原控股股东与雁塔科技产生分歧,交易双方及公司将采取何种具体措施保障公司治理的有效性。

上市公司回复:

(1) 根据《投票权委托协议》,在委托期限内,雁塔科技有权依照自己的意思,根据届时有效的上市公司章程,以胡黎明的名义行使包括但不限于如下权利:

① 召集、召开和出席股东大会或临时股东大会;

② 代为行使股东提案权,提议选举或罢免董事、监事及其他议案;

③ 代为行使投票权,对股东大会每一个审议和表决事项代为投票,但涉及分红、股份转让、股份质押等直接涉及委托人所持股份的处分事宜的事项除外;

④ 现行法律法规或者上市公司章程规定的除收益权以外的其他股东权利,但涉及股份转让、股份质押等直接涉及委托人所持股份的处分事宜的事项除外。

双方约定胡黎明不再就上述具体表决事项分别出具委托书。

在委托期限内，除非雁塔科技发生严重违法违规或严重损害胡黎明、上市公司及其股东利益的行为，导致监管机构认定为情节严重并作出相应的处罚，否则胡黎明不享有单方面撤销委托和解除《投票权委托协议》的权利。因此，即使胡黎明与雁塔科技产生分歧，只要监管机构未作出相应的处罚，胡黎明亦不得撤销委托和解除《投票权委托协议》，且后续具体表决事项亦不再需要胡黎明专项出具委托书，通过此种安排，保证上市公司经营的稳定性，保障公司治理的有效性。

（2）根据《投票权委托协议》，任何一方因故意或过失不履行协议的，守约方有权要求违约方立即采取一切可能的措施予以补正。即便胡黎明与雁塔科技产生分歧，双方均可以依照《合同法》的有关规定，要求对方承担继续履行《投票权委托协议》的责任。因此，在委托期限内执行《投票权委托协议》具有法律上的保障。

（3）本次交易完成后，上市公司将进行董事会换届，届时，原控股股东将不再提名新董事。上市公司将在新董事会领导下开展工作，因此，即便原控股股东与雁塔科技产生分歧，亦不会影响到新董事会依法决策，更不会影响公司高管团队的日常经营管理。上市公司将在新董事会领导下，依法持续稳定经营。雁塔科技作为上市公司的新控股股东，将根据上市公司的实际情况，本着有利于维护上市公司及全体股东的合法权益的原则，按照上市公司规范发展的需要，制订章程修改方案，依法履行程序，修改上市公司章程，并及时披露。

综上，即便原控股股东与雁塔科技产生分歧，亦不会影响《投票权委托协议》的持续履行，更不会影响公司董事会依法决策，上市公司治理将稳步推进。

延华智能在回复"保障公司治理有效性"这一问题时，基本围绕股东大会的召开和董事会的召开进行论述。首先明确新控股股东积极行使股东权利，包括：召集、召开和出席股东大会或临时股东大会；代为行使股东提案权，提议选举或罢免董事、监事及其他议案；代为行使投票权等等。其次明确董事会将马上举行换届选举，新董事会将带领公司展开工作，即使新旧控股股东之间产生分歧，也不会影响到董事会和公司决策。

四、交易所的监管逻辑和法律规范

(一) 监管逻辑

公司经营与公司治理是公司得以存续的关键。如前所述,《上市公司收购管理办法》非常关注整个收购过程对公司经营的影响。同时,公司控制权的行使,直接影响公司经营与公司治理能否顺利开展。保持控制权的稳定有利于建立股东之间的信任基础,有利于提高公司对外经营和对内治理的效率。如果控制权无法在较长期间内保持稳定,公司的日常运行将会受到冲击。此外,在收购公司的过程中,看似简单实则风起云涌的公司治理权之争也是收购人事先要考虑的问题。董事会如何平稳交接,或者在沿用原有董事会的基础上,新股东如何行使公司控制权治理公司,这些问题稍有不慎就会影响公司运行的根本,最终损害中小股东的权益。因此,交易所在收购过程中必须对"公司经营"与"公司治理"两大问题予以足够的关注。

(二) 法律规范

1.《上市公司收购管理办法》(2014 年修订)

第三十三条 收购人作出提示性公告后至要约收购完成前,被收购公司除继续从事正常的经营活动或者执行股东大会已经作出的决议外,未经股东大会批准,被收购公司董事会不得通过处置公司资产、对外投资、调整公司主要业务、担保、贷款等方式,对公司的资产、负债、权益或者经营成果造成重大影响。

第六十六条 收购人聘请的财务顾问就本次收购出具的财务顾问报告,应当对以下事项进行说明和分析,并逐项发表明确意见:

············

(三) 收购人是否提供所有必备证明文件,根据对收购人及其控股股东、实际控制人的实力、从事的主要业务、持续经营状况、财务状况和诚信情况的核查,说明收购人是否具备主体资格,是否具备收购的经济实力,是否具备规范运作上市公司的管理能力,是否需要承担其他附加义务及是否具备履行相关义务的能力,是否存在不良诚信记录;

············

（九）是否已对收购过渡期间保持上市公司稳定经营作出安排，该安排是否符合有关规定；

....

第七十一条 自收购人公告上市公司收购报告书至收购完成后12个月内，财务顾问应当通过日常沟通、定期回访等方式，关注上市公司的经营情况，结合被收购公司定期报告和临时公告的披露事宜，对收购人及被收购公司履行持续督导职责：

....

2.《上海证券交易所上市公司控股股东、实际控制人行为指引》（2010年发布）

1.4 控股股东、实际控制人应当以诚实守信为原则，依照法律法规以及上市公司章程的规定行使权利，严格履行其做出的公开声明和各项承诺，谋求公司和全体股东利益的共同发展。

2.6.1 控股股东、实际控制人应当支持并配合上市公司建立独立的生产经营模式，不得与上市公司在业务范围、业务性质、客户对象、产品可替代性等方面产生直接或者间接的竞争。

2.6.2 控股股东、实际控制人应当维护上市公司在生产经营、内部管理、对外投资、对外担保等方面的独立决策，支持并配合上市公司依法履行重大事项的内部决策程序，以行使提案权、表决权等方式，通过股东大会依法参与上市公司重大事项的决策。

4.8.1 控股股东、实际控制人协议转让控制权之前，应当对拟受让人的主体资格、诚信状况、受让意图、履约能力等情况进行合理调查，保证交易公允、公平、合理，不得利用控制权转让损害上市公司和其他股东的合法权益。

与公司治理与公司经营问题相关的法律规定和规范性文件主要是对收购人及其控股股东和实际控制人的规制。在审查收购人主体资格时，需要审查其是否具备规范运作上市公司的管理能力，也会关注收购过渡期间上市公司的经营稳定性，同时，规定了控股股东、实际控制人应当支持并配合上市公司的经营，维护上市公司的生产经营、内部管理和治理。

1-11 信息披露义务

一、简述

在2017年上市公司控制权收购的市场当中,我们一共统计了69单上市公司控制权收购的交易(包括在2017年结束或者开始的控制权收购交易),其中有48单交易收到了沪深两地交易所的问询函/关注函,在这些问询函/关注函中,有9单交易被交易所问询到"信息披露义务"问题,占收到问询函/关注函公司总数的18.75%。

在2018年上市公司控制权收购的市场当中,我们一共统计了89单交易(统计标准为在2018年开始或者结束的控制权收购交易,其中,棕榈股份、红日药业和东方网络进行了两次股权转让,我们分别将其视为两单交易)。其中有44单交易收到了沪深两地交易所的问询函/关注函,在这些问询函/关注函中,有13单交易被交易所问询到"信息披露义务"问题,占比29.55%。

上市公司的信息披露义务主要受到《上市公司收购管理办法》《公开发行证券的公司信息披露内容与格式准则第17号——要约收购报告书》《公开发行证券的公司信息披露内容与格式准则第16号——上市公司收购报告书》等文件的规范。

二、交易所的常用问法

表1-11 有关信息披露义务问题交易所的常用问法

序号	问询问题	上市公司名称
(一)要求披露收购资金来源、财务状况等信息		
1	根据《公开发行证券的公司信息披露内容与格式准则第17号——要约收购报告书》第26条的规定,请你公司补充说明本次收购希努尔股权所需资金的具体来源情况,包括来源于相关主体的自有资金、经营活动产生的资金或借款获得的资金,并根据不同借贷资金的来源途径,分别列示资金融出方名称、融资金额、融资成本、期限、担保形式和其他重要条款,并说明后续还款计划	希努尔

(续表)

序号	问询问题	上市公司名称
2	鉴于直接收购方深圳鑫腾华自成立以来未正式开展具体业务，请参照《公开发行证券的公司信息披露内容与格式准则第16号——上市公司收购报告书》第18条的要求，补充披露其控股股东、实际控制人黄锦光和黄彬所从事的业务及最近3年的财务状况。请分析说明黄锦光和黄彬的资金实力是否足以支持本次收购	中超控股
（二）信息披露的及时性		
1	请你公司说明收到浙民投天弘要约收购相关材料的最早时点，是否及时向我部申请停牌，是否在相关事项公告前履行保密义务，并结合收到股东材料及信息披露的相关时点说明是否及时履行信息披露义务	宏达股份、ST生化
（三）对于上市公司的重大事项变更，要求及时履行信息披露义务		
1	本次权益变动后，苟建华持股比例降至22.77%，勤诚达投资将持有亿晶光电7.59%的股份，成为公司持股5%以上的大股东。请勤诚达投资补充披露自权益变动报告书披露之日起的未来12个月内，是否存在计划对公司进行并购重组、业务重组、资产剥离和资产注入等重大事项。若有，请详细披露相关计划。本公司董事会及全体董事保证本公告内容不存在任何虚假记载、误导性陈述或者重大遗漏，并对其内容的真实性、准确性和完整性承担个别及连带责任。请你公司于2017年1月12日之前履行相关信息披露义务。	亿晶光电
（四）未及时信息披露的原因		
1	根据勤诚达投资发布的《详式权益变动报告书》，中国国际经济贸易仲裁委员会已于2017年1月25日受理了公司下属孙公司关于杭锦后旗光伏电站总承包纠纷的重大仲裁事项，但你公司迟至4月15日才公开披露。你公司应当核实未及时披露前述事项的主要原因和相关责任人，并对外披露	亿晶光电、中毅达

上述问题主要可以分为两大类：一是要求披露具体信息；二是信息披露及时性的问题。

三、上市公司的常用答法

 NO.1 要求披露收购资金来源、财务状况等信息

希 努 尔

交易方式：股份协议转让

转让方：新郎希努尔集团股份有限公司、山东新郎欧美尔家居置业有限公司

受让方：广州雪松文化旅游投资有限公司

转让标的：81,289,447 股股份（占公司总股本的 25.4%）

交易结果：新郎希努尔集团、新郎国际和欧美尔家居不再持有公司股份，公司控制权将发生变更，控股股东由新郎希努尔集团变更为雪松文旅，公司实际控制人由王桂波先生变更为张劲先生

交易所问题一： 根据《公开发行证券的公司信息披露内容与格式准则第 17 号——要约收购报告书》第 26 条的规定，请你公司补充说明本次收购希努尔股权所需资金的具体来源情况，包括来源于相关主体的自有资金、经营活动产生的资金或借款获得的资金，并根据不同借贷资金的来源途径，分别列示资金融出方名称、融资金额、融资成本、期限、担保形式和其他重要条款，并说明后续还款计划。

上市公司回复：

雪松文旅已于 2017 年 6 月 13 日与郎希努尔集团、新郎国际、欧美尔家居、正道咨询、昌盛三号基金、昌盛四号基金签署了《股份转让协议》，受让其所合计持有的希努尔 200,017,447 股的股份，占希努尔总股本的 62.51%，股权转让对价为 4,200,366,387 元。交易完成后，连同本次协议转让前已持有的上市公司股份，雪松文旅及其一致行动人君凯投资将合计持有希努尔 209,292,670 股的股份，占希努尔总股本的 65.4%。根据《证券法》《上市公司收购管理办法》的相关规定，雪松文旅上述协议收购触发了全面要约收购义务。基于要约价格

21.33元/股的前提,本次要约收购所需最高资金总额为23.57亿元。协议收购与要约收购所需最高资金总额合计为65.57亿元。

本次收购所需资金将来源于收购人自有资金及根据本次要约收购的实际需要向其控股股东君华集团筹措或(及)对外筹措的资金。具体如下:

1. 自有资金

雪松文旅注册资本10亿元,截至本问询函回复签署之日,该等注册资本均已实缴。前期公司从二级市场买入希努尔3,573,000股股份(占公司总股本的1.12%),合计花费约0.75亿元,因此,截至本问询函回复签署之日,雪松文旅自有资金(股东投入资金)余额约9.25亿元。

2. 君华集团借款

除收购人自有资金以外,鉴于要约收购预受股份存在不确定性,收购人本次收购(含协议收购及要约收购)仍需借款金额区间为32.75亿—56.32亿元。

根据中国建设银行股份有限公司出具的资金存款证明,截至2017年6月1日,收购人及君华集团在该行账户存款余额合计超过70亿元。具体如下:

存款单位	存款银行	证明编号	截止日期	余额(元)
广州雪松文化旅游投资有限公司	中国建设银行	03440580048201706010002	2017.6.1	3,150,001,900.00
君华集团有限公司	中国建设银行	03440471011201706010002	2017.6.1	3,869,306,050.51

为就本次收购所需资金进行稳妥安排,确保交易顺利推进,2017年6月9日,雪松文旅与控股股东君华集团就本次收购所需资金签订了《最高额借款合同》。该等《最高额借款合同》主要条款如下:

(1) 贷款方:君华集团。

(2) 借款金额:最高额不超过60亿元,具体金额以借款方实际提款金额为准。

(3) 利息:本借款为无息借款。

(4) 借款期限:5年,自贷款方实际出借之日起算。借款期满如需延期,则应按照借款方的申请予以延期。

(5) 借款用途:用于借款方收购希努尔(包括但不限于协议收购与全面要约收购)。

（6）担保：无。

（7）还款计划：到期偿还贷款本金。

君华集团是一家大型综合性企业集团。在"多元化发展，专业化运作"的战略下，君华集团产业布局涉及大宗商品供应链管理、房地产开发、石油化工加工、汽车销售及车后综合服务、物业管理及物业增值服务5大产业。君华集团致力于挖掘产业深度，扩张优势业务，目前已在各领域确立了领先的行业地位。根据中喜会计师事务所（特殊普通合伙）出具的"中喜审字〔2017〕第0701号"标准无保留意见的审计报告，2016年度，君华集团共实现营业收入551.11亿元，截至2016年12月31日，君华集团流动资产余额为135.28亿元，总资产363.87亿元。可见，君华集团具有较强的资金实力，有能力在需要时为雪松文旅履行本次要约收购义务提供资金支持。

综上，雪松文旅为取得希努尔股份所涉资金来源主要包括收购人自有资金及根据本次要约收购的实际需要向其控股股东君华集团筹措或（及）对外筹措的资金；雪松文旅已就本次收购所需资金进行了稳妥安排，具备履行本次收购义务的能力。

NO.2 信息披露的及时性

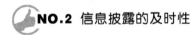

凯 瑞 德

交易方式：一致行动人协议

交易结果：完成

交易所问题一：请核查公司董事长张培峰收到中国证监会送达的《调查通知书》的具体时间，张培峰是否及时告知上市公司并及时履行信息披露义务。

上市公司回复：

（1）公司未收到董事长接到中国证监会《调查通知书》的告知，且自2018年7月19日起至本关注函公告日一直无法联系到公司董事长张培峰先生，故无法核查公司董事长张培峰收到中国证监会送达的《调查通知书》的具体时间。

（2）公司知悉董事长张培峰被立案调查的情况

2018年7月19日下午，公司从监管部门获悉中国证券监督管理委员会

(以下简称"中国证监会")近期对某私募机构超比例持股未披露且在限制期违规交易案进行立案调查,公司董事长张培峰先生为该案的涉案当事人,中国证监会向其本人送达了《调查通知书》(编号:成稽调查通字18008号),对其进行立案调查。知悉上述信息后,公司于7月19日下午立即联系公司董事长张培峰,证实上述立案情况以及未按规定通知上市公司履行信披义务的原因,但一直未能联系到董事长张培峰先生,公司将上述情况第一时间进行了信息披露。详见公司于2018年7月20日发布的《关于董事长收到中国证券监督管理委员会调查通知书的公告》;2018年7月20日,公司接到浙江省金华市公安局人员发来的《指定居所监视居住通知书》,获悉公司董事长张培峰先生因涉嫌操纵证券市场案被执行指定居所监视居住,详见公司于2018年7月21日发布的《关于董事长、监事会主席被监视居住的公告》。

截至本关注函公告日,公司仍未能联系到董事长张培峰先生,也未收到关于董事长张培峰先生上述事项的进展消息。

ST 生 化

交易方式:要约收购

收购方:杭州浙民投天弘投资合伙企业(有限合伙)

转让标的:74,920,360股股份(占公司总股本的27.49%)

要约价格:36元/股

交易结果:2017年11月3日至2017年12月5日要约收购期间,最终有3,870个账户共计146,549,753股股份接受了浙民投天弘发出的要约;要约收购后,浙民投天弘及一致行动人合计持有ST生化81,773,180股股份,占ST生化股份总数的29.99%;本次要约收购股份的过户手续已于2017年12月12日办理完毕

交易所问题一:信息披露的及时性。请你公司说明收到浙民投天弘要约收购相关材料的最早时点,是否及时向我部申请停牌,是否在相关事项公告前履行保密义务,并结合收到股东材料及信息披露的相关时点说明是否及时履行信息披露义务。

上市公司回复：

因公司有重大事项待公告,公司于2017年6月21日向深圳证券交易所提出申请并自当日下午开市起停牌。同日,公司收到了杭州浙民投天弘投资合伙企业(有限合伙)(以下简称"浙民投天弘"或"收购人")要约收购的相关材料。

公司在相关事项公告前履行了保密义务,采取了必要且充分的保密措施,严格执行保密制度,限定相关内幕信息的知悉范围,并积极提示内幕信息知情人员遵守相关法律法规的规定。同时,公司根据深圳证券交易所《信息披露业务备忘录第34号——内幕信息知情人员登记管理事项》的相关要求,制作了《内幕信息知情人员登记表》。公司内幕信息知情人员在要约收购事项公告前履行了保密义务,未出现透露、泄露公司内幕信息或利用内幕信息买卖或者建议他人买卖公司股票的情况。

公司及时履行了信息披露义务。2017年6月21日中午12点半公司收到收购人的相关材料后及时向深圳证券交易所汇报了相关情况,并结合《上市公司要约收购业务指引》(2016年修订)及《公开发行证券的公司信息披露内容与格式准则第17号——要约收购报告书》(2014年修订)对相关材料的合规性及完备性进行了审慎审查。鉴于本次要约收购事项对公司股票价格有重大影响,为保障中小股东的知情权,公司在对收购人相关材料进行审查后,于2017年6月28日及时披露了《要约收购报告书摘要》《关于公告要约收购报告书摘要的提示性公告》。

NO.3 对于上市公司的重大事项变更,要求及时履行信息披露义务

亿 晶 光 电

交易方式:股份协议转让
转让方:控股股东荀建华
受让方:深圳市勤诚达投资管理有限公司
转让标的:89,287,992股股份(占公司总股本的7.59%)
交易结果:尚未完成

交易所问题二：本次权益变动后，荀建华持股比例降至22.77%，勤诚达投资将持有亿晶光电7.59%的股份，成为公司持股5%以上的大股东。请勤诚达投资补充披露自权益变动报告书披露之日起的未来12个月内，是否存在计划对公司进行并购重组、业务重组、资产剥离和资产注入等重大事项。若有，请详细披露相关计划。本公司董事会及全体董事保证本公告内容不存在任何虚假记载、误导性陈述或者重大遗漏，并对其内容的真实性、准确性和完整性承担个别及连带责任。请你公司于2017年1月12日之前履行相关信息披露义务。

上市公司回复：

截至目前，勤诚达投资暂无自权益变动报告书披露之日起的未来12个月内，对上市公司进行发行股份购买资产、重大资产购买、业务重组、重大资产剥离和资产注入方面的重大事项计划。

勤诚达投资拟通过本次投资入股亿晶光电进入新能源业务领域，未来12个月内，将结合上市公司实际发展情况，考虑通过包括但不限于以下方式支持上市公司发展：

（1）依照法律法规及上市公司规章制度，向上市公司推荐财务、管理等方面经验丰富的人才；

（2）基于勤诚达投资及其控股股东勤诚达集团在华南地区的影响力和资源积累，协助上市公司提升在华南地区的客户开拓能力与市场占有率水平。

本次股权转让完成后，作为持有上市公司股本5%以上比例的股东，勤诚达投资未来12个月内将根据上市公司治理相关法律法规、上市公司章程、上市公司股东大会及董事会相关会议规则和业务发展需要，充分行使股东权利，对现任董事会、监事会或高级管理人员构成适时提出调整建议。

由于勤诚达投资及勤诚达集团此前均未曾入股A股上市公司，且目前在光伏行业的行业资源及管理经验方面积累不多，本次股权转让完成后，勤诚达投资具体参与上市公司生产经营，以及其他支持上市公司发展的行为效果，可能与其初衷存在一定偏差，并不能保证一定会对上市公司生产经营造成积极影响，因此建议上市公司充分提示投资者需关注投资风险。

值得注意的是，亿晶光电在此次股权转让事项的信息披露方面，因涉嫌信息披露违法违规,于 6 月 21 日晚间收到了证监会下发的立案调查通知书。此次证监会的立案调查,部分原因是亿晶光电实控人就此次股权转让未如实披露信息。

NO.4 未及时信息披露的原因

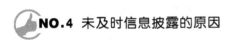

中 毅 达

交易方式:通过协议受让股权实现间接控股
转让方 1:何晓阳
转让方 2:深圳宝利盛投资管理有限公司
受让方 1:深圳乾源资产管理有限公司
受让方 2:贵州鑫聚投资有限公司
受让方 3:贵州天佑睿聪企业管理有限公司
受让方 4:李琛

交易结果:股权转让完成后,大申集团的董事成员及股权结构比例如下:深圳市乾源资产管理有限公司 24.7993%、李琛 22.1316%、贵州天佑睿聪企业管理有限公司 16.2893%、贵州鑫聚投资有限公司 15%、陈国中 9.7768%、任鸿虎 8.667%、陈碰玉 3.333%,但部分股东以受让股权比例未达到信息披露标准,不应履行信息披露义务为由,拒绝配合提供核查材料,因此上市公司实际控制人并未确定

交易所问题一:根据何晓阳先生的回复,2016 年 4 月至 2016 年 5 月期间,何晓阳与相关方签订了一系列关于大申集团股权转让与股权抵押相关事项的合同。合同约定,由收购方负责重组大申集团及中毅达公司的董事会及经营机构,何晓阳先生退出对大申集团的经营管理,并将其在大申集团的股东权利不可撤销地委托深圳万盛源公司和贵州贵台公司行使。请何晓阳先生回复并披露未及时披露前述协议的具体原因。

何晓阳先生回复:

未及时披露前述协议的原因是：本人认为披露的义务主体是收购方，收购方应主动履行披露义务。

同样值得注意的是，中毅达也曾于 2017 年 2 月 6 日因信息披露违规收到了上海证券交易所发布的处罚公告，主要原因还是信息披露内容不全，未及时披露信息，但与本次交易无涉。

四、交易所的监管逻辑和法律规范

（一）监管逻辑

上市公司信息披露是保证中小股东知情权，维护其利益的一种途径，基于这一目的我们可以更加深入地理解各法律条文中对于"信息披露义务"的规定。总的来说，交易所在对于这一问题的监管上主要分为以下两大部分：一是披露具体的信息。从监管的层面来说，根据相应的法律法规，收购人的财务状况、收购的资金来源，以及上市公司被收购后的并购重组、业务重组、资产剥离和资产注入等内容均需要对外披露。若上市公司没有履行这一义务，交易所会要求其履行。二是及时披露信息。为了最大限度地保护中小股东的权益，信息需要及时地对外披露。若上市公司没有及时披露信息，那么交易所往往会要求上市公司限时披露信息。毕竟信息具有时效性，过时的信息也就失去了价值。从另一角度来说，交易所有时会深究上市公司没有披露信息的原因。没有及时披露信息不能一概认为就是违法违规，上市公司可能会有其特殊的考虑。

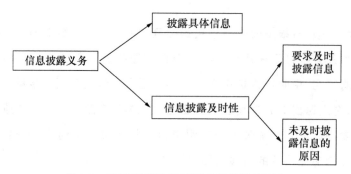

图 1-2　交易所对信息披露义务的监管要点

(二) 法律规范

1.《公开发行证券的公司信息披露内容与格式准则第 17 号——要约收购报告书》(2014 年修订)

第二十六条 收购人应当披露要约收购的资金来源,并就下列事项做出说明:

(一) 收购资金是否直接或者间接来源于被收购公司或者其关联方;

(二) 如果收购资金或者其他对价直接或者间接来源于借贷,应当简要说明以下事项:借贷协议的主要内容,包括借贷方、借贷数额、利息、借贷期限、担保、其他重要条款;

(三) 采用现金支付方式的,应当声明本次要约收购的 20% 定金已存放于证券登记结算机构指定的商业银行的账户,并注明存放金额、该银行的名称。同时,将下列文字载入要约收购报告书:

"收购人已将××元(相当于收购资金总额的 20%)存入××银行××账户作为定金。收购人承诺具备履约能力。要约收购期限届满,收购人将按照××证券公司根据××证券登记结算机构临时保管的预受要约的股份数量确认收购结果,并按照要约条件履行收购要约";

(四) 采用证券支付方式的,收购人应当比照《公开发行证券的公司信息披露内容与格式准则第 11 号——上市公司公开发行证券募集说明书》第二节至第八节的要求披露证券发行人及本次证券发行的有关信息,提供相关证券的估值分析,并做出如下声明:

"收购人已将履行本次要约所需的证券(名称及数量)委托××证券登记结算机构保存。收购人承诺具备履约能力。要约收购期限届满,收购人将按照××证券公司根据××证券登记结算机构临时保管的预受要约的股份数量确认收购结果,并按照要约条件履行收购要约"。

2.《公开发行证券的公司信息披露内容与格式准则第 16 号——上市公司收购报告书》(2014 年修订)

第四十条 收购人为法人或者其他组织的,收购人应当披露最近 3 年财务会计报表,并提供最近一个会计年度经具有证券、期货从业资格的会计师事务所审计的财务会计报告,注明审计意见的主要内容及采用的会计制度及主要会计政策、主要科目的注释等。会计师应当说明公司前两年所采用的会计制度及主要会计政策与最近一年是否一致，如不一致，应做出相应的调整。

如截至收购报告书摘要公告之日，收购人的财务状况较最近一个会计年度的财务会计报告有重大变动的，收购人应提供最近一期财务会计报告并予以说明。

如果该法人或其他组织成立不足一年或者是专为本次收购而设立的，则应当比照前款披露其实际控制人或者控股公司的财务资料。

收购人为境内上市公司的，可以免于披露最近3年财务会计报表，但应当说明刊登其年报的报刊名称及时间。

收购人为境外投资者的，应当提供依据中国会计准则或国际会计准则编制的财务会计报告。

收购人因业务规模巨大、下属子公司繁多等原因，难以按照前述要求提供相关财务资料的，须请财务顾问就其具体情况进行核查，在所出具的核查意见中说明收购人无法按规定提供财务资料的原因、收购人具备收购上市公司的实力，且没有规避信息披露义务的意图。

3.《上市公司收购管理办法》(2014年修订)

第三条 上市公司的收购及相关股份权益变动活动，必须遵循公开、公平、公正的原则。

上市公司的收购及相关股份权益变动活动中的信息披露义务人，应当充分披露其在上市公司中的权益及变动情况，依法严格履行报告、公告和其他法定义务。在相关信息披露前，负有保密义务。

信息披露义务人报告、公告的信息必须真实、准确、完整，不得有虚假记载、误导性陈述或者重大遗漏。

1-12 前6个月内买卖上市交易股份的情况

一、简述

在2017年上市公司控制权收购的市场当中，我们一共统计了69单上市公司控制权收购的交易(包括在2017年结束或者开始的控制权收购交易)，其中有48单交易收到了沪深两地交易所的问询函/关注函，在这些问询函/关注函中,有 8 单交易被交易所问询到"前 6 个月内买卖上市交易股份的情况"问题,占收到问询函/关注函公司总数的 16.67%。

在 2018 年上市公司控制权收购的市场当中,我们一共统计了 89 单交易(统计标准为在 2018 年开始或者结束的控制权收购交易,其中,棕榈股份、红日药业和东方网络进行了两次股权转让,我们分别将其视为两单交易)。其中有 44 单交易收到了沪深两地交易所的问询函/关注函,在这些问询函/关注函中,我们没有统计到被交易所问询到"前 6 个月内买卖上市交易股份的情况"问题的上市公司。

二、交易所的常用问法

表 1-12　有关前 6 个月内买卖上市交易股份的情况交易所的常用问法

序号	问询问题	上市公司名称
1	根据《公开发行证券的公司信息披露内容与格式准则第 17 号——要约收购报告书》第 33 条和第 34 条的规定,请你公司说明收购报告书摘要公告前 6 个月内,你公司及一致行动人君凯投资和各自董事、监事、高级管理人员以及上述人员的直系亲属交易希努尔股票的情况,包括交易的起始期间、交易数量和价格区间(按买入和卖出分别统计)	希努尔、江泉实业、信邦制药、绵石投资、*ST 昌九、长春经开、中体产业、升达林业
2	请公司自查公司实际控制人、控股股东、股权受让方、公司董监高等近期股票交易情况,并向我部提交内幕信息知情人名单	
3	请独立财务顾问补充披露对你公司控股股东或者实际控制人最近 3 年诚信记录的核查意见,补充披露独立财务顾问及相关人员在事实发生之日起前 6 个月内持有或买卖信邦制药股票的情况	
4	请信息披露义务人、上市公司及公司董监高、中介机构等相关各方自查停牌前 6 个月内股票交易情况	
5	请自查并披露你公司及基金中心董事、监事、高级管理人员近期买卖你公司股票的情况,并提交本次股权转让事项的内幕信息知情人名单	

三、上市公司的常用答法

希努尔

交易方式：股份协议转让

(1) 股份转让1

转让方：新郎希努尔集团股份有限公司

受让方：广州雪松文化旅游投资有限公司

转让标的：81,289,447股普通股（占公司总股本的25.4%）

(2) 股份转让2

转让方：重庆信三威投资咨询中心（有限合伙）

受让方：广州雪松文化旅游投资有限公司

转让标的：22,900,000股普通股（占公司总股本的7.16%）

(3) 股份转让3

转让方：达孜县正道咨询有限公司

受让方：广州雪松文化旅游投资有限公司

转让标的：32,800,000股普通股（占公司总股本的10.25%）

交易结果：新郎希努尔集团、新郎国际和欧美尔家居不再持有公司股份，公司控制权发生变更，控股股东由新郎希努尔集团变更为雪松文旅，公司实际控制人由王桂波先生变更为张劲先生

交易所问题四：根据《公开发行证券的公司信息披露内容与格式准则第17号——要约收购报告书》第33条和第34条的规定，请你公司说明收购报告书摘要公告前6个月内，你公司及一致行动人君凯投资和各自董事、监事、高级管理人员及上述人员的直系亲属交易希努尔股票的情况，包括交易的起始期间交易数量和价格区间（按买入和卖出分别统计）。

上市公司回复：

雪松文旅及其一致行动人君凯投资在收购报告书摘要公告前6个月内存

在买入希努尔股票的情况,具体交易记录如下:

账户	雪松文旅买入希努尔股票情况			君凯投资买入希努尔股票情况		
	股票数量（股）	价格区间（元/股）	买入日期	股票数量（股）	价格区间（元/股）	买入日期
光大	1,017,680	20.708—21.09	2017.5.15—2017.5.16	1,556,200	20.255—21.25	2017.5.5—2017.5.12
国信	1,211,520	20.54—21.00	2017.5.15—2017.5.16	1,446,020	19.36—21.33	2017.5.4—2017.5.11
中信	1,343,800	20.92—21.05	2017.5.15—2017.5.16	2,700,003	19.09—21.312	2017.5.4—2017.5.11
汇总	3,573,000	20.54—21.09	2017.5.15—2017.5.16	5,702,223	19.09—21.33	2017.5.4—2017.5.12

除上述情形外,雪松文旅及其一致行动人君凯投资和各自董事、监事、高级管理人员及上述人员的直系亲属在收购报告书摘要公告前6个月内不存在其他买卖希努尔股票的情况。

《公开发行证券的公司信息披露内容与格式准则第17号——要约收购报告书》是对要约收购报告书作出的规定。根据规定,收购人需要在报告书中披露自身及一致行动人和各自董事、监事、高级管理人员及上述人员的直系亲属,在收购报告书摘要公告前6个月内与被收购公司之间的股票交易。本案例中,收购人雪松文旅通过表格形式详细列出了交易情况,时间、数量、账户、价格等基本要素都已列明。对于该数笔交易是否涉及内幕交易,上市公司可以再作出更具体的说明。

信邦制药

交易方式:股份协议转让
转让方:张观福
受让方:西藏誉曦创业投资有限公司

转让标的：358,764,349 股普通股（占上市公司总股本的 21.04%）

交易结果：张观福先生不再持有公司股份，西藏誉曦持有公司股份 358,764,349 股，占公司总股本的 21.04%，为公司第一大股东，朱吉满、白莉惠夫妇为公司实际控制人

交易所问题八：请公司补充披露独立财务顾问及相关人员在事实发生之日起前 6 个月内持有或买卖信邦制药股票的情况。

上市公司回复：

经核查，在 2016 年 10 月 25 日至 2017 年 4 月 25 日期间，信邦制药的董事长安怀略存在买卖信邦制药股票的行为，安怀略 2017 年 2 月 16 日减持信邦制药股票 1,880,800 股。安怀略已作出如下说明：

上述交易行为完全是基于个人资金需求以及市场公开信息，不存在利用内幕信息进行股票交易的情形。除上述交易外，本人及本人直系亲属无其他买卖信邦制药无限售条件流通股票的情形，本人未公开或泄露相关信息，也不存在利用该信息进行内幕交易和操纵市场的情形。

信邦制药的董事马晟的亲属马亚平存在买卖信邦制药股票的行为，具体情况如下：

日期	托管单元代码	托管单元名称	股份性质	交易方向（买入/卖出）	变更股数	结余股数
2017-01-16	390069	东兴证券四交易单元（自营）	无限售流通股	买入	5,700	5,700
2017-01-17	390069	东兴证券四交易单元（自营）	无限售流通股	买入	5,600	11,300
2017-02-10	390069	东兴证券四交易单元（自营）	无限售流通股	卖出	−10,120	1,180
2017-02-16	390069	东兴证券四交易单元（自营）	无限售流通股	卖出	−1,100	80
2017-02-17	390069	东兴证券四交易单元（自营）	无限售流通股	卖出	−80	0

东兴证券已严格执行内部防火墙制度，不存在利用本次交易相关信息进行内幕交易的情况。

除上述披露情况外,2016年10月25日至2017年4月25期间,东兴证券以及参与本次权益变动事项的人员和直系亲属均没有持有、买卖信邦制药股票的行为。该等人员本人和直系亲属均没有公开或泄漏相关信息,也不存在利用该信息进行内幕交易和操纵市场的情形。

财务顾问及相关人员买卖股票的自查报告已于2017年5月10日提交交易所进行备查。

案例一的问询是关于收购人在收购前6个月内对上市公司股票的买卖情况,案例二的问询则是针对被收购人的董监高等对上市公司股份的买卖活动,其核心在于确保上市公司知情人员未进行内幕交易活动。信邦制药在回答该问题时,首先列举出了具体的人员和股票买卖过程,然后通过相关人员声明以及内部防火墙制度说明不存在内幕交易,最后表明其他相关人员均未参与股票买卖活动。值得注意的是,向交易所提交自查报告也是不可忽视的一环。

长春经开

交易方式:股份协议转让

转让方:长春经开(集团)股份有限公司

受让方:万丰锦源控股集团有限公司

转让标的:长春经开101,736,960股股份(占公司总股本的21.88%)

交易结果:国务院国有资产监督管理委员会原则上同意创投公司将所持长春经开101,736,960股股份协议转让给万丰锦源控股集团有限公司;交易尚未完成

交易所问题三:请自查并披露公司及创投公司董事、监事、高级管理人员近6个月买卖公司股票的情况。

上市公司回复:

经自查，并由中国证券登记结算有限责任公司上海分公司核查，公司及创投公司董事、监事、高级管理人员近 6 个月无买卖公司股票的情况。

公司若未涉及相关交易，则简要说明即可。

四、交易所的监管逻辑和法律规范

（一）监管逻辑

《上市公司收购管理办法》《公开发行证券的公司信息披露内容与格式准则》第 15、16、17 号都规定了，信息披露义务人有义务披露收购事实发生前 6 月内买卖上市公司股票的相关信息，监管机构为何对这一时间段的股票交易信息如此重视？原因就在于交易主体的董监高等人员作为本次交易的知情主体，有可能进行内幕交易。

上市公司发生控制权收购等重大事件后，股票极有可能发生较大波动，若上市公司或收购人的董监高在收购交易之前根据内幕信息进行低买高卖，将会破坏金融交易市场秩序，由此给广大股东的经济利益造成损失。因此，如果上市公司未在权益变动报告书中对该内容进行全面详细的披露，交易所便会在问询函中要求公司进一步披露是否在收购交易前 6 月内存在公司相关人员及其近亲属进行股票买卖的行为。如有，公司则需详细列出交易过程，并应当说明该部分交易行为是基于个人资金需求以及市场公开信息，不存在利用内幕信息进行股票交易的情形。

（二）法律规范

1.《上市公司收购管理办法》（2014 年修订）

第三条　上市公司的收购及相关股份权益变动活动，必须遵循公开、公平、公正的原则。

上市公司的收购及相关股份权益变动活动中的信息披露义务人，应当充分披露其在上市公司中的权益及变动情况，依法严格履行报告、公告和其他法定义务。在相关信息披露前,负有保密义务。

信息披露义务人报告、公告的信息必须真实、准确、完整,不得有虚假记载、误导性陈述或者重大遗漏。

第十六条 投资者及其一致行动人不是上市公司的第一大股东或者实际控制人,其拥有权益的股份达到或者超过该公司已发行股份的5%,但未达到20%的,应当编制包括下列内容的简式权益变动报告书:

……

(五)权益变动事实发生之日前6个月内通过证券交易所的证券交易买卖该公司股票的简要情况;

(六)中国证监会、证券交易所要求披露的其他内容。

……

2.《公开发行证券的公司信息披露内容与格式准则第15号——权益变动报告书》(2014年修订)

第三十七条 信息披露义务人自事实发生之日起前6个月内有通过证券交易所的集中交易买卖上市公司股票行为的,应当披露如下情况:

(一)每个月买卖股票的种类和数量(按买入和卖出分别统计);

(二)交易的价格区间(按买入和卖出分别统计)。

3.《公开发行证券的公司信息披露内容与格式准则第16号——上市公司收购报告书》(2014年修订)

第三十八条 收购人在事实发生之日前6个月内有通过证券交易所的证券交易买卖被收购公司股票的,应当披露如下情况:

(一)每个月买卖股票的种类和数量(按买入和卖出分别统计);

(二)交易的价格区间(按买入和卖出分别统计)。

第三十九条 收购人及各自的董事、监事、高级管理人员(或者主要负责人),以及上述人员的直系亲属在事实发生之日起前6个月内有通过证券交易所的证券交易买卖被收购公司股票行为的,应当按照第三十七条的规定披露其具体的交易情况。

前款所述收购人的关联方未参与收购决定、且未知悉有关收购信息的,收购人及关联方可以向中国证监会提出免于披露相关交易情况的申请。

4.《公开发行证券的公司信息披露内容与格式准则第 17 号——要约收购报告书》(2014 年修订)

第三十三条　收购人在要约收购报告书摘要公告之日起 6 个月内有通过证券交易所的证券交易买卖被收购公司上市交易股票的,应当披露交易的起始期间、每月交易的股票种类、交易数量、价格区间(按买入和卖出分别统计)。

第三十四条　收购人及其各自董事、监事、高级管理人员(或者主要负责人),以及上述人员的直系亲属,在要约收购报告书摘要公告之日起前 6 个月内有通过证券交易所的证券交易买卖被收购公司股票行为的,应按照第三十三条的规定披露具体的交易情况。

前款所述关联方未参与要约收购决定、且未知悉有关要约收购信息的,收购人及关联方可以向中国证监会提出免于披露相关交易情况的申请。

1-13　是否为一揽子交易

一、简述

在 2017 年上市公司控制权收购的市场当中,我们一共统计了 69 单上市公司控制权收购的交易(包括在 2017 年结束或者开始的控制权收购交易),其中有 48 单交易收到了沪深两地交易所的问询函/关注函,在这些问询函/关注函中,有 8 单交易被交易所问询到"是否为一揽子交易"问题,占收到问询函/关注函公司总数的 16.67%。

在 2018 年上市公司控制权收购的市场当中,我们一共统计了 89 单交易(统计标准为在 2018 年开始或者结束的控制权收购交易,其中,棕榈股份、红日药业和东方网络进行了两次股权转让,我们分别将其视为两单交易)。其中有 44 单交易收到了沪深两地交易所的问询函/关注函,在这些问询函/关注函中,有 2 单交易被交易所问询到"是否为一揽子交易"问题,占比 4.55%。

二、交易所的常用问法

表 1-13　有关是否为一揽子交易问题交易所的常用问法

序号	问询问题	上市公司名称
1	据披露,公司在因本次股权转让事项停牌前,公司全资子公司西安梦舟以 8.75 亿元的高溢价受让关涛、徐亚楠持有的梦幻工厂 70% 股权,并于近期完成了工商变更。请公司补充披露:(1)冯青青、关涛、徐亚楠与李非列 4 人之间的业务合作及资金往来情况;(2)公司上述受让梦幻工厂股权事项与本次股权转让是否为一揽子交易	梦舟股份、博信股份、四川金顶、亿晶光电、龙星化工、九有股份、尤夫股份、狮头股份
2	根据公告,苏州晟隽经营范围为市场营销策划服务软件开发销售、自营和代理各类商品及技术的进出口业务、实业投资等。请苏州晟隽明确未来 12 个月内的相关计划,包括但不限于是否有继续增减持公司股份的计划、是否有更换公司管理层或派驻董事的计划、是否有注入或置出资产的计划、是否有改变上市公司现有主营业务的计划,上述计划是否与本次股权转让构成一揽子交易	
3	(1)请公司使用客观、确定的语言,根据实际情况进一步明确披露未来 12 个月内的相关计划,不得出现"暂无""不排除"等模糊字眼。(2)如存在未来 12 个月内注入或置出资产的计划,请明确是否与本次股权转让构成一揽子交易,以及是否有可能构成借壳	梦舟股份、博信股份、四川金顶、亿晶光电、龙星化工、九有股份、尤夫股份、狮头股份
4	根据相关公告,荀建华将持有的 7.59% 的股权转让给勤诚达投资,并已于 2017 年 4 月 28 日完成过户登记。5 月 4 日,荀建华又将其持有的 1.46 亿股公司股份(占公司总股本的 12.41%)质押给勤诚达投资。请补充披露荀建华本次质押选择勤诚达投资为质权人的主要考虑,是否属于前期股份协议转让的一揽子交易,后续是否有继续质押股份的计划,双方是否存在有关公司控制权让渡的默契及其相关安排	
5	上述股份转让、表决权委托、委托人权力和信托受益权转让事项是否构成一揽子交易,你公司在上述各次交易筹划与商议过程中是否及时、准确、完整地披露了相关信息,是否存在应披露而未披露事项	

三、上市公司的常用答法

鑫科材料

交易方式：股份协议转让

转让方：芜湖恒鑫铜业集团有限公司

受让方：霍尔果斯船山文化传媒有限公司

转让标的：17,500万股股份（占公司总股本的9.889%）

交易结果：本次权益变动前，信息披露义务人为鑫科材料的控股股东，实际控制人为李非列；信息披露义务人直接持有鑫科材料24,505.8255万股股份，占鑫科材料股份总数的13.85%，通过中融基金—增持12号资产管理计划间接持有鑫科材料2,911.3077万股，占鑫科材料股份总数的1.645%，实际控制人李非列直接持股200万股，占鑫科材料股份总数的0.11%

交易所问题二：据披露，公司在因本次股权转让事项停牌前，公司全资子公司西安梦舟以8.75亿元的高溢价受让关涛、徐亚楠持有的梦幻工厂70%股权，并于近期完成了工商变更。请公司补充披露：（1）冯青青、关涛、徐亚楠与李非列4人之间的业务合作及资金往来情况；（2）公司上述受让梦幻工厂股权事项与本次股权转让是否为一揽子交易。

上市公司回复：

（1）冯青青、关涛、徐亚楠与李非列4人之间的业务合作及资金往来情况

根据对关涛和徐亚楠的访谈，关涛与徐亚楠为多年的合作伙伴。

根据冯青青、关涛和徐亚楠、李非列出具的声明，对冯青青、关涛和徐亚楠、李非列的访谈，冯青青、关涛和徐亚楠的下属企业的财务资料及工商登记资料以及梦幻工厂8.75亿元股权转让款的银行信息，除鑫科材料下属全资子公司西安梦舟影视文化传播有限责任公司收购梦幻工厂及本次权益变动之外，冯青青、关涛和徐亚楠与李非列之间不存在业务合作及资金往来情况。

（2）公司上述受让梦幻工厂股权事项与本次股权转让是否为一揽子交易

鑫科材料下属全资子公司西安梦舟收购梦幻工厂股权事项经上市公司董事会、股东大会审议通过；船山传媒收购恒鑫集团所持上市公司控股权事项经各自股东会决议通过，上述事项已经履行了各自的内部决策程序。

西安梦舟收购梦幻工厂的交易双方为西安梦舟与关涛和徐亚楠，而本次权益变动的交易双方为李非列控制的恒鑫集团和冯青青控制的船山传媒，各方之间不存在关联关系。

西安梦舟受让梦幻工厂股权事项与本次股权转让事项相互独立。

经核查，本财务顾问认为：除鑫科材料下属全资子公司西安梦舟收购梦幻工厂及本次权益变动之外，冯青青、关涛和徐亚楠与李非列4人之间不存在业务合作及资金往来情形；上市公司受让梦幻工厂股权事项与本次股权转让不是一揽子交易。

该问询包括两个小问题，二者联系紧密。交易所问询关于4人之间的业务资金往来情况，本质上也是在问询子公司受让梦幻工厂股权事项与本次交易之间的关联程度，进而判断其是否为一揽子交易。上市公司首先通过对4人的访谈说明了他们之间的业务合作和资金往来关系；其次，关于子公司受让梦幻工厂股权事项，回复指出了两次交易的双方主体并不相同，且不存在关联关系，因此作为两次独立的交易并不属于一揽子交易。

博 信 股 份

交易方式：股份协议转让

转让方：深圳前海烜卓投资发展中心、朱凤廉

受让方：苏州晟隽营销管理有限公司

转让标的：65,300,094股股份（占公司总股本的28.39%）

交易结果：苏州晟隽持有公司65,300,094股股份，占公司总股本的28.39%，为公司第一大股东及控股股东；罗静女士成为公司实际控制人；烜卓

发展、朱凤廉女士不再持有公司股份

交易所问题四：根据公告，苏州晟隽经营范围为市场营销策划服务软件开发销售、自营和代理各类商品及技术的进出口业务、实业投资等。请苏州晟隽明确未来 12 个月内的相关计划，包括但不限于是否有继续增减持公司股份的计划、是否有更换公司管理层或派驻董事的计划、是否有注入或置出资产的计划、是否计划改变上市公司现有的主营业务，上述计划是否与本次股权转让构成一揽子交易。

上市公司回复：

1. 未来 12 个月内继续增加或减少其在上市公司拥有权益股份的情况

2. 对上市公司现任董事会和高级管理人员组成的调整计划

3. 未来 12 个月对上市公司的资产和业务进行出售、合并、与他人合资或合作的计划，或上市公司拟购买或置换资产的重组计划

4. 在未来 12 个月内改变上市公司主营业务或者对上市公司主营业务作出重大调整的计划

5. 苏州晟隽后续计划与本次股权转让不构成一揽子交易

截至本回复出具日，苏州晟隽没有对上市公司的资产和业务进行出售、合并、与他人合资或合作的计划，或上市公司拟购买或置换资产的重组计划，也没有调整上市公司主营业务的计划或方案，因此，苏州晟隽没有形成具体明确的后续计划，与本次股权转让不构成一揽子交易。

公司依次阐明了受让方未来 12 个月内相关的后续计划，但同时也指出了后续计划都不具有明确性，因此与本次股份转让不构成一揽子交易。上市公司在回复该类问题时，一方面应该如实回复可能实行的计划，不应回避；另一方面，也要厘清相关计划与本次股权转让之间的关系。

尤夫股份

交易方式：采用承债的方式收购苏州正悦 100% 的股份，间接持有上市公

司股份,成为上市公司实际控制人

转让方:蒋勇(公司实际控制人)、蒋智

受让方:上海中技企业集团有限公司

转让标的:苏州正悦100%的股权

交易结果:2017年5月10日,上海中技企业集团有限公司(简称"上海中技集团")以承债的方式收购苏州正悦投资管理有限公司(简称"苏州正悦")的100%股权,进而通过苏州正悦全资子公司湖州尤夫控股有限公司间接持有尤夫股份的29.8%股份,成为公司新的控股股东,从而尤夫股份的实际控制人由蒋勇先生变更为颜静刚先生

交易所问题四:2016年9月14日,苏州正悦将持有的你公司1.1亿股股份质押给中融国际信托有限公司以取得向上海贵衡建筑工程有限公司(以下简称"上海贵衡")的借款。同时,尤夫控股和苏州正悦的法定代表人均变更为黄伟。根据媒体报道,黄伟为上海贵衡的大股东。请说明尤夫控股和苏州正悦的法定代表人发生变更的具体原因,并说明该笔质押与本次实际控制人变更是否为一揽子交易,黄伟及上海贵衡是否与中技集团和颜静刚存在关联关系或其他关系。

上市公司回复:

2016年4月,蒋勇先生控制的苏州正悦以自有资金及浙江三花钱江汽车部件集团有限公司(简称"三花集团")提供的15亿元借款收购了湖州尤夫控股有限公司的100%股权,进而控制了尤夫股份29.8%股份,成为尤夫股份的实际控制人。苏州正悦向三花集团融资导致了其负债率偏高、财务费用大幅增加。2016年9月,为了降低企业的财务成本,苏州正悦以较低利率向上海贵衡建筑工程有限公司(简称"上海贵衡")进行借款(担保标的是110,650,00股的尤夫股份无限售股),以替换原向三花集团的全部借款。更详细的内容见苏州正悦2016年11月30日披露的《关于深圳证券交易所中小板公司管理部〈关于对苏州正悦投资管理有限公司间接持有浙江尤夫高新纤维股份有限公司股份事项的关注函〉的回复函》。

2016年9月,由于苏州正悦的负债率较高,主要债权人上海贵衡为了维护自身权益,向该公司及其控股企业——尤夫控股委派了高管及法人代表,因而黄伟成为尤夫控股和苏州正悦的法人代表。另外,苏州正悦的该笔质押事项主

要目的是降低融资成本,且当时苏州正悦与中技集团及其控股企业不存在业务和资金往来,因而与本次实际控制人的变更并非一揽子交易。经与中技集团、颜静刚先生确认,黄伟及上海贵衡与中技集团和颜静刚不存在关联关系,也不存在业务往来和股权关系。

该问题与鑫科材料案例相似,都是交易所对公司股权转让之前的某次交易表示关注。上市公司需要回复该交易是否与股权转让构成一揽子交易,首先应当完整披露本次交易的详细过程,并说明该次交易双方与后来的股权转让双方是否一致或者存在关联关系;其次,结合会计准则对一揽子交易的规定,对两者是否属于一揽子交易作出判断。

赞宇科技

交易方式:股份协议转让

转让方:方银军、陆伟娟、洪树鹏、邹欢金、高慧、许荣年、朱增选、黄亚茹、任国晓、胡剑品

受让方:河南正商企业发展集团有限责任公司

交易结果:正商发展通过永银投资间接控制公司 70,000,000 股股份(占公司总股本的 16.53%),正商发展直接持有公司 30,280,000 股股份(占公司总股本的 7.15%),合计控制公司 100,280,000 股股份(占公司总股本的 23.68%);方银军直接持有公司 28,801,840 股股份(占公司总股本的 6.8%);公司控制权发生变更,实际控制人由方银军先生变更为张惠琪女士

交易所问题三:请补充说明方银军将你公司 470 万股股份质押给正商发展的原因,该笔质押股份表决权的安排情况,以及该笔质押是否与本次控制权变更构成一揽子交易。

上市公司回复:

2018 年 7 月 10 日,方银军与正商发展签署《借款协议》,方银军拟向正商发展借入 2,340 万元用于解除方银军与中信证券股份有限公司签署的《股票质押式回购交易协议书》项下方银军合计质押的 4,700,000 股股份。

2018年7月10日,方银军与正商发展签署《股份质押协议》,约定将前述利用正商发展借款解除质押的赞宇科技4,700,000股股份质押于正商发展以作为方银军履行前述《借款协议》项下偿还借款及其他相关费用的担保。

上述《借款协议》《股份质押协议》中未对被质押股份的表决权进行限制。因此,方银军在相关股份质押期间仍能够继续正常行使表决权。此外,方银军将上市公司4,700,000股股份质押给正商发展系正商发展为方银军解除股权质押提供借款的担保措施,是通过友好协商后达成的结果,不是本次控制权变更的前提条件,不存在构成一揽子交易的情形。

四、交易所的监管逻辑和法律规范

(一)监管逻辑

财政部发布的《企业会计准则解释第5号》中对"一揽子交易"的判断标准为:各项交易的条款、条件以及经济影响符合以下一种或多种情况:(1)这些交易是同时或者在考虑了彼此影响的情况下订立的;(2)这些交易整体才能达成一项完整的商业结果;(3)一项交易的发生取决于其他至少一项交易的发生;(4)一项交易单独看是不经济的,但是和其他交易一并考虑时是经济的。

一揽子交易最本质的特征是:其中的各交易步骤是作为一个整体一并筹划和确定下来的,旨在实现同一交易目的,互为前提和条件。对于多次交易,如果将其视为一笔业务,就可以构成一揽子交易;如果不能将其归为一笔业务,而是每笔视为一个业务,就不构成一揽子交易。判断关键是分析交易各步骤之间在价格或条件上是否存在关联,是否属于一并谈判达成协议、互为前提和条件。

交易所之所以对该问题进行关注和问询,主要在于将若干次交易看作一次还是多次交易,对于公司的会计、税务处理以及交易的政策要求都会产生不一样的结果。如果分步交易不属于"一揽子交易",则在丧失对子公司控制权以前的各项交易,作为权益性交易处理,所产生的相关利得或损失在合并财务报表中直接计入所有者权益(资本公积),在丧失对子公司控制权时也不再转入当期损益;如果分步交易属于"一揽子交易",则应将各项交易作为一项处置原有子公司并丧失控制权的交易进行会计处理,处置子公司股权的损益包括多次处置交易的损益。交易所通过对企业多次交易是否属于"一揽子交易"进行判断,可以防止企业通过构建交易方式,人为调节不同的交易结果。

另外,从交易结构来说,交易所问询"一揽子交易"的目的在于判定交易本身是否构成借壳上市,是否存在通过分步交易达到规避借壳上市的目的。

(二)法律规范

1.《上市公司收购管理办法》(2014年修订)

第三条 上市公司的收购及相关股份权益变动活动,必须遵循公开、公平、公正的原则。

上市公司的收购及相关股份权益变动活动中的信息披露义务人,应当充分披露其在上市公司中的权益及变动情况,依法严格履行报告、公告和其他法定义务。在相关信息披露前,负有保密义务。

信息披露义务人报告、公告的信息必须真实、准确、完整,不得有虚假记载、误导性陈述或者重大遗漏。

2.《企业会计准则第33号——合并财务报表》(2014年修订)

第五十一条 企业通过多次交易分步处置对子公司股权投资直至丧失控制权的,如果处置对子公司股权投资直至丧失控制权的各项交易属于一揽子交易的,应当将各项交易作为一项处置子公司并丧失控制权的交易进行会计处理;但是,在丧失控制权之前每一次处置价款与处置投资对应的享有该子公司净资产份额的差额,在合并财务报表中应当确认为其他综合收益,在丧失控制权时一并转入丧失控制权当期的损益。

处置对子公司股权投资的各项交易的条款、条件以及经济影响符合下列一种或多种情况,通常表明应将多次交易事项作为一揽子交易进行会计处理:

（一）这些交易是同时或者在考虑了彼此影响的情况下订立的。

（二）这些交易整体才能达成一项完整的商业结果。

（三）一项交易的发生取决于其他至少一项交易的发生。

（四）一项交易单独考虑时是不经济的，但是和其他交易一并考虑时是经济的。

1-14 承诺履行情况及是否违背

一、简述

在 2017 年上市公司控制权收购的市场当中，我们一共统计了 69 单上市公司控制权收购的交易（包括在 2017 年结束或者开始的控制权收购交易），其中有 48 单交易收到了沪深两地交易所的问询函/关注函，在这些问询函/关注函中，有 5 单交易被交易所问询到"承诺履行情况，是否违背"问题，占收到问询函/关注函公司总数的 10.42%。

在 2018 年上市公司控制权收购的市场当中，我们一共统计了 89 单交易（统计标准为在 2018 年开始或者结束的控制权收购交易，其中，棕榈股份、红日药业和东方网络进行了两次股权转让，我们分别将其视为两单交易）。其中有 44 单交易收到了沪深两地交易所的问询函/关注函，在这些问询函/关注函中，有 19 单交易被交易所问询到"承诺履行情况，是否违背"问题，占比 43.18%。

交易所对于"承诺"的提问多根据《上市公司监管指引第 4 号——上市公司实际控制人、股东、关联方、收购人以及上市公司承诺及履行》的要求进行，包括了"所作承诺""承诺履行情况""是否违背承诺"几个方面，由于问题类似且相关性强，所涉案例个数少，故此处不再对问题进行细分。

二、交易所的常用问法

表 1-14 有关承诺履行情况是否违背问题交易所的常用问法

序号	问询问题	上市公司名称
1	请列示交易对方自成为你公司控股股东以来,相关主体所作的各项承诺,并说明本次股权转让是否违反该等承诺或者影响该等承诺的继续履行	中超控股、深天地A、长航凤凰、华塑控股、信邦制药
2	标的公司实际控制人在标的公司重组期间曾作出多项承诺,请独立财务顾问逐一核查其是否存在违背承诺的情形,尚未到期的承诺是否已全部明确继续履行或者有其他安排	
3	请梳理并列示交易对方自成为你公司股东以来所作的各项承诺,并说明本次股权转让是否违反该等承诺或者影响该等承诺的继续履行,以及标的公司承接相关主体承诺的安排(如有)	

三、上市公司的常用答法

根据对上市公司回答方法的分析,可以发现对于"承诺履行情况及是否违背"这一问题,有两种常见的答法,即以列表的形式或以文字列举承诺并分别进行分析。

华 塑 控 股

交易方式:间接转让

转让方:康道鸿浩、李宏、李永培、李绍清、赵光军

受让方:浙江浦江域耀资产管理有限公司

转让标的:西藏麦田 100% 股权

转让价格:109,959 万元

交易结果:麦田投资仍持有上市公司 24.13% 股份,公司实际控制人由李中先生变更为李雪峰先生

交易所问题一:列示麦田投资自成为你公司控股股东以来,相关主体所作的各项承诺,并说明本次股权转让是否违反该等承诺或者影响该等承诺的继续履行。

上市公司回复:

麦田投资成为控股股东后,麦田投资及相关主体所作承诺的履行情况详见下表:

承诺事由	承诺方	承诺类型	承诺内容	承诺时间	承诺开始日期	承诺期限	履行情况	本次股东转让是否违反承诺或影响承诺继续履行
股权分置改革	西藏麦田创业投资有限公司	股份限售承诺	自股权分置改革实施后首个交易日起,麦田投资所持上市公司股份锁定36个月	2013-12-10	2014-01-14	36个月	履行完毕。麦田投资持有的华塑控股股份,已于2017年1月17日解除限售	不违反承诺。承诺已履行完毕
	西藏麦田创业投资有限公司	股份减持承诺	自股改方案实施完成之日起48个月内,麦田投资通过二级市场减持华塑控股股份的价格不低于10元/股。在华塑控股实施股份分红、送股、资本公积金转增股份等除息除权事宜时,减持价格将进行相应调整,麦田投资若违反承诺将全部持股股票、卖出资金全部划入华塑控股股东账户,归华塑控股全体股东所有	2013-12-10	2014-01-14	48个月	正在履行	不违反承诺。不影响承诺的继续履行

(续表)

承诺事由	承诺方	承诺类型	承诺内容	承诺时间	承诺开始日期	承诺期限	履行情况	本次股东转让是否违反承诺或承诺影响继续履行
股权分置改革	西藏麦田创业投资有限公司	其他承诺	A.麦田投资协助麦田园林于2014年5月1日前与成都市温江区金马镇光明村村委会、万春镇报恩场镇云溪村委会与成都市郫县新民场镇云溪村村委会解除现有土地租赁协议；B.麦田园林于2014年5月1日前缴清原租赁费用，麦田投资承担因提前终止该租赁行为所发生的一切债权债务费用；C.麦田园林于2014年5月1日前将上述租赁土地上所有附着物包括并不限于苗木及花卉移栽，原《土地承包协议》约定将土地还原或支付还耕费用由麦田投资承担，如麦田园林因占用基本农田而受到土地行政主管部门、农业行政主管部门等部门的行政处罚，麦田投资承诺将无条件赔偿麦田园林因此所产生的全部费用及经济损失；E.麦田园林后续租赁或承包土地将核实土地性质，严格依据国家土地管理法律法规履行租赁或承包土地的流程	2013-12-10	2014-01-14	2014-05-01	履行完毕。考虑到气候因素，2015年4月30日前已完成所有苗木的搬迁工作，并解除了之前的土地租赁协议	不违反承诺。承诺已履行完毕

(续表)

承诺事由	承诺方	承诺类型	承诺内容	承诺时间	承诺开始日期	承诺期限	履行情况	本次股东转让是否违反承诺或影响承诺继续履行
其他对公司中小股东所作承诺	李中	股份增持承诺	自本公告发布之日(2015年7月11日)起6个月内,公司实际控制人、副董事长李中先生,将通过二级市场增持不低于500万元的本公司股份,并严格执行相关规定	2015-07-11	2015-07-11	2016-01-11	履行完毕。2015年12月9日,李中先生通过深圳证券交易所交易系统以竞价交易方式合计增持公司股份619,700股,约占公司总股本的0.08%,成交均价为8.07元/股,增持金额为500.1万元	不违反承诺。承诺已履行完毕

民盛金科

交易方式:股份协议转让+表决权委托

转让方:阿拉山口市民众创新股权投资有限合伙企业

受让方:内蒙古正东云驱科技有限公司

转让标的:40,193,250 股股份(占公司总股本的 10.77%)

交易结果:已完成

交易所问题四:和柚技术曾于 2017 年 4 月出具对前次收购标的广东合利金融科技服务有限公司(以下简称"合利金融")的业绩补偿承诺。请说明实际控制权变更事项是否对和柚技术的补偿承诺履约义务的完成情况造成影响。

上市公司回复:

2018 年 2 月 8 日,民盛金科、和柚技术、云驱科技三方签署《业绩承诺补偿协议之补充协议》,根据该协议约定,利润承诺期内合利金融实际实现净利润数与承诺净利润数的差额应由和柚技术优先承担业绩补偿责任,若和柚技术不能足额向民盛金科承担业绩补偿责任,云驱科技和霍东应就尚未补偿金额承担差额补足责任,差额金额由云驱科技、霍东、和柚技术协商确定。但无论如何,云驱科技和霍东为和柚技术按照相关协议向民盛金科承担的业绩补偿责任不可撤销地承担连带责任。

协议具体内容如下(协议中甲方指代"民盛金科控股股份有限公司",乙方指代"和柚技术集团有限公司",丙方指代"内蒙古正东云驱科技有限公司和霍东"):

1. 业绩承诺数额及原则

1.1 各方同意,乙方应按照相关法律、法规规定对目标公司本次交易实施完毕后连续两个会计年度的净利润作出承诺,并就利润承诺期内目标公司实际实现净利润数与承诺净利润数的差额予以补偿。经各方协商,乙方承诺目标公司 2017 年度及 2018 年度预测净利润数额分别不低于 11,400 万元、21,800 万元。

1.2 各方一致同意,若目标公司于利润承诺期内各年度累计实际实现净利润未达到前次协议第1.1条约定的相应年度累计承诺净利润数额,则乙方应就未达到承诺净利润的部分依据前次协议第3条、第4条的规定向甲方承担补偿责任。

1.3 各方确认,若目标公司利润承诺期内各年度实际实现净利润数超出该年度承诺净利润数(即超额利润),超额利润在利润承诺期内此后年度实际实现净利润数额未达到承诺净利润数额时可用于弥补差额。

1.4 本协议第3条约定的业绩补偿和第4条约定的减值测试补偿的累计应补偿的总金额不超过标的资产的最终交易价格。乙方在对甲方进行上述补偿时,当期应补偿金额小于或等于0时,按0计算,即已经补偿的金额不冲回。

2. 实际实现净利润与预测净利润差额的确定

2.1 本次交易完成后,甲方应在利润承诺期内各个会计年度结束后聘请具有证券从业资格的会计师事务所对目标公司实现的业绩指标情况出具《专项审核报告》,根据《专项审核报告》确定乙方承诺净利润数与目标公司实际实现净利润数的差额,并在甲方年度报告中单独披露该差额。

2.2 根据会计师事务所届时出具的专项审核意见,如乙方负有补偿义务且应实施补偿的,乙方应在甲方当年年度报告披露后的30日内,以现金方式全额一次性补偿甲方。

3. 业绩补偿

3.1 目标公司2017年度、2018年度任一年内,截至当期期末累计实际实现净利润数低于截至当期期末累计承诺净利润数的,乙方应向甲方进行现金补偿。乙方当期应补偿的金额的计算公式为:乙方当期应补偿的金额=截至当期期末累计承诺净利润—截至当期期末累计实际实现净利润—截至当期期末累计已补偿金额。在上述公式运用中,"截至当期期末"指从2017年度起算,截至当期期末的期间。

3.2 根据会计师事务所届时出具的专项审核意见,如乙方负有补偿义务且应实施补偿的,乙方应在甲方当年年度报告披露后的30日内,以现金方式全额一次性补偿甲方。

4. 减值测试补偿

4.1 于目标公司2017年度、2018年度,甲方聘请具有证券从业资格的会计师事务所对标的资产进行减值测试并出具《减值测试报告》(应在利润承诺期当期年度《专项审核报告》出具之日起 1 个月内出具），如果标的资产期末减值额＞根据第 3.1 条确定的已补偿总金额，则由乙方向甲方另行补偿，另行补偿的计算公式为：当期减值测试项下应补偿的金额＝标的资产期末减值额－已实际补偿的总金额。

在上述公式运用中，应遵循：标的资产期末减值额为标的资产交易价格减去期末标的资产的评估值，并扣除自交割完成日至减值测试基准日期间标的资产股东增资、减资、接受赠与以及利润分配的影响后所得净额。

5. 连带补偿安排

如乙方不能按照相关协议足额向甲方承担业绩补偿责任，丙方应就尚未补偿金额承担差额（差额等于应向甲方承担的补偿金额－乙方承担的补偿金额）补足责任，差额金额由丙方、乙方协商确定。但无论如何，丙方为乙方按照相关协议向甲方承担业绩补偿责任不可撤销地承担连带责任。

6. 不可抗力

各方同意，如因不可抗力因素导致目标公司利润承诺期内实际实现利净润数低于承诺净利润数的，经各方协商一致，并经甲方内部决策程序审议通过，可以书面形式对补偿金额予以调整。如不可抗力导致目标公司发生重大经济损失、经营陷入停顿或市场环境严重恶化的，本协议各方可根据公平原则并结合实际情况，由各方协商一致，并经甲方内部决策程序审议通过，决定是否解除本协议，或者部分免除履行本协议的责任，或者延期履行本协议。

不可抗力指不能预见、不能避免并不能克服的客观情况，包括但不限于地震、风暴、严重水灾或其他自然灾害、瘟疫、战争、暴乱、敌对行动、公共骚乱、公共敌人的行为等。

7. 违约责任

7.1 若乙方和丙方未能按照本协议约定向甲方及时、足额履行业绩承诺补偿义务的，甲方有权要求乙方或丙方每逾期 1 日，按未能支付的需补偿金额的万分之一向甲方支付违约金。

7.2 除非本协议另有约定，任何一方如未能履行其在本协议项下之义务，则该方被视作违反本协议，需赔偿守约方因此而遭受的损失。

信 邦 制 药

交易方式:股份协议转让

转让方:张观福

受让方:西藏誉曦创业投资有限公司

转让标的:358,764,349 股股份(占上市公司总股本的 21.04%)

转让价格:8.424 元/股

交易结果:张观福先生不再持有公司股份;西藏誉曦持有公司股份 358,764,349 股,占公司总股本的 21.04%,为公司第一大股东;朱吉满、白莉惠夫妇为公司实际控制人

交易所问题九:信邦制药实际控制人在信邦制药重组期间曾作出多项承诺,请独立财务顾问逐一核查其是否存在违背承诺的情形,尚未到期的承诺是否已全部明确继续履行或者有其他安排。

上市公司回复:

财务顾问核查了上市公司重大资产重组时张观福作出的承诺及履行情况,具体核查情况如下:

(1) 在公司与贵州科开医药有限公司(以下简称"科开医药")的重大资产重组过程中,以资产认购而取得的信邦制药股份自上市之日起 36 个月内不得转让。

(2) 上市公司与交易对方张观福、丁远怀、安怀略、马懿德签署了《盈利预测补偿协议》《盈利预测补偿协议之补充协议》,张观福、丁远怀、安怀略、马懿德对标的资产预测净利润数进行承诺并作出补偿安排。

(3) 交易对方张观福出具了关于关联交易、同业竞争、上市公司独立性的承诺。

(4) 科开医药原计划将位于贵州省仁怀市盐津街道杨堡坝社区姜家寨组的宗地用于建设"贵医仁怀医院",由于科开医药经营战略调整需要,经科开医药 2013 年 8 月 12 日召开的董事会决议,科开医药决定终止"贵医仁怀医院"项目建设,不再在上述宗地上进行其他建设项目的投资开发,并向仁怀市国土资源局提出终止履行前述《国有建设用地使用权出让合同》的要求,请求退回上述

宗地。就上述事项,张观福、丁远怀、安怀略、马懿德已出具了相关承诺函,承诺"若本次将土地退还仁怀市政府收到的退还金额低于账面值1,768.3万元,差额部分由张观福、丁远怀、安怀略、马懿德在本次重组资产交割完毕之日起30日内(若科开医药收到退还金额之日晚于本次重组资产交割完毕之日的,则在科开医药收到退还金额之日起30日内),以等值现金对上市公司进行补偿。"

(5)就科开医药未办理房屋所有权证的事项,本次重组交易对方张观福、丁远怀、安怀略、马懿德出具承诺如下:"为保证上市公司利益,将敦促科开医药积极办理相关房屋所有权证书,力争于本次重组资产交割日前办理完毕,彻底消除产权瑕疵风险。如果届时未能办理完毕相关房屋所有权证书,张观福、丁远怀、安怀略、马懿德将在本次重组资产交割之日起30日内,按照本次评估基准日相关房屋建筑物的资产基础法评估值,以等值现金对相关资产进行回购,并在回购后将该等房产无偿提供给科开医药使用。若上述房屋建筑物因权属瑕疵被相关政府强制拆除或其他原因造成科开医药产生额外支出及损失的,张观福、丁远怀、安怀略、马懿德将在科开医药额外支出及损失发生之日起10日内,以等值现金对科开医药进行补偿。"

上述(1)项涉及的承诺,张观福所持以资产认购公司的股票已于2017年4月14日起解除限售,不存在违反承诺的情况。

上述(2)项涉及的承诺,财务顾问查询了承诺期间会计师出具的《盈利预测实现情况的专项审核报告》,标的资产预测净利润数均已达标。张观福无须补偿,不存在违反承诺的情况。

上述(3)项涉及的承诺,财务顾问查询了公开资料,截至回复报告出具日,张观福关于关联交易、同业竞争、上市公司独立性的承诺正在履行过程中,未出现违反上述承诺的情形。本次交易完成后,张观福不再履行上述承诺。

上述(4)项涉及的承诺,财务顾问查询了公开资料及土地款退款进账单,上市公司已收到仁怀市政府退还的土地款,且高于相应土地的账面价值。张观福无须补偿,不存在违反上述承诺的情形。

上述(5)项涉及的承诺,财务顾问查询了公开资料、回购房产付款凭证及其他相关资料,张观福已对相应资产进行回购,并在回购后将该等房产无偿提供给科开医药使用,不存在违反上述承诺的情形。

四、交易所的监管逻辑和法律规范

（一）监管逻辑

由前述分析可知，交易所对于"承诺履行情况及是否违背"的提问与关注多根据《上市公司监管指引第4号——上市公司实际控制人、股东、关联方、收购人以及上市公司承诺及履行》要求进行，其背后的逻辑包括两方面，即对上市公司的保护和对上市公司收购人的保护。

根据信息不对称的理论，上市公司与其收购人对于本次交易的信息是不对称的，上市公司对于其收购人的目的、收购目的、未来计划等信息不够了解；同样，上市公司的价值、盈利能力等信息对于收购人来说也是未知数。正是基于此，交易所要求信息披露方必须详细披露相关信息，但是仍存在着信息不对称的情况。而"承诺"是基于现在预测未来的，其特殊的"不确定性"使得其相关信息的不对称性更甚，并且相关承诺对于本次交易标的的价值等有着重要的影响，故交易所对"承诺履行情况及是否违背"提出要求。

关于承诺的内容，大体上包括限售承诺、业绩承诺、分红承诺、关联交易处理承诺、避免同业竞争承诺、减持承诺、独立性承诺等等，还有基于上市公司自身性质所提出的其他补充承诺，对其不可一概而论。

（二）法律规范

1.《上市公司监管指引第4号——上市公司实际控制人、股东、关联方、收购人以及上市公司承诺及履行》(2013年发布)

2.《上市公司收购管理办法》(2014年修订)

2

特殊性问题

2-1 通过"股份协议转让＋表决权委托"实现控制权收购

一、简述

股份协议转让是上市公司控制权转让的主要方式。2017年以来,我们可以发现,"股份协议转让＋表决权委托"方式出现的频率逐渐增多。圣阳股份、通达动力等18单交易均是通过此组合方式完成了控制权的变更,占2017年完成控制权收购总数68单(我们统计的控制权收购的交易有69单(包括在2017年结束或者开始的控制收购交易),其中,交易方式可以确定的交易为68单,原因是北京利尔未披露交易方式且交易已终止)的26.47%。"股份协议转让＋表决权委托"的方式更为灵活,且对于收购人而言成本也更低。2018年,通过此种方式完成控制权收购的交易共有27单,占总数89单(统计标准为在2018年开始或者结束的控制权收购交易,其中,棕榈股份、红日药业和东方网络进行了两次股权转让,我们分别将其视为两单交易)的30.34%。

通过总结,我们发现交易所对于通过此种方案变更控制权的关注点主要在以下几个方面:

(1)"股份协议转让＋表决权委托"安排的原因及合理性;

(2)委托表决权的行为是否实质构成股份转让,相关主体是否违反股份限售承诺;

(3)对公司经营稳定性的影响;

（4）表决权委托对价安排。

二、交易所的常用问法

表 2-1 有关通过"股份协议转让＋表决权委托"实现控制权收购交易所的常用问法

序号	问询问题	上市公司名称
（一）"股份协议转让＋表决权委托"安排的原因及合理性		
1	说明作出本次股份转让以及委托表决权安排的原因及合理性，是否符合相关法律法规的规定	圣阳股份、通达动力、扬子新材、延华智能、龙星化工、江苏神通、威华股份
（二）委托表决权的行为是否实质构成股份转让，相关主体是否违反股份限售承诺		
1	说明上述 23.9854% 表决权所对应股份的限售情况及限售时限、质押情况及质押时限等，并结合相关股份的受限情况，设置 18 个月委托有效期的原因等因素，核实说明天津鑫达在未来 12 个月内受让前述 23.9854% 表决权所对应股份的可行性	通达动力
2	委托表决权的行为是否实质构成股份转让，相关主体是否违反股份限售承诺	圣阳股份、扬子新材、延华智能、龙星化工、江苏神通
（三）对公司经营稳定性的影响		
1	说明本次协议转让与委托表决权的安排对公司经营的稳定性的影响，如产生分歧，交易双方及公司将采取何种具体措施保障公司治理的有效性	扬子新材、开能环保、保龄宝、延华智能、龙星化工、江苏神通
（四）表决权委托对价安排		
1	是否存在或拟针对本次委托设置资金或有其他形式的对价安排，并请说明对价的详细情况、定价及依据、支付约定及支付情况等	通达动力、延华智能

从交易所对所有通过"股份协议转让＋表决权委托"方式实现控制权收购的案例的问询函/关注函来看，问询的角度有一定的相似性。主要涉及的问题有：(1) 本次"股份协议转让＋表决权委托"安排的原因及合理性；(2) 委托表决权的行为是否实质构成股份转让，相关主体是否违反股份限售承诺；(3) 由于表决权委托会导致股权分离，容易使得上市公司的控制权不稳定，需要说明本次协议转让与委托表决权的安排对公司经营稳定性的影响，如双方产生分歧，交易双方及公司将采取何种具体措施保障公司治理的有效性；(4) 表决权

委托是否会设置对价。

另外,针对个案还有一些个别性的问题。例如披露委托合同主要内容,尤其是委托期限和解除条件;若表决权委托设置了一定期限,则会对该期限问题额外进行问询;说明本次委托表决权的相关股权的后续安排等。

三、上市公司的常用答法

扬 子 新 材

交易方式:股份协议转让＋表决权委托

(1) 股份协议转让

转让方:泸溪勤硕来投资有限公司

受让方:南宁颐然养老产业合伙企业(有限合伙)

转让标的:68,990,000 股无限售流通股股份(占上市公司总股本的 13.47％)

转让价格:719,565,700 元

(2) 表决权委托

委托方:泸溪勤硕来投资有限公司

受托方:南宁颐然养老产业合伙企业(有限合伙)

委托标的:84,610,000 股股份(占上市公司总股本的 16.52％)所对应的表决权

交易结果:南宁颐然在上市公司中拥有表决权的股份数量合计为 153,600,000 股,占上市公司总股本的 29.9963％;南宁颐然成为公司控股股东,公司无实际控制人。

NO.1 "股份协议转让＋表决权委托"安排的原因及合理性

该问询的角度与收购意图相对应,主要关注于上市公司原控股股东、实际控制人转让其控制权的意图,属于问询度非常高的问题。从 2017 年和 2018 年涉及此问题的上市公司回复来看差异并不大,回复的角度主要通过原实际控制

人原因、收购人的经营能力、上市公司未来行业前景等来综合说明本次收购对上市公司未来发展具有积极作用。

交易所问题一：勤硕来投资本次股份转让以及委托表决权的具体原因。

上市公司回复：

中民投是中国领先的全球化大型民营投资公司，经国务院批准，由全国工商联和59家中国知名民营企业发起，于2014年8月21日在上海成立，注册资本500亿元。

中民未来为中民投旗下专注于社区消费升级及居家养老领域的投资运营平台，成立于2014年7月，注册资本40亿元，致力于培育社区增值服务生态圈，成为中国领先的社区增值服务提供商和资源整合者，中民未来开展的社区服务、居家养老等业务符合国家宏观及产业政策，符合社会发展需要，未来市场发展空间巨大。

本次筹划控制权转让时，勤硕来投资的控股股东、实际控制人胡卫林先生在与中民养老接触并了解后，认为中民养老及其控股股东中民投具备很强的经济实力、良好的行业前景，以及丰富的企业管理经验，对上市公司未来发展具有积极作用。

同时，中民养老及其控股股东中民未来看好上市公司未来的发展平台，因此交易双方达成共识，通过本次股份转让及表决权委托，由中民养老及其控股股东控制和管理上市公司，争取为广大股东，特别是中小股东带来更为丰厚的回报。

NO.2 委托表决权的行为是否实质构成股份转让，相关主体是否违反股份限售承诺

委托表决权的行为是否实质构成股份转让以及相关主体是否违反股份限售承诺经常在同一问题内出现，通常还可能附带地问询本次交易的方式是否符合相关法律法规的规定。

本次股份转让及本次表决权委托主要涉及的法律规范为《公司法》《证券法》《上市公司收购管理办法》《上市公司股东、董监高减持股份的若干规定》。较完整的回复方式可以分别从以下几个部分进行说明：

（1）本次股份转让以及委托表决权的基本情况。

（2）本次股份转让的方式符合相关法律法规的规定，包括：① 本次股份转

让价格符合相关法律法规；② 本次股份转让的标的股份不存在不得转让的情况。

（3）本次表决权委托符合现有法律法规的规定。

（4）本次表决权委托不构成股份转让。

（5）本次股份转让及表决权委托不违反《公司法》第141条等规定。

（6）本次股份转让不违反相关主体曾作出的股份限售承诺，并列明相关主体在之前所作的所有股份限售承诺的履行情况。

交易所问题二：本次股份转让以及委托表决权的行为是否符合法律法规的规定，并说明勤硕来投资委托表决权的行为是否实质构成股份转让，是否违反《公司法》第141条等的规定，是否违反相关主体曾作出的股份限售承诺，并请你公司律师核查并发表专业意见。

上市公司回复：

（一）本次股份转让及本次表决权委托的主要安排和约定

根据上市公司于2017年10月18日披露的《提示性公告》《详式权益变动报告书》《简式权益变动报告书》等公告内容并经本所经办律师核查交易双方签署的《股份转让协议》《表决权委托协议》，本次股份转让及本次表决权委托的主要安排和约定如下：

1. 本次股份转让

2. 本次表决权委托

（二）本次股份转让及本次表决权委托符合现有法律法规的规定

1. 本次股份转让符合现有法律法规的规定

（1）本次股份转让的方式符合相关法律法规的规定

《证券法》第85条规定，投资者可以采取要约收购、协议收购及其他合法方式收购上市公司。第94条规定，采取协议收购方式的，收购人可以依照法律、行政法规的规定同被收购公司的股东以协议方式进行股份转让。以协议方式收购上市公司时，达成协议后，收购人必须在3日内将该收购协议向国务院证券监督管理机构及证券交易所作出书面报告，并予公告。在公告前不得履行收购协议。

根据《上市公司收购管理办法》《上市公司流通股协议转让业务办理暂行规则》《深圳证券交易所上市公司流通股协议转让业务办理指南》等相关规定，上市公司流通股协议转让，由上海证券交易所、深圳证券交易所和中国证券登记结算有限责任公司集中统一办理。证券交易所负责对股份转让双方当事人提出的股份转让申请进行合规性确认。结算公司负责办理与股份转让相关的股份查询和过户登记业务。

经核查,本次股份转让为协议转让,南宁颐然、勤硕来投资已分别及时披露相关权益变动报告书,符合《证券法》《上市公司收购管理办法》等法律法规的规定。

(2) 本次股份转让的价格符合相关法律法规的规定

《深圳证券交易所上市公司股份协议转让业务办理指引》第8条规定:上市公司股份协议转让应当以协议签署日的前一交易日转让股份二级市场收盘价为定价基准,转让价格范围下限比照大宗交易的规定执行,法律、行政法规、部门规章、规范性文件及本所业务规则等另有规定的除外。

《深圳证券交易所交易规则》第3.6.4条规定:有价格涨跌幅限制证券的协议大宗交易的成交价格,在该证券当日涨跌幅限制价格范围内确定。

根据上述规定,上市公司股份协议转让价格的下限为前一交易日转让股份在二级市场收盘价的90%。扬子新材股票在《股份转让协议》签署日的前一交易日二级市场收盘价为8.28元/股,根据《股份转让协议》,本次股份转让价格折合为10.43元/股,符合上述规定的价格要求。

(3) 本次股份转让的标的股份为无限售条件股份,不存在不得转让的情况

根据《公司法》《深圳证券交易所股票上市规则》《公司章程》等相关规定,公司董事、监事、高级管理人员在任职期间每年转让的股份不得超过其所持有的公司股份总数的25%;所持公司股份自公司股票上市交易之日起1年内不得转让。上述人员离职后半年内,不得转让其所持有的公司股份。

根据《上市公司股东、董监高减持股份的若干规定》《深圳证券交易所上市公司股东及董事、监事、高级管理人员减持股份实施细则》的相关规定,具有下列情形之一的,上市公司大股东不得减持股份:① 上市公司或者大股东因涉嫌证券期货违法犯罪,在被中国证监会立案调查或者被司法机关立案侦查期间,以及在行政处罚决定、刑事判决作出之后未满6个月的;② 大股东因违反证券交易所业务规则,被证券交易所公开谴责未满3个月的;③ 法律、行政法规、部门规章、规范性文件以及本所业务规则规定的其他情形。具有下列情形之一的,上市公司董监高不得减持股份:① 董监高因涉嫌证券期货违法犯罪,在被

中国证监会立案调查或者被司法机关立案侦查期间，以及在行政处罚决定、刑事判决作出之后未满 6 个月的；② 董监高因违反证券交易所业务规则，被证券交易所公开谴责未满 3 个月的；③ 法律、行政法规、部门规章、规范性文件以及本所业务规则规定的其他情形。

《上市公司收购管理办法》第 12 条规定：投资者在一个上市公司中拥有的权益，包括登记在其名下的股份和虽未登记在其名下但该投资者可以实际支配表决权的股份。投资者及其一致行动人在一个上市公司中拥有的权益应当合并计算。

根据上市公司发布的《2016 年年度报告》《简式权益变动报告书》等公告，勤硕来投资为自然人胡卫林的控股子公司，胡卫林为上市公司董事长。本次股份转让及本次表决权委托前，上市公司总股本为 512,064,000 股，勤硕来投资直接持有上市公司 192,000,000 股股份，占上市公司总股本的 37.5%；胡卫林先生直接持有上市公司 83,960,320 股股份，占上市公司总股本的 16.4%。胡卫林先生通过其控制的勤硕来投资和直接持股合计控制上市公司 275,960,320 股股份，占上市公司总股本的 53.89%。

本次股份转让的标的股份为勤硕来投资所持的 68,990,000 股无限售流通股股份，转让股份数量未超过胡卫林在本次转让前合计持有的上市公司股份总数的 25%；根据《股份转让协议》，勤硕来投资签署及履行该协议不会抵触或导致违反现行有效之法律法规及/或其《公司章程》的规定；根据勤硕来投资、胡卫林出具的《确认函》并经本所经办律师查询中国证监会、深交所网站、全国法院被执行人信息查询系统等互联网公开信息，勤硕来投资、胡卫林不存在上述上市公司大股东、董监高不得减持股份的情形。

（4）标的股份的质押状态不影响本次股份转让的实施

根据《股份转让协议》《提示性公告》，本次股份转让的标的股份现均已质押，于深交所对本次协议转让事项给予合规性确认后 10 个工作日内，勤硕来投资应负责在结算公司完成标的股份现有质押（截至本协议签署日标的股份均已质押）的解除手续；自《股份转让协议》签署日至过户完成日，除上述质押情况并且应根据上述约定及时解除质押外，该等股份之上不存在其他任何现实或潜在的质押、查封、冻结及其他权利或权益限制，或任何第三人权利或权益；亦不存在任何现实或潜在的争议、纠纷。

因此，根据《股份转让协议》，如交易双方依约履行《股份转让协议》的约定，本次股份转让的标的股份目前质押的状态不影响本次股份转让的实施。因此，本次股份转让符合《公司法》《证券法》《上市公司收购管理办法》《深圳证券交易所股票上市规则》《上市公司流通股协议转让业务办理暂行规则》等法律法规及《公司章程》的有关规定。

2. 本次表决权委托符合现有法律法规的规定

《公司法》第106条、《上市公司章程指引》第59条、《上市公司股东大会规则》第20条等相关法律法规规定，股东可以亲自出席股东大会并行使表决权，也可以委托他人代为出席和在授权范围内行使表决权。

《上市公司章程指引》第60、62条及《公司章程》第60、62条规定，上市公司的个人股东委托代理他人出席会议的，应出示本人有效身份证件、股东授权委托书。委托书应当注明如果股东不作具体指示，股东代理人是否可以自己的意思表决。

综上，本次表决权委托符合《公司法》《上市公司章程指引》等现有法律法规及《公司章程》的有关规定。

(三) 本次表决权委托不构成股份转让

根据《公司法》《上市公司规范运作指引》《上市公司章程指引》等法律法规及《公司章程》的相关规定，除表决权（即依法请求召开、召集、主持、参加或者委派股东代理人参加股东大会并行使相应的表决权）外，公司股东还享有分红权、剩余财产分配权等收益权，以及质询权、建议权、知情权、查询权、处分权等股东权利，并承担不得滥用股东权利损害公司或者其他股东的利益等股东义务。

根据《股份转让协议》《表决权委托协议》，本次表决权委托中，勤硕来投资仅将授权股份相应的提名、提案权以及股东大会召集权、召开权、出席权、表决权等委托南宁颐然行使；并且，双方并未约定授权股份的过户登记及相应对价等股份转让基本事项，勤硕来投资仍为委托表决股份的所有权人。

并且，《详式权益变动报告书》披露，在未来12个月内，南宁颐然不排除在合法合规且不违背相关规则和承诺的前提下，选择合适的时机谋求继续受让前述表决权所对应的股份。

根据上述，本次表决权委托不构成《公司法》等现有法律法规及《公司章程》规定的上市公司股份转让。

（四）本次股份转让及表决权委托不违反《公司法》第 141 条等规定

《公司法》第 141 条规定，发起人持有的本公司股份，自公司成立之日起 1 年内不得转让。公司公开发行股份前已发行的股份，自公司股票在证券交易所上市交易之日起 1 年内不得转让。公司董事、监事、高级管理人员应当向公司申报所持有的本公司的股份及其变动情况，在任职期间每年转让的股份不得超过其所持有本公司股份总数的 25%；所持本公司股份自公司股票上市交易之日起 1 年内不得转让。上述人员离职后半年内，不得转让其所持有的本公司股份。公司章程可以对公司董事、监事、高级管理人员转让其所持有的本公司股份作出其他限制性规定。

《公司章程》第 28 条规定，发起人持有的公司股份，自公司成立之日起 1 年内不得转让。公司公开发行股份前已发行的股份，自公司股票在证券交易所上市交易之日起 1 年内不得转让。公司董事、监事、高级管理人员应当向公司申报所持有的本公司股份及其变动情况，在任职期间每年转让的股份不得超过其所持有的公司股份总数的 25%；所持本公司股份自公司股票上市交易之日起 1 年内不得转让。上述人员离职后半年内，不得转让其所持有的本公司股份。公司董事、监事和高级管理人员在申报离任 6 个月后的 12 个月内通过证券交易所挂牌交易出售本公司股票数量占其所持有本公司股票总数的比例不得超过 50%。

如上文所述，勤硕来投资本次转让的上市公司 68,990,000 股股份为无限售条件股份，且未超过胡卫林在本次转让前合计所持上市公司股份总数的 25%；本次委托表决权的上市公司 84,610,000 股股份不构成股份转让。据此，本次股份转让及本次表决权委托不违反《公司法》第 141 条及《公司章程》第 28 条等有关规定。

（五）本次股份转让及表决权委托不违反相关主体曾作出的股份限售承诺

根据《简式权益变动报告书》《提示性公告》，相关主体就股份限售曾作出如下承诺：

（1）勤硕来投资曾于上市公司首次公开发行股票并上市时承诺："自发行人股票上市之日起 36 个月内，不转让或者委托他人管理其持有的发行人本次发行前已发行的股份，也不由发行人回购其持有的发行人本次发行前已发行的股份。"

（2）胡卫林曾于上市公司首次公开发行股票并上市时承诺："自发行人股票上市之日起 36 个月内，不转让或者委托他人管理其直接或者间接持有的发行人本次发行前已发行的股份,也不由发行人回购其直接或间接持有的发行人本次发行前已发行的股份。在作为董事的任职期间每年转让的股份不超过本人直接或间接持有发行人股份总数的 25%;在离职后半年内,不转让其直接或间接持有的发行人股份。"

根据上市公司于 2015 年 1 月 23 日披露的《关于部分限售股份上市流通的提示性公告》等信息披露文件,上述第(1)项所涉 36 个月股份限售期(包括不转让、委托他人管理或者回购)承诺已于 2015 年 1 月期限届满。

胡卫林现为上市公司董事长,就上述第(2)项所涉董事任职期内股份限制转让比例的承诺,如上文所述,勤硕来投资本次转让的上市公司 68,990,000 股股份为无限售条件股份,且未超过胡卫林在本次转让前合计所持上市公司股份总数的 25%;本次委托表决的上市公司 84,610,000 股股份不构成股份转让。因此,本次股份转让及本次表决权委托不违反上述承诺内容。

根据上述,本次股份转让及表决权委托不违反相关主体曾作出的股份限售承诺。

综上所述,本次股份转让及本次表决权委托的行为符合《公司法》《证券法》《上市公司收购管理办法》《深圳证券交易所股票上市规则》《上市公司流通股协议转让业务办理暂行规则》《上市公司章程指引》等法律法规及《公司章程》的有关规定。本次表决权委托实质不构成股份转让。本次股份转让及本次表决权委托不违反《公司法》第141条等的规定,不违反相关主体曾作出的股份限售承诺。

NO.3 公司经营稳定性的影响

通过委托表决权来达到控制权转让目的的,对公司经营稳定性的影响也是监管的重点。除了要求说明本次交易安排对于上市公司控制权、公司治理稳定性的影响、风险外,还要求说明若原控股股东和受让方存在分歧,则是否存在具体措施来保障公司治理的有效性。

保证公司控制权稳定的措施主要包括:(1)将委托表决权对应的股份质押给受让方;(2)新的实际控制人在未来可能继续受让表决权对应的股份;(3)受让方可能在未来继续增持上市公司股份,进一步提高持股比例;(4)通过董监高人员的更换,在董事会层面保证其控制权的稳定;(5)原实际控制人或第二大股东等出具相关承诺;(6)收购方表示其将按照有利于全体股东利益的原则,保持上市公司生产经营活动的正常进行。

交易所问题七:请你公司详细说明本次协议转让与委托表决权的安排对公司经营稳定性的影响,如原控股股东与南宁颐然产生分歧,交易双方及公司将采取何种具体措施保障公司治理的有效性。

上市公司回复:

(一)本次协议转让与委托表决权的安排不会对公司经营的稳定性造成不利影响

1. 根据协议约定,在委托期限内,南宁颐然拥有相关股份的表决权具有稳定性

南宁颐然与勤硕来投资已就表决权委托事宜在表决权委托协议中进行了明确约定,本次委托为全权委托,委托期限为自股份转让协议项下过户完成日(含当日)起始,至双方对解除或终止表决权委托协商一致并书面签署终止协议,或经南宁颐然同意勤硕来投资对授权股份进行依法处分且相关股份不再登记在勤硕来名下之日孰早发生者为准。在委托期限内,南宁颐然可以充分享有相应股份的表决权,且根据表决权委托协议,勤硕来投资不可撤销地授权南宁颐然作为勤硕来投资所持上市公司8,461万股股份的唯一、排他的代理人,相关表决权委托不可撤销,能充分保证南宁颐然所拥有相关表决权的稳定性。

2. 为进一步保证上市公司控制权和经营的稳定性,原实际控制人已出具相关承诺

本次协议转让及表决权委托完成后,南宁颐然将成为公司表决权最多的股东。上市公司原实际控制人胡卫林已出具承诺:"本人不会以任何方式增持(包括本人增持或通过任何主体增持)上市公司股份;本次交易完成后,本人亦不会以增持上市公司股份(包括本人增持或通过任何主体增持)或签订一致行动人协议、作出其他安排等任何方式,成为上市公司的实际控制人或谋求对上市公司的实际控制权。"上述安排有利于提高公司的控制权和经营的稳定性,确保不会因为本次权益变动对上市公司的稳定运营带来不利影响。

3. 收购方及其控股股东具有规范运作上市公司的能力

本次权益变动中,收购方南宁颐然为中民投间接控制的子公司。南宁颐然及其控股股东的主要管理人员具有丰富的管理经验及资本市场经历,熟悉有关

法律、行政法规和中国证监会的规定,充分了解应承担的义务和责任,具备规范运作上市公司的能力。

4. 南宁颐然本次收购完成后将按照有利于上市公司可持续发展和全体股东权益的原则经营和管理上市公司,推动上市公司价值提升

南宁颐然本次收购的目的是取得上市公司控制权。本次权益变动完成后,南宁颐然将按照有利于上市公司可持续发展、有利于全体股东权益的原则,优化上市公司业务结构,改善上市公司资产质量,提升上市公司价值。因此,本次协议转让与委托表决权的安排不会对公司经营的稳定性造成不利影响。

(二)如原控股股东与南宁颐然产生分歧,交易双方及公司将采取何种具体措施保障公司治理的有效性

第一,根据协议约定,在表决权委托期限内,勤硕来投资不享有单方面终止该等委托的权利,南宁颐然对上市公司的控制地位不受交易双方意见分歧的影响。

根据表决权委托协议,勤硕来投资不可撤销地授权南宁颐然作为勤硕来投资所持上市公司8,461万股股份的唯一、排他的代理人,全权代表勤硕来投资自身,在委托期限内,按照《公司法》等有关法律法规和上市公司届时有效的公司章程行使包括但不限于如下股东权利:

(1)提交包括提名或推荐上市公司董事、监事、高级管理人员候选人在内的股东提议或议案;

(2)召集、召开和出席上市公司的股东大会会议;

(3)对所有根据相关法律、法规、规章及其他有法律约束力的规范性文件或上市公司章程需要股东大会讨论、决议的事项行使表决权。

自表决权委托协议签署之日起,上市公司因送股、公积金转增、拆分股份、配股等原因发生股份数量变动的,授权股份数量同时作相应调整。

双方确认,勤硕来投资不再就本次表决权委托涉及的具体表决事项向南宁颐然分别出具委托书;但如因监管机关需要,勤硕来投资应根据南宁颐然的要求配合出具相关文件以实现表决权委托协议项下委托南宁颐然行使表决权的目的。

本次委托表决权的委托期限,自股份转让协议项下过户完成日(含当日)起始,至双方对解除或终止表决权委托协商一致并书面签署终止协议,或经南宁颐然事先同意勤硕来投资对授权股份进行依法处分且该等股份不再登记至勤

硕来投资名下之日孰早发生者为准。

交易双方通过上述安排保证南宁颐然对上市公司的控制地位不受各方意见分歧的影响,从而保证上市公司经营的稳定性,及其他股东的各项利益不受损害,保障公司治理的有效性。

第二,如表决权委托双方中任何一方违约,应按照表决权委托协议相关约定承担违约责任;如双方产生与表决权委托协议相关的争议,应按照表决权委托协议相关约定解决争议。在争议未解决之前,除争议事项外,双方应继续履行协议约定的其余条款。

第三,本次权益变动完成后,南宁颐然作为上市公司的控股股东,将根据上市公司的实际情况,本着有利于维护上市公司及全体股东的合法权益的原则,按照相关法律法规和扬子新材公司章程规定的程序和方式行使股东权利,参与上市公司董事会、监事会和管理层的换届工作;并将结合上市公司实际情况,按照上市公司规范发展的需要,制订章程修改方案,依法履行程序修改上市公司章程,并及时进行披露。

通 达 动 力

交易方式:股份协议转让＋表决权委托
(1) 股份协议转让
转让方:姜煜峰
受让方:天津鑫达瑞明企业管理咨询中心(有限合伙)
转让标的:9,900,000 股股份(占公司总股本的 5.9964%)
转让价格:30.3 元/股
(2) 表决权委托
委托方 1:姜煜峰
委托方 2:姜客宇
受托方:天津鑫达瑞明企业管理咨询中心(有限合伙)
委托标的 1:29,737,483 股股份(占公司总股本的 18.0118%)所对应的表决权

委托标的 2:9,862,517 股股份(占公司总股本的 5.9737%)所对应的表决权

交易结果：天津鑫达在上市公司中拥有表决权的股份数量为 49,500,000 股(占公司总股本的 29.9818%)，为公司的控股股东，魏少军和魏强父子成为公司实际控制人

👍 NO.4 表决权委托对价安排

"股权协议转让＋表决权委托"的易主模式，降低了受让方的运作成本，能以最小的代价获得足以转让控制权的股份。例如 2017 年，中民新能用最低价买壳，仅用 1.49 亿元就合计持有圣阳股份 21.31% 的表决权，成为上市公司单一拥有表决权份额最大的股东。

是否对表决权委托设置了对价安排也是交易所对于此类易主方案较关注的问题。从 2017 年和 2018 年的案例来看，采用"股权协议转让＋表决权委托"方案的公司在回复时大多表示没有相关的对价安排。

交易所问题二：是否存在或拟针对本次委托设置资金或有其他形式的对价安排，并请说明对价的详细情况、定价及依据、支付约定及支付情况等。

上市公司回复：

根据姜煜峰、姜客宇及天津鑫达的确认，2017 年 2 月 10 日，姜煜峰与天津鑫达签署了《股份转让协议》《表决权委托协议》，姜客宇与天津鑫达签署了《表决权委托协议》，除上述协议之外，未签署其他协议或补充协议，不存在拟针对本次委托设置资金或有其他形式的对价安排。

四、交易所的监管逻辑和法律规范

(一)监管逻辑

首先，需要明确本次"股份协议转让＋表决权委托"实现控制权收购的原因，即从转让方的角度来进行问询。在严监管的背景下，若收购方案有利于上市公司未来的发展，双方在业务上有协同性，能带给中小股东丰厚的回报，依然会获得监管层的欢迎。

其次，由于表决权委托的特点，导致转让方依旧保持着股份的所有权，可以在一定程度上避开监管。因此对于此种交易安排，交易所也会要求上市公司对本次"股份协议转让＋表决权委托"是否符合相关法律法规的要求，以及委托表决权的行为是否实质构成股份转让、相关主体是否违反股份限售承诺等问题进行说明。

对于表决权委托是否存在相应对价安排的部分，交易所的问询度很高，从2017年和2018年大多数上市公司的回复来看均表示无相应的对价安排。而在无相应对价安排、缺少实质约束情况时，在某种程度上可能会导致风险的增加。

最后，表决权委托导致了双层股权结构，给公司未来经营和治理的稳定性带来了许多潜在的风险，例如神开股份的控制权纷争。因此，交易所对存在表决权委托的方案，在公司经营稳定上也会给予一定的关注，要求详实披露后续的安排。并会提问，当交易双方发生矛盾时，是否存在一些维稳措施。

（二）法律规范

1. 《中华人民共和国证券法》（2014年修订）

第八十五条 投资者可以采取要约收购、协议收购及其他合法方式收购上市公司。

第九十四条 采取协议收购方式的，收购人可以依照法律、行政法规的规定同被收购公司的股东以协议方式进行股份转让。

以协议方式收购上市公司时，达成协议后，收购人必须在三日内将该收购协议向国务院证券监督管理机构及证券交易所作出书面报告，并予公告。

在公告前不得履行收购协议。

2. 《中华人民共和国公司法》（2018年修订）

第一百四十一条 发起人持有的本公司股份，自公司成立之日起一年内不得转让。公司公开发行股份前已发行的股份，自公司股票在证券交易所上市交易之日起一年内不得转让。

公司董事、监事、高级管理人员应当向公司申报所持有的本公司的股份及其变动情况，在任职期间每年转让的股份不得超过其所持有本公司股份总数的百分之二十五；所持本公司股份自公司股票上市交易之日起一年内不得转让。

上述人员离职后半年内,不得转让其所持有的本公司股份。公司章程可以对公司董事、监事、高级管理人员转让其所持有的本公司股份作出其他限制性规定。

3.《上市公司股东、董监高减持股份的若干规定》(2017年发布)

第六条 具有下列情形之一的,上市公司大股东不得减持股份:

(一)上市公司或者大股东因涉嫌证券期货违法犯罪,在被中国证监会立案调查或者被司法机关立案侦查期间,以及在行政处罚决定、刑事判决作出之后未满6个月的。

(二)大股东因违反证券交易所规则,被证券交易所公开谴责未满3个月的。

(三)中国证监会规定的其他情形。

第七条 具有下列情形之一的,上市公司董监高不得减持股份:

(一)董监高因涉嫌证券期货违法犯罪,在被中国证监会立案调查或者被司法机关立案侦查期间,以及在行政处罚决定、刑事判决作出之后未满6个月的。

(二)董监高因违反证券交易所规则,被证券交易所公开谴责未满3个月的。

(三)中国证监会规定的其他情形。

4.《上市公司收购管理办法》(2014年修订)

第五条 收购人可以通过取得股份的方式成为一个上市公司的控股股东,可以通过投资关系、协议、其他安排的途径成为一个上市公司的实际控制人,也可以同时采取上述方式和途径取得上市公司控制权。

收购人包括投资者及与其一致行动的他人。

第十二条 投资者在一个上市公司中拥有的权益,包括登记在其名下的股份和虽未登记在其名下但该投资者可以实际支配表决权的股份。投资者及其一致行动人在一个上市公司中拥有的权益应当合并计算。

第八十四条 有下列情形之一的,为拥有上市公司控制权:

(一)投资者为上市公司持股50%以上的控股股东;

(二)投资者可以实际支配上市公司股份表决权超过30%;

(三)投资者通过实际支配上市公司股份表决权能够决定公司董事会半数以上成员选任;

(四)投资者依其可实际支配的上市公司股份表决权足以对公司股东大会

的决议产生重大影响；

（五）中国证监会认定的其他情形。

2-2 通过"公开征集受让方"实现控制权收购

一、简述

在 2017 年上市公司控制权收购的市场当中，我们一共统计了 69 单上市公司控制权收购的交易（包括在 2017 年结束或者开始的控制权收购交易），其中有 48 单交易收到了沪深两地交易所的问询函/关注函，在这些问询函/关注函中，存在着许多不具有普遍性的特殊性问题，其中有 4 单交易被交易所问询到通过"公开征集受让方"实现控制权收购涉及的问题，下面即就上述问题进行分析解读。在 2018 年，我们没有统计到相关的案例。

纵观采用"公开征集受让方"实现控制权收购方式的 4 单交易，即华菱星马、长春经开、哈空调、中体产业。其中，仅有长春经开最终实现控制权收购，其他 3 单交易均因交易双方未达一致或受让方未达条件而终止。长春经开、哈空调、中体产业收到了交易所的问询函，根据对这些问题的归纳总结，我们发现交易所的关注点有以下几个方面：

（1）控制权转让的原因；

（2）征集受让方相关情况；

（3）自查并披露本公司与控股股东公司董监高近期买卖本公司股票的情况。

二、交易所的常用问法

表 2-2 有关通过"公开征集受让方"实现控制权收购交易所的常用问法

序号	问询问题	上市公司名称
（一）控制权转让的原因		
1	详细说明筹划股权转让事项的决策过程	长春经开、哈空调
2	向工投集团核实并说明本次转让股份的原因	

（续表）

序号	问询问题	上市公司名称
（二）征集受让方相关情况		
1	说明是否就股权转让事项与任何各方进行对接、洽谈和磋商等。我部关注到，公开征集方案中对拟受让方设置较多条件，请你公司说明相关受让条件是否指向明确的意向受让方	长春经开、中体产业
2	补充披露本次股权转让的具体进展，包括但不限于股权转让的股权受让条件、后续安排及时间表等	
（三）自查并披露本公司与控股股东公司董监高近期买卖本公司股票的情况		
1	自查并披露公司及控股公司董事、监事、高级管理人员近6个月买卖公司股票的情况	长春经开、中体产业

三、上市公司的常用答法

根据以上分析可知，长春经开收到的交易所问询函中对三类问题均有涉及，且长春经开是2017年唯一一家真正完成了通过"公开征集受让方"实现控制权收购的上市公司，故以下对上市公司常用答法的分析以长春经开为例。

长 春 经 开

交易方式：通过公开征集受让方的方式转让其持有的公司全部股权

转让方：长春经开（集团）股份有限公司

受让方：万丰锦源控股集团有限公司

转让标的：101,736,960股股份（占公司总股本的21.88%）

转让价格：10.2元/股

交易结果：万丰锦源控股集团有限公司持有长春经开101,736,960股股份，占公司总股本的21.88%

交易所问题一：请创投公司说明是否就股权转让事项与任何各方进行对接、洽谈和磋商等。我部关注到，公开征集方案中对拟受让方设置较多条件，请创投公司说明相关受让条件是否指向明确的意向受让方。

上市公司回复：

根据《国有股东转让所持上市公司股份管理暂行办法》（国务院国资委、中国证监会令第19号，以下简称《暂行办法》）的规定，本次股份转让在创投公司内部决策后，需按照规定程序逐级书面报告省国资委，经省国资委同意后才能组织实施，因此，创投公司到目前为止并未与任何各方进行对接、洽谈和磋商。

创投公司在公开征集方案中对拟受让方设置的条件，主要是根据《长春市国民经济和社会发展第十三个五年规划纲要》及近期出台的《中共长春市委、长春市人民政府关于加快推进工业转型升级的实施意见》（以下简称《实施意见》）中着重提出的"加快发展智能装备制造业"的工作目标要求，拟通过转让长春经开控股权，助推长春市智能装备制造业的快速发展，但相关受让条件未指向明确的意向受让方。

交易所问题二：请创投公司详细说明筹划股权转让事项的决策过程。

上市公司回复：

近年来，长春经开主营业务经营业绩不佳，依靠现有资源实现业务转型虽作出艰苦努力，但无法取得预期效果。创投公司为改善长春经开的经营状况，并结合对《实施意见》的深入学习思考，于2016年11月15日布置了"抓紧研究如何促进长春经开加快主营业务转型、经营体制转换以提升其经营业绩"的专题工作任务。经过研究论证得出以下结论：综合考虑长春市产业发展基础、战略调整规划，以及资本市场现状，"通过转让所持有的长春经开股份予符合条件的受让方，为长春经开引入优质战略投资者"是当前条件下的可行方法。如实施成功既可实现长春经开的主营业务转型和可持续发展，又可助推长春市产业升级和经济增长，并形成了研究报告提交董事会。

2016年12月16日，创投公司召开第二届董事会2016年第一次会议，经与会董事审议通过，同意依法对外转让持有的长春经开101,736,960股股份（占长春经开总股本的21.88%）。

同日，创投公司向出资人长春市国资委提出《关于转让长春经开（集团）股份有限公司股份的请示》（经开创投〔2016〕8号）。

2016年12月20日，长春市国资委出具了《关于同意经开创投公司转让其持有长春经开全部股份的意见》（长国资〔2016〕160号），同意创投公司将持有的长春经开101,736,960股股份依法对外转让。并依据《暂行办法》的相关规定,由长春市国资委向吉林省国资委提出请示。

上述内部决策程序履行完毕后,2016年12月21日,创投公司向我公司发送了书面通知,并由公司公开披露创投公司本次拟协议转让股份的相关信息,向社会公众进行提示性公告。

2016年12月22日,吉林省国资委下发《关于长春经济技术开发区创业投资控股有限公司协议转让所持有长春经开(集团)股份有限公司全部股份的意见》(吉国资发产权〔2016〕136号),原则上同意创投公司发布股份协议转让信息,公开征集受让方。

2016年12月23日,创投公司向我公司发送了《关于拟协议转让所持长春经开股份事项获得吉林省国资委意见的通知》。

2016年12月27日,公司发布了《关于控股股东拟协议转让公司股份公开征集受让方公告》。

综上,创投公司筹划本次股权转让事项,严格按照《暂行办法》及创投公司《公司章程》的相关规定,履行了内部决策程序并获得吉林省国资委的同意意见。

交易所问题三:请自查并披露公司及创投公司董事、监事、高级管理人员近6个月买卖公司股票的情况。

上市公司回复:

经自查,并由中国证券登记结算有限责任公司上海分公司核查,公司及创投公司董事、监事、高级管理人员近6个月无买卖公司股票的情况。

四、交易所的监管逻辑和法律规范

(一) 监管逻辑

我们发现,2017年仅有的几家通过"公开征集受让方"实现控制权收购的上市公司,其控股股东均是国有公司,也正因此,其转让原因及决策过程受到交易所的重点关注。对于国有股东转让所持上市公司的股份及控制权,《国有股东转让所持上市公司股份管理暂行办法》在第三章"国有股东所持上市公司股份的协议转让"中作出了详尽的规定,其中包括决策过程(第14条)、申请材料(第15条)、转让信息(第18条)、受让方条件(第21条)、尽职调查(第23条)、价格(第 25 条)等等。上述各类问题也均来自于此项规定,体现了对国有资产控制权转移的谨慎性。而对于第三类问题,即"本公司与控股股东公司董监高近期买卖本公司股票的情况",则是来源于《上市公司收购管理办法》及其他相关法律法规中对董监高对公司负有的忠实勤勉义务的规定。通过对董监高近期买卖公司股票情况的关注,排除这类因素对交易可能产生的不良影响。

(二) 法律规范

1.《国有股东转让所持上市公司股份管理暂行办法》(2007 年发布)
2.《上市公司收购管理办法》(2014 年修订)

2-3 通过"表决权委托协议"实现控制权收购

一、简述

在数种控制权收购的方式中,通过"表决权委托协议"使得受委托方获得多数的表决权,从而取得上市公司的控制权也是其中一种,但相对其他方式来说并不是很普遍。在 2017 年上市公司控制权收购交易涉及的共 69 单交易中(包括在 2017 年结束或者开始的控制权收购交易),只有两家公司威华股份和凯瑞德选择了这种方式。在 2018 年的交易中,共有 5 家公司选择了这种方式。与之相类似的另一种控制权收购方式——"股份协议转让+表决权委托"获得了更多公司的青睐,上市公司对这两种既有区别又有联系的方式究竟怎样取舍?下面将会为读者简述。

二、交易所的常用问法

表 2-3 有关通过"表决权委托协议"实现控制权收购交易所的常用问法

序号	反馈问题	上市公司名称
(一) 表决权委托的具体原因、具体内容		
1	补充披露本次表决权委托的具体原因,本次表决权委托的具体内容,包括但不限于委托范围、委托期限、张培峰与第五季实业及实际控制人吴联模相关资金及其他权益安排、纠纷解决方式等	威华股份、凯瑞德

（续表）

序号	反馈问题	上市公司名称
（二）表决权委托的相关股权的后续安排及对公司的影响		
1	核查并补充披露本次表决权委托的相关股权的后续安排，包括但不限于李建华的减持计划、股票质押融资安排，表决权的委托是否受该等股票被质押、冻结等事项的影响，李建华减持相关股权后表决权的安排及对你公司实际控制权的影响。请独立财务顾问发表明确意见	威华股份、凯瑞德
（三）表决权委托是否会影响公司控制权的稳定性以及维稳措施		
1	说明本次控股权变更事项是否对你公司生产经营造成重大影响，以及盛屯集团未来保持控制权稳定性拟采取的具体措施	威华股份
（四）表决权委托行为的合法合规性		
1	说明第五季实业将其持有的公司 11.61% 股份所对应的表决权委托给张培峰的行为是否合规、是否违反相关主体曾作出的承诺。请你公司律师对此进行核查并发表专业意见	威华股份、凯瑞德

通过上述分类可以看出，交易所是从表决权委托行为权属清晰、合法合规和对公司稳定性影响这几方面切入。

三、上市公司的常用答法

 NO.1 表决权委托的具体原因、具体内容

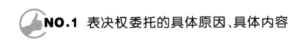

威 华 股 份

交易方式：表决权委托

委托方：李建华

受托方：深圳盛屯集团有限公司

委托标的：上市公司 10.49% 的股份所对应的表决权

交易结果：盛屯集团在持有公司 4,000 万股股份的基础上，通过表决权委托的方式取得公司 10.49% 的股份（即 51,475,200 股）所对应的表决权，合计

实际支配公司表决权所对应的股本占公司总股本比例为 18.64%，成为可支配公司最大单一表决权的股东；公司的控股股东由李建华变更为盛屯集团，实际控制人由李建华变更为姚雄杰。

交易所问题一：请补充披露本次表决权委托的具体原因，以及盛屯集团在成为你公司控股股东后 12 个月内对你公司主营业务、资产、人员、公司章程、分红政策、组织结构的重大调整具体计划。如计划不进行重大调整的，则予以明确说明；如计划进行重大调整的，则说明与相关调整匹配的人才储备和资金筹措等方面的具体安排。请独立财务顾问就盛屯集团的收购实力、收购意图、是否具备收购人的资格等情况发表明确意见。并请独立财务顾问和律师就本次表决权委托行为的合法合规性发表明确意见。

上市公司回复：

根据公司近年来的资本运作情况，结合对李建华的访谈，公司原控股股东、实际控制人李建华有意愿放弃控股权和实际控制人地位，同时盛屯集团看好威华股份的未来发展前景和产业升级转型方向，认为控股威华股份有助于其实现战略发展布局，因此通过本次表决权委托获得上市公司控股权，明确控股股东地位，更好地实现上市公司信息披露的公开透明和及时性，有助于维护中小股东的知情权，稳定市场预期。

👍 NO.2 表决权委托的相关股权的后续安排及对公司的影响

交易所问题四：请你公司核查并补充披露本次表决权委托的相关股权的后续安排，包括但不限于李建华的减持计划、股票质押融资安排，表决权的委托是否受该等股票被质押、冻结等事项的影响，李建华减持相关股权后表决权的安排及对你公司实际控制权的影响。请独立财务顾问发表明确意见。

上市公司回复：

（一）本次表决权委托的相关股权的后续安排及对公司实际控制权的影响

根据李建华提供的说明，截至说明签署日（2017 年 6 月 21 日），李建华暂无减持上市公司股份的计划；李建华持有的上市公司 51,475,200 股股份中，已质押的股份数量为 51,344,000 股，占其所持公司股份总数的 99.75%，占公司总股本的比例为 10.46%，其余股份目前无质押融资安排。

经核查李建华与质权人的约定以及李建华出具的说明,本次表决权委托不受股票被质押的影响。

同时,李建华先生及其一致行动人李晓奇女士于2014年7月2日作出承诺:任意连续6个月内通过证券交易系统出售公司股份将低于公司股份总数的5%。如违反上述承诺而给公司及其他股东造成损失的,将向公司及其他股东依法作出赔偿。该承诺目前处于严格履行中。

根据《表决权委托协议》,如李建华减持威华股份的股份,则以减持后李建华持有威华股份的股份数量给予委托盛屯集团行使表决权以及提名和提案权;未经盛屯集团同意,李建华不得减持所委托股份,盛屯集团对李建华减持委托股份享有优先受让权。

根据盛屯集团出具的说明,如果李建华存在减持本次表决权委托对应的股份情形,盛屯集团将采取包括但不限于行使股份优先受让权在内的措施,保证公司实际控制权的稳定。

综上所述,李建华目前无减持计划,同时根据李建华相关承诺和约定以及盛屯集团的说明,本次表决权委托后公司控制权将保持稳定。

(二)财务顾问发表的意见

经核查,财务顾问认为,李建华目前不存在减持上市公司股份的计划,其持有股票的质押情形不影响本次表决权委托,《表决权委托协议》中约定李建华减持表决权委托相关股权后,剩余股权的表决权依然属于盛屯集团,通过李建华的减持限制承诺以及《表决权委托协议》的约定,李建华减持相关股权对盛屯集团拥有威华股份控股权的影响较小。

NO.3 表决权委托是否会影响公司控制权的稳定性以及维稳措施

交易所问题八:请说明本次控股权变更事项是否对你公司生产经营造成重大影响,以及盛屯集团未来保持控制权稳定性拟采取的具体措施。

上市公司回复:

(一)关于本次控股权变更事项不会对公司生产经营造成重大影响的说明

本次控股权变更系盛屯集团看好威华股份未来发展方向,作为盛屯集团完善其战略发展布局的重要举措,根据盛屯集团的说明,在成为公司控股股东后12个月内,不存在对公司主营业务、资产、人员、公司章程、分红政策、组织结构的重大调整具体计划,盛屯集团将保证上市公司生产经营的稳定,不会因控股权变更而发生重大不利变化。

(二)盛屯集团未来保持控制权稳定性拟采取的具体措施

(三)上市公司控制权的稳定性及风险提示

盛屯集团未来保持控制权稳定性的具体措施如下:

(1)根据《表决权委托协议》,李建华承诺不以任何方式谋求上市公司的控股权、实际控制权。

(2)威华股份董事会已于2017年6月进行了换届,新一届董事会成员7名,除职工董事外,其余6名董事(包括3名独立董事)均由盛屯集团提名,并已由威华股份2017年第一次(临时)股东大会批准。

(3)根据《表决权委托协议》,如李建华减持威华股份的股份,则以减持后李建华持有威华股份股份数量给予委托盛屯集团行使表决权以及提名和提案权;未经盛屯集团同意,李建华不减持所委托股份,盛屯集团对李建华减持委托股份享有优先受让权。

(4)根据盛屯集团出具的说明,如果李建华存在减持本次表决权委托对应的股份情形,盛屯集团将采取包括但不限于行使股份优先受让权在内的措施,保证公司实际控制权的稳定。

(5)盛屯集团已作出说明,在未来12个月内,不排除继续增持上市公司股份的可能性,未来12个月内暂无处置已拥有威华股份股票的计划。

(6)威华股份2016年非公开发行项目尚处于中国证监会的审核过程中,盛屯集团及其实际控制人姚雄杰作出承诺,将积极配合与落实项目审核中监管部门、相关中介机构的要求,促进项目尽快实施,以增强与稳定上市公司控股权。

同时,威华股份2016年非公开发行股票事项若得以实施,将进一步巩固盛屯集团的控股地位。因此,上市公司控制权的稳定性能够得到保证。

NO.4 表决权委托行为的合法合规性

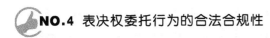

凯 瑞 德

交易方式:表决权委托

委托方:第五季实业有限公司

受托方:张培峰

委托标的:上市公司 11.61% 的股份所对应的表决权

交易结果:第五季实业与张培峰就表决权委托相关事宜尚未达成一致

交易所问题一:目前,你公司和实际控制人、董事长吴联模均处于证监会立案调查期间,请说明第五季实业将其持有的公司 11.61% 股份所对应的表决权委托给张培峰的行为是否合规、是否违反相关主体曾作出的承诺,并请你公司律师对此进行核查并发表专业意见。

上市公司回复:

2017 年 3 月 27 日,公司在指定信息披露媒体上发布了《关于公司实际控制人拟发生变更的提示性公告》(公告代码:2017-L017)。本公司第一大股东浙江第五季实业有限公司(以下简称"第五季实业")与张培峰先生就第五季实业持有的上市公司 11.61% 股票所对应的表决权委托等事宜进行磋商,该事项可能会导致公司实际控制人的变更。2017 年 4 月 11 日,公司接到第五季实业的书面函告:第五季实业与张培峰先生就表决权委托相关事宜尚未达成一致,故终止股票表决权委托。

鉴于该事项的上述进展情况,在公司及实际控制人处于证监会立案调查期间,该事项不会导致公司实际控制人发生变更,故不存在违反相关规定及相关主体作出的承诺的情形。

四、关于通过"表决权委托协议"实现控制权收购的风险

通过"表决权委托协议"实现控制权收购本身并不违法,体现的是交易双方

的意思自治。但通过比较实现控制权收购的两种方式"股份协议转让＋表决权委托"和"表决权委托",我们可以清楚地看到前者更被收购人信赖。究其原因,首先,表决权委托可能会带来多层或双层的股权结构,这与A股资本市场经历股权分置改革历史下的同股同权原则不一致。其次,"表决权委托协议"只是一份合同,是合同自然就有合同无效、合同解除、合同被撤销的情形存在,表决权委托也并不需要对外公示,因此"表决权委托协议"不是很稳定。一旦交易一方主张撤销表决权委托,受委托方就会处于很被动的地位,可能会导致受委托方直接失去对公司的控制。

2-4 通过"一致行动人协议"实现控制权收购

一、简述

在2017年上市公司控制权收购的市场当中,我们一共统计了69单上市公司控制权收购的交易(包括在2017年结束或者开始的控制权收购交易),其中有48单交易收到了沪深两地交易所的问询函/关注函,有1家上市公司(凯瑞德)因通过"一致行动人协议"实现控制权收购而受到交易所的关注,下面我们将对此单交易涉及的问题进行详细分析。

首先来看此单交易的基本情况,凯瑞德经历了两次控制权收购。通过上市公司公告可知,第一次控制权收购拟采取的是"表决权委托"的方式,但最终因相关当事人未达成一致而告终;第二次控制权收购采取了一致行动人协议的方式。

在第二次控制权收购中,上市公司股东张培峰、任飞、王腾、黄进益、郭文芳共同签订了《关于凯瑞德控股股份有限公司的一致行动人协议》。根据协议安排及各方持股情况,上述一致行动人共持有公司股份21,685,383股,占公司总股本的12.32%,超过了公司原控股股东的控股比例,公司实际控制人发生变更。

在2018年上市公司控制权收购的市场当中,我们共统计了89单交易(统计标准为在2018年开始或者结束的控制权收购交易,其中,棕榈股份、红日药业和东方网络进行了两次股权转让,我们分别将其视为两单交易)。其中有44单交易收到了沪深两地交易所的问询函/关注函,天音控股和凯瑞德两家上市公司(一致行动协议到期解除)因通过"一致行动人协议"实现控制权收购而受

二、交易所的问题及上市公司的回答

凯瑞德通过一致行动人协议的方式实现了上市公司控制权的变更,这引起了交易所的关注。交易所对此提出了以下几方面的问询:对公司控制权的影响;一致行动人之间是否存在关联关系或其他关系;是否符合《上市公司收购管理办法》第51条的规定。

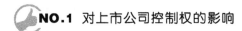
NO.1 对上市公司控制权的影响

交易所问题一: 本次一致行动人协议有效期至 2018 年 7 月 24 日,在协议有效期内,你公司董事长张培峰及其一致行动人合计持有公司 12.32% 的股份,而你公司原实际控制人吴联模通过浙江第五季实业有限公司间接持有公司 11.61% 的股份,双方持股比例接近。请披露你公司董事长张培峰及其一致行动人拟采取稳定公司控制权的具体措施,以及未来 12 个月内是否继续增持你公司股份,如是,请披露具体增持计划。并请补充披露本次协议到期后对你公司控制权的影响及具体应对措施。

上市公司回复:

《一致行动协议》约定"各方在协议期限内应完全履行协议义务,任何一方均不得对协议提出变更和解除",以保证协议有效期内公司控制权的稳定性。原实际控制人出具承诺,不谋求上市公司控制权。张培峰拟继续增持以进一步稳定和巩固公司控制权。

由于一致行动人合计持有上市公司 12.32% 的股份,而上市公司原实际控制人仍然持有 11.61% 的股份,双方的持股比例非常接近,这可能会影响到企业的经营决策,所以交易所要求披露上市公司董事长张培峰及其一致行动人拟采取稳定公司控制权的措施。从回复来看,采取的措施主要包括**一致行动人内部约定和外部条件:一致行动人内部约定不得随意解除或者变更协议;外部条件则是原实际控制人出具的承诺**。在通过一致行动人协议实现控制权收购的情形中,原实际控制人是至关重要的因素,如果无法处理好与原实际控制人之间的关系,则很可能会对上市公司的稳定性产生影响。

NO.2 是否存在关联关系

交易所问题三：根据披露内容，任飞、王腾、黄进益、郭文芳增持你公司股份的时间均为 2017 年 6 月至 7 月期间，请补充说明上述股东增持公司股份的原因，上述股东与你公司董事长张培峰之间是否存在关联关系或者除关联关系以外的其他关系，上述股东在签署本次协议前是否已知悉张培峰增持公司股份计划或拟取得公司控制权事项。

上市公司回复：

经公司董事会与任飞、王腾、黄进益、郭文芳确认，4 位股东认可公司未来的发展前景，认为公司具有投资价值，因而在二级市场主动增持公司股票。根据任飞、王腾、黄进益、郭文芳出具的书面说明，其与张培峰之间不存在关联关系或者除关联关系以外的其他关系，除签署《一致行动协议》之外，不存在其他利益安排。4 位股东在协商签署《一致行动协议》前，并不知悉张培峰增持公司股份计划或拟取得公司控制权事项。

交易所关注到了 4 位一致行动人进行股票增持的时间，因为张培峰与任飞、王腾、黄进益、郭文芳签署"一致行动人协议"的时间为 2017 年 7 月 24 日，而任飞、王腾、黄进益、郭文芳进行股票增持的行为仅在此前一至两个月内。该时间节点似乎过于巧合，招致了交易所的问询，并要求披露其是否存在关联关系。我们认为，交易所本质上是问询 4 位股东的股票增持行为是否故意而为之，即为了达成一致行动人协议而买进股票。上市公司应当注意此类问题。

NO.3 是否符合《上市公司收购管理办法》第 51 条的规定

交易所问题四：请明确说明你公司董事长张培峰与公司现任其他董事、监事、高级管理人员之间是否存在构成一致行动关系的具体情形，以及本次协议签署后，对你公司董事、监事、高级管理人员的调整计划，签署协议的相关股东任飞、王腾、黄进益、郭文芳是否会担任公司董事、监事、高级管理人员等职务。并请你公司独立董事、财务顾问、律师对本次签署"一致行动人协议"的行为是否符合《上市公司收购管理办法》第 51 条的规定发表明确意见并说明具体理由。

上市公司回复：

根据张培峰及公司现任其他董事、监事、高级管理人员出具的书面说明，张培峰与公司现任其他董事、监事、高级管理人员之间不存在关联关系,未签署过一致行动人协议,亦未达成其他默契或安排,不存在构成一致行动关系的情形。目前,张培峰及其一致行动人无改变上市公司现任董事、监事及高级管理人员的计划;本次权益变动完成后,如果上市公司选举董事、监事或聘任高级管理人员,张培峰及其一致行动人将根据《公司法》《上市公司治理准则》等有关规定,依法行使股东权利,向上市公司推荐合格的董事、监事候选人,由上市公司股东大会依据有关法律、法规及《公司章程》进行董事、监事的选举,并由董事会决定聘任高级管理人员。任飞、王腾、黄进益、郭文芳不会参与公司的日常经营管理活动,不会担任公司的董事、监事、高级管理人员等职务。

因为张培峰于 2017 年 4 月已成为上市公司的董事长,所以其与任飞等 4 人通过一致行动人协议而获得公司控制权的行为构成了《上市公司收购管理办法》第 51 条所规定的"**管理层收购**",即上市公司董事、监事、高级管理人员、员工或者其所控制或者委托的法人或者其他组织,拟对本公司进行收购或者通过本办法第五章规定的方式取得本公司控制权。第 51 条规定的程序有以下几点:(1) 公司董事会成员中的独董不少于 **1/2**;(2) 聘请具有资质的资产评估机构出具资产评估报告;(3) 由董事会非关联董事作出决议,且取得 **2/3** 以上的独董同意;(4) 经出席股东大会的非关联股东所持表决权过半数通过;(5) 先聘请独立财务顾问就本次收购出具专业意见,再由独董发表意见,两者的意见一并公告;(6) 上市公司董监高不存在《公司法》第 148 条规定的情形且最近 3 年无证券市场不良诚信记录。

三、交易所的监管逻辑

"一致行动人"是上市公司收购中非常重要的概念,从《上市公司收购管理办法》中可见一斑。其中第 5 条就指出,收购人包括投资者及其一致行动人。第 12 条又明确规定,投资者及其一致行动人在一个上市公司中拥有的权益应当合并计算。从主体上看,一致行动人与投资者密切相关,监管部门密切关注站在投资者背后的这些人,因此无论是否通过一致行动人协议达成控制权的变更,"一致行动人"都是无法绕开的问题。

在以一致行动人协议实现上市公司控制权收购的情形中,监管部门将更为关注一致行动人的各项行为。例如前述所分析的,股票增持的时间节点、是否具有关联关系等都将成为重点关注的内容,一致行动人协议如果涉及管理层收购,则还需要符合《上市公司收购管理办法》第 51 条的规定。监管部门的落脚点仍然是保护全体股东尤其是中小股东的利益。

2-5 控制权收购交易终止

一、简述

在 2017 年的 69 单交易中(包括在 2017 年结束或者开始的控制权收购交易),共有 9 单交易终止(截至 2019 年 2 月 28 日)。在 2018 年上市公司控制权收购的市场当中,我们一共统计了 89 单交易(统计标准为在 2018 年开始或者结束的控制权收购交易,其中,棕榈股份、红日药业和东方网络进行了两次股权转让,我们分别将其视为两单交易),其中已有 19 单交易终止(截至 2019 年 2 月 28 日)。通过前一章对于控制权收购交易中普遍性问题的分析,我们知道"股份协议转让"是市场采用最多的上市公司收购方式,第二种交易方式是"股份协议转让＋表决权委托",第三种是通过"间接控股"的方式完成收购,也即"上市公司控股股东发生结构性变更"。

下面将主要分析"股份协议转让"和"间接控股"两种方式下终止交易的情形,并将对每一家终止交易的上市公司逐一作出分析,探讨其终止原因,同时找出相关的影响因素。

二、控制权收购交易终止的上市公司具体交易情况

(一)股份协议转让

长 航 凤 凰

【交易基本情况】

交易方式:股份协议转让

转让方:顺航海运

受让方:广东文华

转让标的：181,015,974 股 A 股股份（占公司总股本的 17.89%）

转让价格：1,900,000,000 元

交易结果：2017 年 9 月 5 日，上市公司收到控股股东天津顺航来函及《解除协议书》

【交易详细情况】

转让方顺航海运持有上市公司 181,015,974 股股份，占上市公司总股本的 17.89%。其中，累计质押 180,560,000 股，占上市公司总股本的 17.88%，占其持有上市公司股份的 99.75%；累计司法冻结 181,015,974 股，占上市公司总股本的 17.89%，占其持有上市公司股份的 100%。具体情况如下：

1. 股份质押情况

股东名称	债权人	质押股份数（股）	质押开始日期	质押到期日期	占股东所持股份比例（%）	占总股本比例（%）	目前状态
天津顺航	北京长城民星城镇化建设投资基金（有限合伙）	100,000,000	2015-9-17	质权人解除质押登记手续之日	55.24	9.88	尚处于质押状态
天津顺航	中信银行天津分行	55,560,000	2016-3-29	质权人解除质押登记手续之日	30.69	5.49	尚处于质押状态
天津顺航	中银国际证券	25,000,000	2016-7-19	2017-7-19	13.81	2.47	尚处于质押状态
合计		180,560,000			99.74	17.84	

2. 股份冻结情况

股东名称	冻结申请人	冻结开始日期	冻结股数（股）	占股东所持股份比例（%）	占总股本比例（%）	目前状态
天津顺航	易涛	2016-11-7	181,015,974	100.00	17.89	尚处于冻结状态
天津顺航	弘坤资产管理（上海）有限公司	2016-11-29	181,015,974	100.00	17.89	已签署三方债权债务清偿协议及补充协议，待付款并办理解除冻结手续

（续表）

股东名称	冻结申请人	冻结开始日期	冻结股数（股）	占股东所持股份比例（%）	占总股本比例（%）	目前状态
天津顺航	上海优术投资管理中心（有限合伙）	2016-12-1	181,015,974	100.00	17.89	已签署三方债权债务清偿协议及补充协议，待付款并办理解除冻结手续
天津顺航	中国长江航运（集团）总公司	2017-01-26	36,925,853	20.40	3.64	尚处于冻结状态

根据《股份转让协议》的约定，广东文华有权决定以股份转让价款中的一部分，由广东文华直接支付给天津顺航相关债权人，抵扣股份转让价款的相应金额，以促使相关债权人同意解除标的股份的部分或全部质押或申请解除冻结从而实现办理标的股份部分或全部过户的目的。

除了拟转让的上市公司股份存在股权质押和股份冻结这一情形，受让方及其关联方不存在对长航凤凰未清偿的负债情形，不存在未解除的长航凤凰为其负债提供的担保情形，不存在损害长航凤凰利益的其他情形。此外，受让方在本次权益变动的事实发生之日起前6个月内不存在买卖上市公司股票的情况。

在2017年9月5日长航凤凰董事会披露的《关于控股股东终止股权转让事项的公告》显示，2017年2月16日，由于广东文华的尽职调查工作尚未完成，双方经友好协商，签署了《合作意向书补充协议》；2017年3月10日，由于广东文华尽职调查工作尚未完成且双方就股份的解押解冻事宜与债权人尚在商谈中，双方签署了《合作意向书补充协议之二》。其后，2017年4月18日至2017年5月11日之间，广东文华向上市公司发出了三次延期回复的申请函。2017年9月4日，双方签署《解除协议书》，同意2017年4月10日签订的《股份转让协议》解除。天津顺航同意最迟不超过2017年10月13日无条件向广东文华退还依据《股份转让协议》已经收取广东文华的股份转让定金1亿元中的部分定金6000万元。广东文华在收到上述退款之日起2日内向上市公司提交陈文杰的董事辞职信（下称"辞职信"）。在广东文华按期足额收到退款后，定金剩余部分金额4000万元归天津顺航所有,无须返还广东文华,双方互不追究其他任何责任。

荣华实业

【交易基本情况】

交易方式:股份协议转让

转让方:荣华工贸

受让方:人和投资

转让标的:108,976,734股股份(占上市公司总股本的16.37%),全部为流通股

转让价格:1,900,000,000元

交易结果:每股12.84元的价格转让(股份转让总对价14亿元)

【交易详细情况】

本次交易的总体方案为荣华工贸将所持标的股份一次性以每股12.84元的价格转让给人和投资(股份转让总对价14亿元),其中7.6亿元由人和投资支付给三家债权人用于偿还荣华工贸债务以解除标的股份的质押,剩余6.4亿元股份转让款由人和投资直接支付给荣华工贸。除非双方另行约定,否则上述已确定的转让价格不再因《股份转让协议书》签署后标的股份市场价格变化而进行调整。

人和投资在2017年11月24日披露的《甘肃荣华实业(集团)股份有限公司详式权益变动报告书》中对于本次控制权变更交易的步骤安排是:若2017年12月15日前该交易已经通过交易所股份转让合规性审查并出具无异议函,2017年12月15日前,人和投资通过第三方律师事务所监管账户将7.6亿元股份转让价款直接支付给荣华工贸的债权人中国建设银行、兰州银行和甘肃银行,荣华工贸上述债权人于收到7.6亿元后2个工作日内完成上市公司108,976,734股股份质押解除手续,乙方保证上述108,976,734股上市公司股份解除股份质押后2个工作日内将上述108,976,734股上市公司股份过户至人和投资证券账户,108,976,734股上市公司股份过户至人和投资证券账户后

2个工作日内,人和投资将上述第三方律师事务所监管账户内6.4亿元股份转让价款直接支付给荣华工贸。

但是在2018年3月5日,荣华实业董事会发布了《关于控股股东终止〈股权转让协议〉的公告》,其中披露了终止协议签署的具体情况:2018年3月4日,荣华工贸与人和投资签署《股份转让终止协议》,鉴于公司全资子公司肃北县浙商矿业投资有限责任公司部分资产未取得相关部门的资产权属证明,经双方共同努力仍无法预计取得上述资产权属证明的准确时间,已经无法履行原协议相关约定,经协议双方协商一致,决定终止对原协议的履行。主要内容包括:

(1)《股份转让协议》自2018年3月4日终止,自终止之日起,原协议约定的双方权利义务同时终止。

(2)终止《股份转让协议》是双方友好协商确定,互相不构成对对方的违约,双方在任何情况下均不就原协议约定提出任何形式的追偿或其他要求。

华菱星马

【交易基本情况】

交易方式:股份协议转让

转让方:安徽星马汽车集团有限公司(以下简称"星马集团")及其全资子公司马鞍山华神建材工业有限公司(以下简称"华神建材")

受让方:中国恒天集团有限公司(公开征集受让方)

转让标的:星马集团本次拟协议转让本公司24,136,112股股份,华神建材本次拟协议转让本公司60,544,793股股份;星马集团及华神建材本次拟协议转让本公司合计84,680,905股股份,占公司总股本的15.24%

转让价格:615,630,179.35元

交易结果:2017年10月26日,经友好协商,星马集团及华神建材与恒天集团签署了《股份转让协议终止协议》

【交易详细情况】

在双方原本签订的《股权转让协议》中,双方约定了相关股份转让价款的支

付程序以及对应的违约责任：恒天集团应在本协议签署日起的3个工作日内向星马集团下述指定账户支付其股份转让价款的30%，即52,640,860.27元（实际支付时需扣除乙方2017年6月5日向星马集团支付的认购意向金50,000,000元），向华神建材下述指定账户支付其股份转让价款的30%，即132,048,193.54元。如因本次股份转让未获得中国法律法规规定的全部批准或核准而使本协议最终未生效，则自导致本协议未生效的条件发生之日起的5个工作日内，星马集团和华神建材应将前述款项（含同期银行活期存款利息）全额返还至恒天集团指定的银行账户。

恒天集团应在就本次股份转让取得国务院国资委批复后的3个工作日内向星马集团下述指定账户支付其股份转让价款的70%，即122,828,673.97元，向华神建材下述指定账户支付其股份转让价款的70%，即308,112,451.57元。

如自本次股份转让价款全部支付完毕之日起的20个工作日（以下简称"办理期限"）内未完成标的股份过户登记手续，除非经恒天集团事先书面通知延长办理期限，则甲方应自办理期限届满之日起的5个工作日内，将乙方已支付的全部款项（含同期银行活期存款利息）全额返还至乙方指定的银行账户。

2017年10月27日，华菱星马发布了《关于公司控股股东终止协议转让公司股份的公告》，其中披露了本次股份转让终止的原因及期间主要工作：《股份转让协议》签订后，相关各方按照国有股份转让的有关法律法规的规定履行相应报批程序。2017年8月3日，公司刊登了《公司终止重大资产重组公告》。公司重大资产重组终止后，相关各方就《股份转让协议》中承诺事项（即股份受让方适时注入优质资产，并承诺在2020年前使华菱星马及相关产业在马鞍山本地产值达200亿元）的具体保障措施方面进行了商议，但未能达成一致意见。因此，协议相关各方商议股份转让终止有关事项，并最终达成一致意见。2017年10月25日，公司控股股东星马集团召开了股东会，同意签署《股份转让协议终止协议》，并告知公司。公司及时向上海证券交易所申请公司股票于2017年10月26日起停牌。2017年10月26日，星马集团及华神建材与恒天集团签署了《股份转让协议终止协议》。

此外，《股份转让协议终止协议》的主要内容中也约定了双方同意互相不负担《股份转让协议》中的违约责任及其他赔偿责任。因转让方尚未履行《股份转让协议》约定的股份交割义务，受让方已按照《股份转让协议》约定的付款义务向星马集团支付部分股份转让价款 52,640,860.27 元,向华神建材支付部分股份转让价款 132,048,193.54 元。

星马集团和华神建材应在本协议生效后 5 个工作日内向恒天集团返还上述转让价款以及上述转让价款从支付日至本协议生效日前一日的同期银行活期存款利息。

哈 空 调

【交易基本情况】

交易方式:股份协议转让

转让方:哈尔滨工业投资集团有限公司

受让方:杭州锦江集团

转让标的:95,835,168 股股份(占公司总股本的 25%)

转让价格:暂无

交易结果:2017 年 11 月 26 日,工投集团终止此次股权转让事项

【交易详细情况】

2017 年 1 月 10 日,上市公司接到工投集团通知,经工投集团董事会决议并经哈尔滨市人民政府国有资产监督管理委员会同意,工投集团拟转让哈空调部分国有股权事项已上报黑龙江省人民政府国有资产监督管理委员会审核批准。工投集团拟以公开征集受让方的方式转让所持哈空调的部分股份,总计 95,835,168 股,占哈空调总股本的 25%,一次性协议转让给单一受让方。本次股权转让实施后,工投集团将持有哈空调 9.03% 的股份,将导致哈空调的控股股东及实际控制人发生变更。

2017 年 7 月 28 日,上市公司收到工投集团《关于国有股权转让有关进展情况的说明》,根据招标文件的规定和尽职调查的结果以及有关中标候选人的声明,结合评标委员会审查确认的意见,最终确定中标方为杭州锦江集团。工投集团就股份转让事宜与杭州锦江集团进行磋商。

其后,上市公司于 2017 年 11 月 26 日收到控股股东工投集团通知,终止此次哈空调股权转让事项。在后续的协商中,由于锦江集团未能按照《哈尔滨空

调股份有限公司国有股权转让项目招标文件》约定的股权转让相关条款和投标承诺的相关事项与工投集团达成一致,工投集团终止此次哈空调股权转让事项。其中未披露有关违约责任的承担。

中体产业

【交易基本情况】

交易方式:股份协议转让

转让方:国家体育总局体育基金管理中心

受让方:公开征集

交易标的:18,623.9981万股股份(占公司总股本的22.0733%)

交易价格:最低价格为17.53元/股

交易结果:2017年2月到4月和2017年6月到8月,中体产业两次公开征集公司股权受让方,但都未能产生符合条件的意向受让方

【交易详细情况】

第一次公开征集受让方:

2016年11月14日,公司发布《重大事项停牌公告》,公司第一大股东国家体育总局体育基金管理中心(以下简称"基金中心")拟协议转让所持公司的全部股份,按照《国有股东转让所持上市公司股份管理暂行办法》(国务院国资委、中国证监会第19号)规定,基金中心履行了国家体育总局及财政部审批程序。2016年12月21日,公司发布《关于控股股东拟协议转让公司股份公开征集受让方的公告》,公开征集本次股份转让意向受让方,公开征集期为10个交易日。截至2017年1月4日16时公开征集结束,基金中心共收到北京翔明体育文化有限公司、新理益集团有限公司、天津乐体安鸿体育文化发展有限公司、深圳市鹏星船务有限公司4家意向受让方的受让申请及保证金。2017年1月5日,公司发布《关于控股股东协议转让公司股份进展暨停牌公告》,基金中心聘请的财务顾问启动对意向受让方的尽职调查工作。

2017年4月14日,公司接到基金中心发来的《基金中心关于股份转让工作进展情况的函》,基金中心根据公开征集条件,组织开展了对意向受让方的资

格评审、遴选、报批等工作。鉴于在本次公开征集过程中,意向受让方未能达到基金中心的公开征集条件,本次公开征集未能产生符合条件的意向受让方。

第二次公开征集受让方:

2017年6月21日,公司接到《基金中心关于发布公开征集受让方公告的函》,称基金中心收到国家体育总局批复文件,经财政部批准,原则上同意基金中心通过公开征集方式,协议转让所持公司的全部股份,即18,623.9981万股,占总股本的22.0733%。本次股份转让信息首次公告日前30个交易日(即2016年9月26日至2016年11月11日)的每日加权平均价格算术平均值为17.53元/股,即为本次股份转让的最低价格,最终价格在对受让方的申报资料进行综合评选后确定。同时,在第二次征集时,上市公司在《关于控股股东拟协议转让公司股份公开征集受让方的公告》中明确阐述了拟受让方应当具备的资格条件:根据19号令等法律法规的规定,考虑本次股份转让的实际情况,本次拟受让中体产业股份的拟受让方应当具备以下资格条件:

(1) 受让方为法人,受让方或其实际控制人设立3年以上,最近两年(即2015年、2016年)连续盈利且无重大违法违规行为。

(2) 具有明晰的经营发展战略。

(3) 具有促进中体产业持续发展和改善上市公司法人治理结构的能力。

(4) 拥有符合中国证监会规定的优质资产,并承诺在一定期限内注入中体产业,亦即:

① 拟受让方或其实际控制人需实际控制其拟注入中体产业的资产或股权。

② 拟受让方拟注入中体产业的资产或股权的业务需符合国家产业政策。

③ 拟受让方拟注入中体产业的资产或股权在注入中体产业过程中需满足中国证监会对独立性的要求。

④ 拟受让方拟注入中体产业的资产对应经营实体的盈利能力强,扣除非经常性损益后的加权平均净资产收益率及扣除非经常性损益后的基本每股收益应优于中体产业2016年的对应指标,能够增强中体产业的盈利能力。(注:非经常性损益应满足《公开发行证券的公司信息披露解释性公告第1号——非经常性损益(2008)》的规定,扣除非经常性损益后的加权平均净资产收益率及扣除非经常性损益后的基本每股收益的计算应满足《公开发行证券的公司信息披露编报规则第9号——净资产收益率和每股收益的计算及披露》)。

⑤ 拟受让方需承诺不晚于本次股份转让完成后1年内启动优质资产的注入程序,并可提供相关资产注入计划。

(5) 拟受让方不存在《上市公司收购管理办法》不得收购上市公司的情形。

2017年7月5日晚间,公司接到基金中心发来《基金中心关于公开征集受让方进展情况的函》,相关内容如下:截至2017年7月5日16时公开征集结束,共有1家意向受让方提交了有效受让意向书及相关材料,并按照要求支付了保证金。该意向受让方名称为奥园集团有限公司,基金中心将启动对意向受让方的尽职调查,并在尽职调查完成后,对该意向受让方的受让资质进行审核,符合条件后上报国家体育总局和财政部审批。

2017年8月9日,公司接到基金中心发来的《基金中心关于股份转让工作进展情况的函》,目前基金中心已根据公开征集条件,完成了对意向受让方的评审工作。鉴于在本次公开征集过程中,意向受让方未能达到基金中心的公开征集条件,本次公开征集未能产生符合条件的意向受让方。

(二) 上市公司控股股东发生结构性变更

美 尔 雅

【交易基本情况】

交易方式:上市公司控股股东发生结构性变更

转让方:公司控股股东美尔雅集团的控股股东中纺丝路天津公司

受让方:宋艾迪

交易标的:中纺丝路天津公司持有的美尔雅集团100%的股权

交易价格:需支付代偿债务455,333,184.93元和股权对价1,044,666,815.07元

交易结果:2017年7月27日,中纺丝路天津公司与宋艾迪签署了《股权转让协议书》,中纺丝路天津公司将其持有的公司控股股东美尔雅集团100%的股权转让给宋艾迪

【交易详细情况】

2017年7月27日,中纺丝路天津公司与宋艾迪先生签署了《股权转让协

议书》。本次股权转让最终实施完成后，中纺丝路天津公司不再持有美尔雅集团的股权，美尔雅集团持有美尔雅股份公司20.39%的股权不变，宋艾迪持有美尔雅集团100%的股权，继而成为美尔雅股份公司实际控制人。上市公司与控股股东、实际控制人之间的股权及控制关系如下：

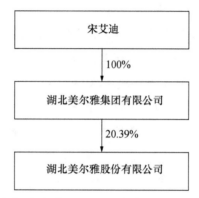

上述股权转让最终实施完成后，宋艾迪先生变更为公司实际控制人，公司控股股东不变，仍为美尔雅集团。

2017年7月31日宋艾迪公布的《湖北美尔雅股份有限公司详式权益变动报告书》中详细披露了宋艾迪与中纺丝路天津公司之间签订的《股权转让协议》《债务代偿协议》的主要内容。其中，双方约定了股权转让的前提条件：

（1）转让方依本协议的约定转让其所持有的标的股权，已依法和公司章程的规定履行了相关批准或授权程序，转让方股东/股东会就同意本次股权转让出具相关决定/决议；

（2）受让方依本协议的约定受让标的股权，是其本人真实意思表示；

（3）美尔雅集团已依法律和公司章程的规定履行了相关批准或授权程序，美尔雅集团股东作出同意本次股权转让相关决定；

（4）经双方协商一致并确认，受让方按本协议的约定无偿代美尔雅集团向转让方一次性偿还全部需代偿债务是受让方获得本协议项下标的股权的前提条件，受让方应在向转让方支付股权对价日（含）前一次性偿还全部需代偿债务；

（5）受让方应按本协议的约定向转让方支付完股权对价；

（6）转让方根据监管机关相关规定有权转让标的股权之日；

（7）受让方在过渡期内持续遵守本协议的各项义务、保证和承诺；

（8）未发生第七章约定的不可抗力、法律变动或者监管机关原因导致本协议无法继续履行。

其中第4条约定的需代偿的债务指美尔雅集团对甲方所负全部债务本金及利息，其中本金为390,950,000元（含第一笔债务本金150,000,000元和第二笔债务本金240,950,000元）。双方确认，截至2017年7月31日，全部需代偿债务本金及利息为455,333,184.93元，偿还方式为到期还本、利随本清。

在《股权转让协议》中，双方也约定了违约责任："无论本协议其他条款有无相反约定，受让方若违反第5.1条约定，截至2017年9月1日仍未完全支付完毕全部需代偿债务及股权对价的，除应依据约定支付逾期违约金外，转让方有权解除合同，并自向受让方发出解除通知之日起3个工作日内，要求受让方另行支付违约金100,000,000元，并承担转让方及标的公司因此遭受的损失。"

但是在2017年11月15日，湖北美尔雅股份有限公司接到中纺丝路天津公司函告通知，决定终止与宋艾迪签署的《股权转让协议》，终止此次向宋艾迪转让美尔雅集团100%股权的事项。中纺丝路天津公司函告表示，自与宋艾迪签订《股权转让协议》以来，中纺丝路天津公司即按照《股权转让协议》的约定，积极推动与宋艾迪的履约进程，敦促宋艾迪先生履行协议约定的相关义务，宋艾迪亦通过积极周转自有财产和自有资金等方式推进交易的实现。

截至2017年11月14日，宋艾迪已支付股权转让款1.1亿元，因未向中纺丝路天津公司足额支付受让美尔雅集团100%股权的全部对价款项，已违反《股权转让协议》相关约定。在此期间，考虑到上市公司实际控制人的稳定性，为保证交易成功，中纺丝路天津公司力争保留宋艾迪的受让权，多次催促宋艾迪支付股权转让相关对价款项，并与其协商履行协议的相关细节，但由于宋艾迪先生无法履行《股权转让协议》中约定的确保美尔雅集团公司每年完成不低于2亿元的纳税承诺，导致在协议约定的时间内，约定的交易条件未能满足。双方协商，一致同意终止此次股权转让事项。

根据《股权转让协议》相关约定，中纺丝路天津公司于2017年11月14日履行内部决策程序，决定终止与宋艾迪签署的上述《股权转让协议》，终止此次向宋艾迪先生转让美尔雅集团100%股权的事项。并依据《股权转让协议》，不予返还宋艾迪已支付的股权转让款1.1亿元,保留追究其相关违约责任的权利。

宏 达 股 份

【交易基本情况】

交易方式:上市公司控股股东发生结构性变更

转让方:四川宏达实业有限公司的股东

受让方:四川泰合置业集团有限公司

交易标的:四川宏达实业100%的股权

交易价格:

转让方	受让方	出资额（万元）	占总出资额的比例（%）	转让价款（万元）
秦玲	秦合集团	900	3.60	2,300
刘芳	秦合集团	900	3.60	2,300
马宏	秦合集团	900	3.60	2,300
刘凤山	秦合集团	900	3.60	2,300
刘凤川	秦合集团	900	3.60	2,300

（除上述所列股东,另有四川宏达（集团）有限公司、刘沧龙持有的宏达实业合计82%的股权被司法冻结,无法过户）

交易结果:宏达实业原股东秦玲、马宏、刘芳、刘凤山、刘凤川5名股东持有的宏达实业18%的股权已变更为泰合集团持有,上述18%的股权变更已于2017年9月8日办理了工商变更登记手续,然而由于四川宏达（集团）有限公司、刘沧龙持有的宏达实业合计82%的股权被司法冻结,无法过户,且《股权转让协议》双方就该事宜已经诉诸诉讼程序,仍无法解决,2018年1月29日双方协商一致终止了《股权转让协议》

【交易详细情况】

截至 2017 年 9 月 18 日,宏达实业部分股东权益已发生变更,具体为:宏达实业原股东秦玲、马宏、刘芳、刘凤山、刘凤川 5 名股东持有的宏达实业 18% 的股权已变更为泰合集团持有,上述 18% 的股权变更已于 2017 年 9 月 8 日办理了工商变更登记手续。

由于四川宏达(集团)有限公司、刘沧龙持有的宏达实业合计 82% 的股权被司法冻结(内容详见同日披露的《关于控股股东部分股权被司法冻结的公告》),无法过户,且相关事项尚需获得有关部门的行政许可,故四川宏达(集团)有限公司和刘沧龙持有的宏达实业合计 82% 的股权转让事项目前无法继续推进。

本次宏达实业部分股东权益变更前后股权结构如下:

变更后			变更后		
股东名称	出资额(万元)	出资比例(%)	股东名称	出资额(万元)	出资比例(%)
刘沧龙	10,500	42.00	刘沧龙	10,500	42.00
四川宏达(集团)有限公司	10,000	40.00	四川宏达(集团)有限公司	10,000	40.00
秦玲	900	3.60	四川泰合置业集团有限公司	4,500	18.00
马宏	900	3.60			
刘芳	900	3.60			
刘凤山	900	3.60			
刘凤川	900	3.60			
合计	25,000	100.00	合计	25,000	100.00

本次宏达实业部分股东权益变更后,公司控股股东仍为宏达实业,公司实际控制人仍为刘沧龙,公司的控股股东和实际控制人尚未发生变更。

其后,2017 年 9 月 19 日,上市公司披露了《四川宏达股份有限公司关于控股股东(四川宏达实业)部分股权被司法冻结的公告》:根据 33 号资金信托计划相关交易文件的约定,宏达实业、宏达集团若发生"控股股东/实际控制人变更或重大资产转让等情形"应立即书面通知安信信托,并按照安信信托要求落实相关责任义务的承担、转移或继承等。宏达实业、宏达集团未就上述"宏达集团与宏达实业的控股股东、实际控制人发生变更"及时通知安信信托,致使发生了《资金信托计划回购协议》等文件项下约定的违约事实及提前回购事项。安信信托为保障33号资金信托计划受益人的利益,向上海市高级人民法院提起诉讼并申请采取财产保全措施。诉讼标的金额为1,000,833,333.33元。

宏达实业于2017年9月14日收到上海市高级人民法院协助执行通知书(2017)沪民初35号,冻结四川宏达(集团)有限公司持有宏达实业的40%股权,冻结刘沧龙持有宏达实业的42%股权,冻结宏达实业持有四川宏达(集团)有限公司的36.6%股权,冻结刘沧龙持有四川宏达(集团)有限公司的30.38%股权,冻结期限3年,自2017年9月14日起至2020年9月13日止。

其后,在受让方四川泰合置业集团有限公司2017年9月18日披露的《四川宏达股份有限公司详式权益变动报告书》中,泰合置业披露了现阶段的控股情况:通过本次股权协议转让,泰合集团将分别取得宏达实业60%和宏达集团63.4%的股权。截至本报告书出具日,泰合集团已完成与秦玲、马宏、刘芳、刘凤山以及刘凤川等人的股权转让,相关股权已过户至泰和集团名下。由于目前刘沧龙分别持有的宏达实业和宏达集团的股权,以及宏达实业与宏达集团交叉持股的股权尚处于司法冻结状态,因而暂未完成相关股权的过户。截至本报告书出具日,泰合集团持有宏达实业、宏达集团的股权比例分别为18%、33.02%。

本次权益变动事项系由泰合集团通过协议转让的方式受让刘沧龙、秦玲、马宏、刘芳、刘凤山以及刘凤川所持有的宏达实业60%股权和宏达集团43.4%股权,并自深圳市广深投资有限公司受让四川广鹏商贸有限公司全部股权。完成相关股权转让后,泰合集团将实现对宏达实业100%全资控股,进而控股宏达股份。

本次重大事项实施后,宏达股份控股股东未发生变化,仍为宏达实业。宏达股份实际控制人变更为王仁果、张碧华夫妇。本次转让完成后的股权结构如下图:

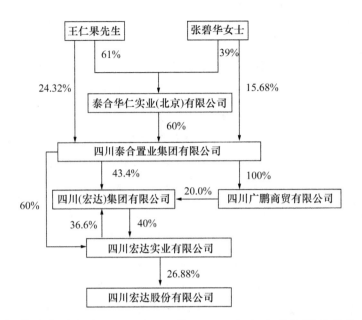

在股权转让的过程中,2017年10月10日,上市公司披露了其作为第二被告被诉,一审判决扣除已经支付的增资款87,589,800元后,四川宏达(集团)有限公司于判决生效之日起15日内向云南金鼎锌业有限公司赔偿2003年至2008年违法获得的利润165,513,552.6元及计算至前述资金支付完毕之日的银行同期流动资金贷款利息;同时判决四川宏达集团有限公司和四川宏达实业股份有限公司于判决生效之日起15日内共同向云南冶金集团股份有限公司等4名原告支付后者因本案诉讼而支付的律师费4,934,150.57元。

上市公司上诉,最高人民法院2017年11月28日受理了该上诉案件,定于2018年1月5日开庭。

除了诉至最高院的二审案,关于股权协议转让有一起直接的诉讼案件。

2017年10月25日,泰合集团已就宏达集团、宏达实业股权转让纠纷向四川省高院对刘沧龙先生提起诉讼,四川省高级人民法院已受理。泰合集团提供的民事起诉状中,泰合集团的诉讼请求如下:

(1) 判令被告刘沧龙履行股权转让协议的各项义务,将其持有的四川宏达(集团)有限公司30.38%的股权、四川宏达实业有限公司42%的股权交付给原告,并配合完成股权过户变更登记至原告名下的全部登记手续。

(2) 判令被告向原告支付违约金3.7亿元。

(3) 判令第三人(宏达集团和宏达实业)对前述第(1)项诉讼请求即股权过户登记予以协助。

(4) 案件受理费、保全费由被告承担。

四川省高级人民法院对刘沧龙持有的宏达集团30.38%的股权和宏达实业42%的股权实施了诉讼保全措施。

最终,2018年1月31日四川宏达股份有限公司董事会披露了《关于控股股东解除〈股权转让协议〉的公告》,其中就解除股权转让协议的相关情况作出了具体阐述:2018年1月29日,刘沧龙、刘军、广鹏商贸、广深投资、宏达集团、宏达实业和泰合集团签署了《解除股权转让协议书》。因情况变化,本协议各方一致同意解除此前签订的关于泰合集团收购宏达集团和宏达实业的相关协议,各方确认:至本协议签署之日,相关协议尚未履行的部分不再履行,已履行的部分按照《解除股权转让协议书》的约定条款处理。主要内容包括:

(1) 在刘沧龙、刘军先生、广深投资按照协议约定向泰合集团履行7.75亿元(包括刘沧龙返还的定金2500万、刘军返还的款项7亿元和广深投资购买广鹏商贸100%股权价款5000万元)资金的全部支付义务之日,刘沧龙与泰合集团签订的《股权转让条件协议书》《股权转让协议》以及刘军与泰合集团签订的《协议书》即行解除。刘沧龙、泰合集团、广深投资、宏达集团和宏达实业等签订的两份关于泰合集团以现金方式向宏达集团和宏达实业增资的《增资协议》同时解除。

(2) 在相关协议解除后的2个工作日内,泰合集团就(2017)川民初110号案向四川省高级人民法院法院申请撤回对刘沧龙先生的起诉及解除保全措施。

(3) 泰合集团将其持有的广鹏商贸100%股权全部转让给原股东广深投资,转让价款与泰合集团此前收购该项股权的价款一致,为5000万元。

(4) 在相关协议解除之日起60日内,泰合集团将其已持有的宏达实业18%股权全部转让给宏达集团或其指定的第三方,转让款与此前收购上述股权的价款一致。

(5) 在相关协议解除之日起60日内,泰合集团将其已持有的宏达集团13.02%股权全部转让给宏达实业或其指定的第三方,转让款与此前收购上述股权的价款一致。

（三）股份协议转让＋表决权委托

天海防务

【交易基本情况】

交易方式：股份协议转让＋表决权委托

转让方：刘楠

受让方：深圳市弘茂盛荣投资企业、四川省弘茂股权投资基金管理有限公司

交易结果：弘茂盛荣及弘茂股权投资在公司拥有表决权的股份数量合计为191,525,300股，占公司总股本的19.95%，将成为公司控股股东，公司的实际控制人将由刘楠先生变更为王存先生

【交易详细情况】

2018年7月22日，公司控股股东刘楠先生与深圳市弘茂盛荣投资企业（有限合伙）（以下简称"弘茂盛荣"）及四川省弘茂股权投资基金管理有限公司（以下简称"弘茂股权投资"）签署了《股份转让协议》《表决权委托协议》。

(1) 根据《股份转让协议》，转让方刘楠先生将所持上海佳船企业发展有限公司（以下简称"佳船企业"）57.28%股份（佳船企业持有天海防务股份比例为8.95%）分别转让给弘茂盛荣及弘茂股权投资，其中弘茂股权投资受让佳船企业5%的股权，弘茂盛荣受让佳船企业52.28%的股权。

(2) 根据《股份转让协议》，转让方刘楠先生将所持天海防务4,500万股股份（占天海防务股本总额的4.69%）及其他投资者持有的301万股股份，总计占天海防务总股份数5%的股份转让给弘茂盛荣。转让价格均为3.5元/股，转让总价为168,035,000元。

(3) 根据《表决权委托协议》，转让方拟将合计所持天海防务股份57,600,000股（占天海防务股本总额的6%）所对应的表决权相应股东权利委托给受让方行使。

(4)《表决权委托协议》自双方签字盖章后成立，并在刘楠先生根据《股份转让协议》将其所持佳船企业57.28%股权及上市公司4,500万股股份均过户

至受让方名下,且受让方已将该等股权及股票对应的转让价款足额支付至刘楠先生指定账户后立即生效。

本次股份协议转让及委托表决权完成前,受让方弘茂盛荣、弘茂股权投资均未持有天海防务股份。

本次股份协议转让及委托表决权完成后,刘楠先生、佳船企业及弘茂盛荣持有天海防务股份、拥有天海防务表决权的情况如下表所示:

股东名称	本次股份协议转让及委托表决权前			
	持股数（股）	持股比例（%）	拥有表决权股数（股）	拥有表决权比例（%）
刘楠	180,796,514	18.83	180,796,514	18.83
佳船企业	85,915,275	8.95	85,915,275	8.95
上述合计	266,711,789	27.78	266,711,789	27.78
受让方	0	—	0	—

股东名称	本次股份协议转让及委托表决权后			
	持股数（股）	持股比例（%）	拥有表决权股数（股）	拥有表决权比例（%）
受让方	48,010,000	5.00	105,610,000	11.00
佳船企业	85,915,275	8.95	85,915,275	8.95
上述合计	133,925,275	13.95	191,525,275	19.95
刘楠	135,796,514	14.15	78,196,514	8.15

经核查,上市公司第四大股东深圳市弘茂盛欣投资企业（有限合伙）（以下简称"弘茂盛欣"）为弘茂股权投资、弘茂盛荣的一致行动人,弘茂盛欣持有上市公司 4,750 万股股份,占总股本的 4.95%。协议双方若继续执行此前的《股份转让协议》《表决权委托协议》,新实际控制人的持股比例将达到 32.73%,存在触发要约收购的风险,并导致协议双方无法按照原计划收购上市公司控制权,原《股份转让协议》的合同目的无法实现。鉴于此,双方经友好协商,于 2018 年 8 月 1 日签署了《关于〈股份转让协议〉之终止协议》(以下简称《终止协议》)。自《终止协议》签订之日起,刘楠先生与弘茂股权投资、弘茂盛荣于 2018 年 7 月 22 日签署的《股份转让协议》《表决权委托协议》即行终止,原《股份转让协议》《表决权委托协议》约定的各方权利义务同时终止,协议各方均无须向对方承担违约责任。

刘楠先生与弘茂股权投资、弘茂盛荣签署《终止协议》,不会导致公司控制权发生变更,不会对公司的持续经营产生不利影响,不存在损害上市公司及其他股东利益的情形。

三、终止交易的原因和交易所的关注要点

(一) 股份协议转让

1. 长航凤凰

(1) 交易终止的原因

在该起收购案例中,转让方顺航海运持有的上市公司 181,015,974 股股份全部都已经质押和被司法冻结。从交易伊始这就是充满风险的一次收购。根据双方《股份转让协议》的约定,广东文华有权决定以股份转让价款中的一部分,由广东文华直接支付给天津顺航相关债权人,抵扣股份转让价款的相应金额,以促使相关债权人同意解除标的股份的部分或全部质押或申请解除冻结从而实现办理标的股份部分或全部过户。但是显然在后续的收购过程中,收购人广东文华并没有实现协议中约定的要件,且广东文华的尽职调查工作尚未完成,先后延期了 3 次才回复顺航海运。直至 2017 年 9 月 4 日,双方就股份的解压解冻事宜与债权人仍在商谈中,最终签署了《解除协议书》,双方同意 2017 年 4 月 10 日签订的《股份转让协议》解除。

违约责任:天津顺航同意最迟不超过 2017 年 10 月 13 日无条件向广东文华退还依据《股份转让协议》已经收取广东文华的股份转让定金 1 亿元中的部分定金 6000 万元,4000 万元作为违约金支付给顺航海运。

可见,虽然在交易伊始,转让方拟转让的股权的 100% 都处在被质押和司法冻结中,但是交易双方在《股权转让协议》中,明确了广东文华"支付价款给天津顺航相关债权人,抵扣股份转让价款的相应金额",可见解压解冻的大部分责任附加给了受让方。最终受让方未能完成协议约定,因此需要承担 4000 万元的违约责任。

(2) 交易所的关注点

深圳证券交易所在 2017 年 9 月 6 日向长航凤凰股份有限公司出具了一份关注函,其中第一个问题即:"你公司就本次股权转让事项披露的进展公告显

示,天津顺航与广东文华一直在促成相关债权人与广东文华达成一致意见和签署债权清偿协议,且你公司于2017年8月16日披露的进展公告显示,'双方正在按照《股权转让协议》的约定,互相配合,积极推进事项进展当中。'请天津顺航和广东文华说明履行《股权转让协议》相关约定所完成的主要工作,并具体说明终止本次股权转让事项的原因或转让交易存在的障碍因素等。请你公司、天津顺航和广东文华说明在推进股权转让相关事项期间是否存在应披露而未披露的信息,是否及时履行信息披露义务。"

同时在问题四中也有相应的体现:"截至目前,天津顺航持有的你公司股份尚存在股份冻结、质押未解除的情形,请天津顺航说明与相关债权人协商解除股份冻结和质押的进展情况,以及拟采取的具体措施,并说明是否可能导致你公司控制权的不稳定。"

可见,深交所对于转让方的全部股权正处于质押和冻结中这一情况给予了极大的关注,并要求公司说明具体的应对措施。

2. 荣华实业

(1) 交易终止的原因

在该起案例中,转让人荣华工贸也存在股份质押的情形,但是受让人和投资人通过第三方律师事务所监管账户已经将7.6亿元股份转让价款直接支付给荣华工贸的债权人中国建设银行、兰州银行和甘肃银行,荣华工贸上述债权人在收到7.6亿元后2个工作日内完成了上市公司108,976,734股股份质押解除手续。股权质押已经顺利解除,可问题在于,上市公司全资子公司肃北县浙商矿业投资有限责任公司部分资产未取得相关部门的资产权属证明,经双方共同努力仍无法预计取得上述资产权属证明的准确时间,造成无法履行原协议相关约定,故而协商一致解除了《股权转让协议》。

违约责任:恢复原状,双方互不承担违约责任。

本案中,双方已经妥善解决了股权质押的问题,然而由于上市公司的原因导致双方未能达成协议约定,属于不能归结于双方的情形,故而互不承担违约责任。

(2) 交易所的关注点

交易所没有相关问询。

3. 华菱星马

（1）交易终止的原因

在该起案例中，不存在股权质押或被司法冻结的情形，但是由于在收购期间，上市公司经历了重大资产重组，故而股份转让协议相关各方就《股份转让协议》中承诺的"股份受让方适时注入优质资产，并承诺在2020年前使华菱星马及相关产业在马鞍山本地产值达200亿元"的具体保障措施方面进行了商议，但未能达成一致意见。最终协商一致终止了《股权转让协议》。

违约责任：双方同意互相不负担《股份转让协议》中的违约责任及其他赔偿责任，同时转让方返还受让方已经支付的股权转让款，并加收银行同期利息。

（2）交易所的关注点

交易所没有相关问询。

4. 哈空调

（1）交易终止的原因

在该起案例中，虽然股权转让事宜是经过哈尔滨市人民政府国有资产监督管理委员会同意并批准的，而且受让方杭州锦江集团也是根据招标文件的规定和尽职调查的结果以及有关中标候选人的声明，结合评标委员会审查确认的意见最终确定的，程序上非常严谨完备，但是仍无法避免受让方锦江集团不能完成其事先在《哈尔滨空调股份有限公司国有股权转让项目招标文件》中约定的股权转让相关条款和投标承诺的相关事项，最终导致工投集团终止了此次股权转让事项。

违约责任：没有在2017年11月26日的公告中披露关于违约责任的承担。

（2）交易所的关注点

虽然在上市公司的终止股份转让的公告中，不能看出受让方具体不能完成的承诺事项，但是在交易所的问询函中可以就终止原因窥见一二。上海证券交易所在2017年1月16日出具的问询函中，仅仅问了一个问题，也即协议中约定的条款的可行性："公告显示，本次股份转让设置了业绩对赌，股份受让方应确保上市公司2017年至2019年空调主业实现营业收入累计不少于20亿元、净利润累计不少于0.6亿元。如上市公司未实现承诺的净利润业绩，则受让方应当将差额部分补偿给工投集团。请公司向工投集团核实并说明本次转让股份的原因、上述业绩对赌条款设计的相关考虑、是否有利于上市公司的发展、是否有利于维护上市公司全体股东利益、如何保障上述条款能够得到切实履行。"

可见交易所认为,股份转让协议中设置业绩对赌和对净利润业绩的承诺是非常高的标准,对其能否切实履行存在很大疑问。最终也是因为受让方无法承诺这些事项导致收购行为的终止。

5. 中体产业

(1) 交易终止的原因

中体产业在本次收购过程中,一共进行了两次公开征集受让方的招投标,两次总计收到5家公司的申报。但是转让方基金中心根据公开征集条件,组织开展了对意向受让方的资格评审、遴选、报批等工作,最后认定所有意向受让方都未能达到基金中心的公开征集条件,导致本次交易的终止。

根据披露的拟受让中体产业股份的拟受让方应当具备的资格条件,我们可以发现其中对于维持中体产业的盈利能力提出了具体明确的要求:"具有明晰的经营发展战略","拟受让方拟注入中体产业的资产对应经营实体的盈利能力强,扣除非经常性损益后的加权平均净资产收益率及扣除非经常性损益后的基本每股收益应优于中体产业2016年的对应指标,能够增强中体产业的盈利能力"。我们认为可能是这些规定使没有充分准备的拟受让方都被拒之门外。

(2) 交易所的关注点

上海交易所在2017年1月20日的问询函中要求上市公司披露并请基金中心补充披露尽职调查的主要内容、时间安排、遴选的主要标准及程序。

(二) 上市公司控股股东发生结构性变更

1. 美尔雅

(1) 交易终止的原因

在本次股权转让交易中,双方签订了《股权转让协议》《债务代偿协议》,其中明确约定了受让方获得本协议项下标的股权的前提条件是,受让方应在向转让方支付股权对价日(含)前一次性偿还全部需代偿债务,需要代偿的债务共计390,950,000元。

由于受让人无法按照约定支付足额的股权对价款项,同时也无法履行《股权转让协议》中约定的确保美尔雅集团公司每年完成不低于2亿元的纳税承诺,导致在协议约定的时间内,约定的交易条件未能满足。最终双方协商一致终止了本次股权转让事项。

违约责任:本案的违约责任是本次讨论案例中数额最大的,上市公司表示不予返还受让方已支付的股权转让款1.1亿元,并保留追究其相关违约责任的权利。

(2) 交易所的关注点

交易所没有相关问询。

2. 宏达股份

(1) 交易终止的原因

本案在交易伊始,泰和集团已经通过受让部分股东的股权拥有了宏达实业18%的股权,争议事项发生在剩余82%股份中,这部分股份由四川宏达(集团)有限公司、刘沧龙持有,但是处在司法冻结中,无法过户。上市公司的披露显示,双方对这部分82%的股份陷入了比较大的争端,一度诉诸四川省高级人民法院,泰和集团甚至在股权变更登记的要求之外,主张额外的3.7亿元违约金。

但是在下一次公告中,双方已经对此协商一致,同意解除相关协议,并约定至本协议签署之日,相关协议尚未履行的部分不再履行,已履行的部分按照《解除股权转让协议书》的约定条款处理。在相关协议解除后的2个工作日内,泰合集团就(2017)川民初110号案向四川省高级人民法院法院申请撤回对刘沧龙先生的起诉及解除保全措施。泰合集团将其持有的广鹏商贸100%股权全部转让给原股东广深投资,转让价款与泰合集团此前收购该项股权的价款一致,为5000万元。另外,还有其他类似的约定。

由此可知,双方势必经过了庭下的谈判,从而受让方愿意放弃3.7亿违约金的主张,最终结果是一切恢复原状,双方互不承担违约责任。

(2) 交易所的关注点

上海证券交易所在2017年9月18日问询了上市公司关于股权冻结的问题:"关于司法冻结事项。"据披露,因宏达实业、宏达集团未就"宏达集团与宏达实业的控股股东、实际控制人发生变更"及时通知安信信托,安信信托向上海市高级人民法院提起诉讼并申请采取财产保全措施,冻结宏达集团和刘沧龙持有的宏达实业部分股权,导致股权转让事项无法推进。请公司向股东核实并补充披露:"(1)实际控制人刘沧龙及宏达集团、宏达实业与安信信托的经济纠纷的具体情况,包括但不限于金额、期限、利息、担保等;(2)司法冻结是否对本次股权转让事项构成实质障碍;(3)相关方是否存在解决司法冻结事项的意愿及具体安排或约定;(4)除司法冻结事项外,本次股权转让是否还存在其他实质性障碍。"

可见,交易所对这部分被司法冻结的股权加以了足够的重视,事实也正如交易所担心的,这部分股权没有得到良好的解决。

综上所述,控制权转让交易会终止的原因主要有以下几种:

(1)标的股权被质押或者司法冻结;

(2)协议中要求受让方完成的事项和承诺过高,在一定程度上超出一般人能接受的范围;

(3)股权转让前要求受让方为转让方偿还巨额债务;

(4)上市公司部分资产未能取得资产权属证明。

2-6 转让方的股份被司法冻结

一、简述

在2017年上市公司控制权收购的市场当中,我们一共统计了69单上市公司控制权收购的交易(包括在2017年结束或者开始的控制权收购交易),其中有48单交易收到了沪深两地交易所的问询函/关注函,在这些问询函/关注函中,有4单交易被交易所问询到"司法冻结问题",属于较为特殊的一类问题。在2018年上市公司控制权收购市场中,没有上市公司被问询到该问题。

二、交易所的问题及上市公司的回复

成 都 路 桥

交易方式:股份协议转让

转让方:郑渝力、四川省道诚力实业投资有限责任公司

受让方：四川宏义嘉华实业有限公司

转让标的：122,706,056 股上市公司的无限售流通股股份（占公司总股本的 16.64%）

交易结果：已完成

交易所问题三：李勤持有的你公司股票因其与你公司之间的诉讼目前处于冻结状态，请详细说明后续解除冻结的具体安排以及是否存在无法解除冻结而导致本次股份转让无法实施的风险。

上市公司回复：

（一）李勤持有的公司股份被成都市武侯区人民法院司法冻结的具体事由

根据公司于 2017 年 1 月 26 日收到的成都市武侯区人民法院（以下简称"武侯法院"）送达的民事起诉状和民事裁决书，武侯法院在审理原告李勤与被告成都路桥公司决议效力确认纠纷一案中，申请人李勤向武侯法院提出行为保全申请，武侯法院经审查认为，申请人李勤的行为保全申请符合法律规定，裁定冻结申请人李勤持有的成都路桥股份共 147,892,013 股，冻结期间产生的红股（含转增股）、配股一并冻结，冻结期限为 3 年（以下简称"保全裁定"）。

公司 2017 年 9 月 7 日收到武侯法院送达的民事判决书。公司于 2017 年 9 月 20 日向成都市中级人民法院提出上诉申请。成都市中级人民法院于 2018 年 2 月 1 日向本公司送达民事判决书，对案件作出终审判决。

（二）是否存在无法解除冻结而导致本次股份转让无法实施的风险

鉴于成都市中级人民法院已对李勤诉公司决议效力确认纠纷一案作出终审判决，与本案相关的保全裁定将得以解除，李勤所持有本公司股票可依法解除冻结。因此，不存在李勤所持有本公司股票无法解除冻结而导致本次股份转让无法实施的风险。

共达电声

交易方式：股份协议转让

转让方：潍坊高科

受让方：爱声声学

转让标的：54,980,000 股股份（占公司总股本的 15.27%）

转让价格：9.95 亿元

交易结果：尚未完成

交易所问题一：截至公告披露日，你公司控股股东潍坊高科持有的共达电声 34,999,900 股股份（占共达电声股本总额的 9.72%）处于质押状态，持有的共达电声 33,765,039 股股份（占共达电声股本总额的 9.38%）因出资份额收购纠纷处于司法冻结状态。请补充披露上述股份的转让是否存在法律障碍或其他原因可能导致股权交割无法顺利进行，并进行重大风险提示。

上市公司回复：

截至公告披露日，公司控股股东潍坊高科电子有限公司（以下简称"潍坊高科"）持有共达电声 54,980,000 股股份（占共达电声股本总额的 15.27%，以下简称"标的股份"），其中 34,999,900 股股份（占共达电声股本总额的 9.72%）处于质押状态，33,765,039 股股份（占共达电声股本总额的 9.38%）处于司法冻结状态，具体情况如下：

（1）潍坊高科与上海光大证券资产管理有限公司、光大证券股份有限公司共同签署了《光大证券股份有限公司股票式回购交易业务协议》《股票质押式回购交易协议书》等相关交易文件，潍坊高科将其持有的共达电声 34,999,900 股股份（占共达电声股本总额的 9.72%）质押给上海光大证券资产管理有限公司，为本金 15,750 万元的借款提供质押担保。公司已于 2017 年 2 月 13 日、2017 年 5 月 16 日、2017 年 5 月 25 日、2017 年 6 月 30 日就前述股份质押事宜进行了披露。

（2）潍坊高科与上海浦江建设发展有限公司、丁大德、徐威、徐延峰就喀什双子星光文化投资基金企业（有限合伙）出资份额收购事宜发生纠纷，深圳市中级人民法院、深圳市福田人民法院应申请人要求对潍坊高科所持共达电声 33,765,039 股股份（占共达电声股本总额的 9.38%）予以司法冻结。公司已于 2017 年 6 月 16 日、2017 年 6 月 24 日、2017 年 7 月 22 日就前述股份司法冻结事宜进行了披露，并于 2017 年 6 月 30 日就交易所问询予以回复。

根据本次潍坊高科与爱声声学于 2017 年 12 月 28 日签署的《关于山东共达电声股份有限公司股份收购协议》（以下简称《股份收购协议》），潍坊高科应在收到第二期股份收购款 10 个工作日内办理完成解除股份司法冻结手续，以及应在收到第三期股份收购价款后办理完成股份质押解除相关手续。根据《中华人民共和国民事诉讼法》等相关规定,在潍坊高科提供充分有效的担保请求解除保全的情形下,人民法院应当裁定解除前述股票司法冻结状态,解除司法冻结后该部分股份的转让不存在法律障碍;根据股票质押协议的相关约定,潍坊高科归还光大证券的借款即可解除质押,该部分股份的转让不存在法律障碍。本次收购的标的股份除尚待消除司法冻结、质押的权利限制情况后方可过户外,不存在其他原因可能导致股权交割无法顺利进行的情形。

若标的股份无法顺利解除冻结和质押事宜,可能会导致股权交割无法顺利进行,也可能会导致《股份收购协议》无法履行,请广大投资者注意风险。

交易所问题二:请补充披露解除司法冻结的具体安排。

上市公司回复:

截至目前,潍坊高科持有的共达电声 33,765,039 股股份(占共达电声股本总额的 9.72%)处于司法冻结状态。根据股份收购协议约定:在协议生效之日起 10 个工作日内,爱声声学向共管账户支付 3.2 亿元,该款项专门用于解除潍坊高科持有共达电声股份处于被司法冻结的部分。目前,潍坊高科已向深圳市中级人民法院、深圳福田区法院递交申请书,申请解除对其司法冻结的股份并与相关部门就股份解冻事宜进行对接协商。

同洲电子

交易方式:股份协议转让

转让方:袁明

受让方:深圳市小牛龙行量化投资企业

转让标的:123,107,038 股股份(占公司总股本的 16.5%)

转让价格:1,499,997,704.51 元

交易结果:尚未完成

交易所问题一:袁明持有的你公司股份被北京市第四中级人民法院司法冻结和深圳市南山区人民法院司法轮候冻结的具体事由及相关进展。

上市公司回复:

袁明先生持有的公司股份被北京市第四中级人民法院司法冻结的具体事由为中融汇金融资租赁有限公司、袁明、刘影与华融国际信托有限责任公司金融借款合同纠纷，申请人华融国际信托有限责任公司向北京市第四中级人民法院申请财产保全，北京市第四中级人民法院于2017年11月8日作出(2017)京04民初194号民事裁定，冻结被申请人中融汇金融资租赁有限公司、袁明、刘影在银行的存款或者查封、扣押其相应价值的财产和权益（限额215,674,218.43元）。袁明先生正在积极与相关方进行协商，争取早日解除对公司股份的司法冻结。

袁明先生持有的公司股份被深圳市南山区人民法院司法轮候冻结的具体事由为袁明与广东颐和律师事务所委托合同纠纷，原告广东颐和律师事务所向深圳市南山区人民法院申请保全措施，深圳市南山区人民法院于2017年11月13日作出(2017)粤0305民初20680号民事裁定，冻结被告袁明名下银行存款共计24,000,000元或查封、扣押其等额的其他财产。近日，原告广东颐和律师事务所向深圳市南山区人民法院申请解除保全措施，深圳市南山区人民法院于2017年11月21日裁定解除冻结袁明先生持有的公司股份123,107,038股，详情请见公司于2017年11月23日披露的《关于控股股东股份被解除轮候冻结的公告》（公告编号：2017-048）。

交易所问题三： 2017年10月30日，你公司披露《关于控股股东、实际控制人协议转让公司股份暨公司控制权拟变更的提示性公告》，称袁明拟通过协议转让的方式，将其持有的你公司股份全部转让给小牛龙行。请补充说明股份协议转让事项的相关进展，司法冻结对股份协议转让事项及你公司控制权变更的影响。

上市公司回复：

公司于2017年10月28日披露《关于控股股东、实际控制人协议转让公司股份暨公司控制权拟变更的提示性公告》，袁明拟通过协议转让的方式，将其持有的公司股份全部转让给小牛龙行深圳市小牛龙行量化投资企业（有限合伙）（以下简称"小牛龙行"）；公司于2017年11月11日披露《关于对深圳证券交易所关注函的回复的公告》，对关注函中所列的与控制权变更相关的问题进行了回复。袁明先生拟通过协议转让股权的事项因上述司法冻结目前处于暂停状态，待上述司法冻结解除后，袁明先生和小牛龙行再继续推动上述股权转让事项。

司法冻结对小牛龙行和袁明先生的股权转让事项的进行可能带来不确定性。袁明先生正积极与相关方进行协商,争取早日解除对上述股份的冻结,消除司法冻结给股权转让事项可能带来的不确定性。

交易所问题四:请补充说明上述事项可能对你公司生产经营、控制权稳定性等方面产生的影响,并充分提示风险;你公司在保持独立性、防范大股东违规资金占用等方面拟采取的措施。

上市公司回复:

因上述司法冻结事项系股东个人商业上的纠纷所致,该股份在冻结期间,股东仍依法享有包括表决权在内的民事权利,对本公司的生产经营不会造成影响。同时,上述司法冻结尚未对公司控制权产生影响。袁明先生正积极与相关方进行协商,争取早日解除对上述股份的冻结,公司将密切关注该事项的进展并及时履行信息披露的义务。

在保持独立性、防范大股东违规资金占用等方面,公司严格按照《公司法》《证券法》《深圳证券交易所股票上市规则》《深圳证券交易所中小企业板规范运作指引》等相关法律、法规的有关规定,不断完善法人治理结构,健全内部控制体系,规范公司运作,在经营、业务、人员、资产、财务等方面与控股股东、实际控制人及其控制的其他企业完全分开,保持了公司的独立性。

为建立防止控股股东及关联方占用公司资金的长效机制,杜绝控股股东及关联方资金占用行为的发生,根据相关法律法规的规定,公司制定了《公司章程》《关联交易决策制度》《对外担保管理制度》《对外投资管理制度》《防范控股股东及关联方占用公司资金管理制度》等内控制度并严格执行,相关内控制度中已明确关联交易、对外担保、对外投资的审批权限和审议程序,公司严格按照《公司章程》及各项内部控制制度的规定进行生产经营。

公司将继续严格执行《公司法》《证券法》《深圳证券交易所股票上市规则》《深圳证券交易所中小企业板规范运作指引》《公司章程》及各项内部控制制度的规定,以保持公司的独立性和防范大股东违规资金占用的发生。

宏 达 股 份

交易方式：股份协议转让

转让方：四川宏达（集团）有限公司、刘沧龙、秦玲、马宏、刘芳、刘凤山、刘凤川

受让方：泰合集团

交易结果：宏达实业原股东秦玲、马宏、刘芳、刘凤山、刘凤川5名股东持有的宏达实业18%的股权已变更为泰合集团持有，上述18%的股权变更已于2017年9月8日办理了工商变更登记手续；由于四川宏达（集团）有限公司、刘沧龙持有的宏达实业合计82%的股权被司法冻结，无法过户，且相关事项尚需获得有关部门的行政许可，故四川宏达（集团）有限公司和刘沧龙持有的宏达实业合计82%的股权转让事项目前无法继续推进

交易所问题一：关于司法冻结事项。据披露，因宏达实业、宏达集团未就"宏达集团与宏达实业的控股股东、实际控制人发生变更"及时通知安信信托，安信信托向上海市高级人民法院提起诉讼并申请采取财产保全措施，冻结宏达集团和刘沧龙持有的宏达实业部分股权，导致股权转让事项目前无法推进。请公司向股东核实并补充披露：

（1）实际控制人刘沧龙及宏达集团、宏达实业与安信信托的经济纠纷的具体情况，包括但不限于金额、期限、利息、担保等；

（2）司法冻结是否对本次股权转让事项构成实质障碍；

（3）相关方是否存在解决司法冻结事项的意愿及具体安排或约定；

（4）除司法冻结事项外，本次股权转让是否还存在其他实质性障碍。

上市公司对于（1）的回复：

（1）2016年9月2日，安信信托股份有限公司（以下简称"安信信托"）与四川宏达（集团）有限公司（以下简称"宏达集团"）签订了《安信创赢33号·宏达集团债权流动化集合资金信托计划之债权转让协议》，约定安信信托计划通过设立"安信创赢33号·宏达集团债权流动化集合资金信托计划"（以下简称"33号资金信托计划"），并按该协议约定以其受托管理的信托资金受让宏达集团对四川宏达世纪房地产有限公司（以下简称"宏达世纪"）、深圳市广深投资有限公

司(以下简称"广深投资")享有的两笔债权,受让价款分别为14亿元及4亿元,共计18亿元;双方还对各自其他的权利义务作了约定。

(2) 2016年9月2日,安信信托还与宏达集团签订了《安信创赢33号·宏达集团债权流动化集合资金信托计划之债权回购协议》(以下简称《资金信托计划回购协议》),约定宏达集团应向安信信托回购上述两笔债权并分期偿付相应债务,即宏达集团需在33号资金信托计划成立后24个月内按照约定回购价款支付日支付标的债权的回购价款,标的债权的回购价款由回购价款本金及回购价款溢价两部分组成,其中回购价款溢价率为10%/年;如宏达集团发生了该协议项下约定的违约事项,安信信托有权要求宏达集团按协议约定提前清偿及承担违约责任;该协议还对双方的其他权利义务作了约定。

(3) 2016年9月2日,安信信托还与四川宏达实业有限公司(以下简称"宏达实业")、刘沧龙、罗晓娟分别签订了两份《安信创赢33号·宏达集团债权流动化集合资金信托计划之保证合同》,约定宏达实业、刘沧龙、罗晓娟为宏达集团在《资金信托计划回购协议》项下的全部支付义务(包括安信信托应清偿的债务、逾期利息、违约金、安信信托垫付的有关费用等及安信信托为实现债权而发生的一切合理费用等)提供连带责任保证。

(4) 安信信托于2016年9月5日成立"安信创赢33号·宏达集团债权流动化集合资金信托计划",信托计划总期限24个月,募集资金总规模18亿元,全部资金用于受让宏达集团对宏达世纪和广深投资享有的上述标的债权。自该信托计划成立日起至2017年9月8日,宏达集团已向安信信托支付债权回购价款9.825亿元,其中支付回购价款本金8亿元、回购价款溢价1.825亿元。

(5) 本次诉讼标的金额:1,000,833,333.33元。

上市公司对于(2)的回复:

(1) 2017年9月6日,宏达集团与宏达实业原股东分别将其部分股权转让给四川泰合置业集团有限公司(以下简称"四川泰合"),各方签署了《股权转让协议》等文件,并于2017年9月8日进行了相应的股权转让工商变更登记手续。

(2) 宏达集团与宏达实业此次的股权转让全部实施完毕,致使宏达集团与宏达实业的控股股东、实际控制人发生变更。

(3) 根据33号资金信托计划相关交易文件的约定,如宏达实业、宏达集团若发生"控股股东/实际控制人变更或重大资产转让等情形"应立即书面通知安信信托，并按照安信信托要求落实相关责任义务的承担、转移或继承等。

（4）宏达实业、宏达集团未就上述"宏达集团与宏达实业的控股股东、实际控制人发生变更"及时通知安信信托，致使发生了《资金信托计划回购协议》等交易文件项下约定的违约事项及提前回购事项。安信信托为保障33号资金信托计划受益人的利益，向上海市高级人民法院提起诉讼并申请采取财产保全措施。

因本次司法冻结主要涉及宏达集团和安信信托之间的债权债务问题，在清偿债务和解除冻结前无法办理相关股权过户登记手续，司法冻结对本次股权转让事项的进行可能带来不确定性。

泰合集团回复：司法冻结之目的为保障安信信托债权实现，我司之目的是根据转让协议获得股权，在偿还其债务或与其达成偿还方案后，即可解除司法冻结，现我司正在与相关方协商解决。

上市公司对于（3）的回复：

经问询相关方，泰合集团正在和主债权人安信信托就相关债权债务进行商谈，以确定具体还款金额、还款时间安排。

泰合集团回复：根据相关协议约定本次股权收购系承债式收购，在交易双方完成全部股权转让，并泰合集团成为实际控制人后我司将承担相关债务义务。上海高院司法冻结的目的为保障安信信托债权实现，我司之目的是根据转让协议获得股权，现我司正在与相关方协商解决债务偿还方案。

上市公司对于（4）的回复：

根据《中国银监会信托公司行政许可事项实施办法》《信托公司行政许可事项申请材料目录及格式要求》《证券法》《证券公司监督管理条例》等法律法规要求，本次股权转让涉及四川信托有限公司和宏信证券有限责任公司的实际控制人变更，须报请相关银行、证券监督管理机构行政许可。相关行政许可的取得可能存在重大不确定性。

凯 瑞 德

变更方式：表决权委托

转让方：浙江第五季实业有限公司

受让方：张培峰

转让标的：11.61%公司股份的表决权

交易结果：2017年4月11日，公司接到第五季实业书面函告：第五季实业与张培峰先生就表决权委托相关事宜尚未达成一致，特通知公司按深圳证券交易所相关规定申请复牌

交易所问题三：截至目前，第五季实业持有的公司 **11.61%的股份全部被司法冻结，请说明相关进展情况**。

上市公司回复：

经公司问询第一大股东五季：截至目前，持有的11.61%的股份仍全部被司法冻结，仍全部处于法院审理过程中。

三、交易所的监管逻辑和法律规范

（一）监管逻辑

股份司法冻结导致在清偿债务和解除冻结前无法办理相关股权过户登记手续，故司法冻结会给股份转让事项的进行带来不确定性。我们认为证监会对此类问题的问询往往属于风险提示性问题，通过要求信息披露义务人披露司法冻结具体情况以及解除司法冻结的相关进度，对中小投资者进行风险提示。

（二）法律规范

1.《中华人民共和国民事诉讼法》（2017年修订）

第一百条 人民法院对于可能因当事人一方的行为或者其他原因，使判决难以执行或者造成当事人其他损害的案件，根据对方当事人的申请，可以裁定对其财产进行保全、责令其作出一定行为或者禁止其作出一定行为；当事人没有提出申请的，人民法院在必要时也可以裁定采取保全措施。

人民法院采取保全措施，可以责令申请人提供担保，申请人不提供担保的，裁定驳回申请。

人民法院接受申请后，对情况紧急的，必须在四十八小时内作出裁定；裁定采取保全措施的，应当立即开始执行。

第一百零一条　利害关系人因情况紧急，不立即申请保全将会使其合法权益受到难以弥补的损害的，可以在提起诉讼或者申请仲裁前向被保全财产所在地、被申请人住所地或者对案件有管辖权的人民法院申请采取保全措施。申请人应当提供担保，不提供担保的，裁定驳回申请。

人民法院接受申请后，必须在四十八小时内作出裁定；裁定采取保全措施的，应当立即开始执行。

申请人在人民法院采取保全措施后三十日内不依法提起诉讼或者申请仲裁的，人民法院应当解除保全。

第一百零二条　保全限于请求的范围，或者与本案有关的财物。

第一百零三条　财产保全采取查封、扣押、冻结或者法律规定的其他方法。人民法院保全财产后，应当立即通知被保全财产的人。

财产已被查封、冻结的，不得重复查封、冻结。

2.《最高人民法院关于人民法院民事执行中查封、扣押、冻结财产的规定》（2004年发布）

第二十九条　人民法院冻结被执行人的银行存款及其他资金的期限不得超过六个月，查封、扣押动产的期限不得超过一年，查封不动产、冻结其他财产权的期限不得超过二年。法律、司法解释另有规定的除外。

申请执行人申请延长期限的，人民法院应当在查封、扣押、冻结期限届满前办理续行查封、扣押、冻结手续，续行期限不得超过前款规定期限的二分之一。

3.《国有股东转让所持上市公司股份管理暂行办法》（2007年发布）

第四条　国有股东转让所持有的上市公司股份应当权属清晰。权属关系不明确和存在质押、抵押、司法冻结等法律限制转让情况的股份不得转让。

3 案例分析

3-1 从"亿晶光电"看"信息披露义务"

一、"亿晶光电"控制权收购情况简介

(一) 交易基本情况

交易方式:通过两次股份协议转让,完成控制权收购

1. 第一次股份转让

转让方:公司原控股股东荀建华

受让方:勤诚达投资

转让标的:89,287,992 股股份(占公司总股本的 7.59%)

转让价格:14.25 亿元

交易结果:荀建华持有公司 267,863,978 股股份,占公司总股本的 22.77%,勤诚达投资持有公司 89,287,992 股股份,占公司总股本的 7.59%,公司实际控制人仍为荀建华

2. 第二次股份转让

转让方:公司原控股股东荀建华

受让方:勤诚达投资

转让标的:145,983,862 股股份(占公司总股本的 12.41%)

转让价格:13.25 亿元

交易结果:勤诚达投资直接持有 235,271,854 股公司股份,占公司总股本

的20%,荀建华持有公司股份数量降至10.36%,勤诚达投资成为公司第一大股东,古耀明成为公司实际控制人。

(二) 交易过程回顾

2016年12月27日,亿晶光电科技股份有限公司接到控股股东及实际控制人荀建华先生通知,称正在筹划与公司相关的重大事项,有可能涉及公司股份转让,公司股票自2016年12月27日起停牌,并于公司股票停牌之日起的5个工作日内(含停牌当日)公告重大事项进展情况。

1. 第一次股份转让

荀建华与勤诚达投资于2017年1月11日签署了《股份转让协议》。荀建华拟通过协议转让的方式,将其持有的公司89,287,992股无限售流通股(占公司总股本的7.59%)转让给勤诚达投资。

2017年5月2日,公司收到荀建华发来的由中国证券登记结算有限责任公司上海分公司出具的《过户登记确认书》,确认上述股份协议转让的过户手续已于2017年4月28日办理完毕。本次股份过户登记完成后,荀建华持有公司267,863,978股股份,占公司总股本的22.77%,勤诚达投资持有公司89,287,992股股份,占公司总股本的7.59%。公司实际控制人仍为荀建华。

2. 股份质押

2017年5月4日,荀建华在中国证券登记结算有限责任公司上海分公司办理了股份质押登记手续,将其持有的公司146,000,000股无限售流通股质押给深圳市勤诚达投资管理有限公司,质押期限自2017年5月4日质押登记日起,至向中国证券登记结算有限责任公司上海分公司办理解除质押为止。本次质押股份数量占公司总股本的12.41%。

截至公告日,荀建华持有公司267,863,978股股份,占公司总股本的22.77%,本次质押后,荀建华已累计质押公司218,740,000股股份,占其持有公司股份总数的81.66%,占公司总股本的18.59%。

3. 董事、监事辞职

亿晶光电科技股份有限公司董事会于2017年5月9日收到公司董事长兼总经理荀建华先生递交的书面辞职报告,荀建华先生因个人原因辞去公司董事、董事长兼总经理及董事会下设专门委员会委员职务。辞职后,荀建华先生仍担任公司全资子公司常州亿晶光电科技有限公司执行董事兼总经理。

亿晶光电科技股份有限公司监事会收到公司监事安全长先生递交的书面辞职报告,安全长先生因个人原因申请辞去公司监事职务。辞职后,安全长先生仍担任公司全资子公司常州亿晶光电科技有限公司技术副总监、江苏省(亿晶)光伏工程研究院副院长、组件测试实验室主任。

亿晶光电科技股份有限公司董事会收到公司董事吴立忠、孙荣贵先生递交的书面辞职报告,吴立忠先生因个人原因辞去公司董事职务。辞职后,吴立忠先生将不在公司担任任何职务。

4. 第二次控制权转让

本次股份协议转让事项分两期交割,其中第一期标的股份已办理完过户登记手续,第二期股份过户相关手续需要在2017年11月9日后能办理。

本次协议转让完成后,深圳市勤诚达投资管理有限公司将直接持有235,271,854股公司股份,占公司总股本的20%,勤诚达投资将成为公司第一大股东,古耀明将成为公司实际控制人,荀建华持有公司股份比例将降至10.36%。

由于第二期标的股份应在荀建华辞去董事长和总经理职务满6个月后方能办理过户手续,因此第二期标的股份的过户时间在2017年11月9日后。

5. 上市公司公告

根据本次股份转让双方于2018年2月7日签署的《深圳市勤诚达投资管理有限公司与荀建华关于亿晶光电科技股份有限公司的股份转让协议之补充协议(二)》相关约定,"双方将按照原协议的约定继续履行并实施本次交易,非因双方原因导致标的股份不能按照本协议约定完成过户登记的,由双方秉着继续履行的原则另行协商解决"。

二、"亿晶光电信披违法违规"案情回顾及处罚结果

2017年6月21日,亿晶光电科技股份有限公司(以下简称"亿晶光电")收到中国证券监督管理委员会(以下简称"中国证监会")《调查通知书》(编号:甬证调查字2017008号):"因你公司涉嫌信息披露违法违规,根据《中华人民共和

国证券法》的有关规定,我会决定对你公司立案调查,请予以配合。"

上交所核实,亿晶光电及相关信息披露义务人对此前公司股份转让以及公司控制权转让中的相关事项等未及时披露,公司相关股东的行为已严重违反法律法规及《上海证券交易所股票上市规则》的有关规定,损害了投资者的知情权。

2017年1月,亿晶光电曾披露,公司实控人荀建华将持有公司8929万股股份(占总股本的7.59%)作价15亿元转让给深圳市勤诚达投资管理有限公司(以下简称"勤诚达投资")。亿晶光电称,交易后荀建华依然持有公司22.77%的股权,不会导致上市公司实控人变更。

但实际情况却是,在2016年年底和2017年年初,荀建华与勤诚达投资签署相关协议,将2.35亿股公司股份(占公司总股本的20%)转让给勤诚达投资,转让价款为30亿元。由于荀建华担任亿晶光电董事长、总经理职务,根据《公司法》的相关规定,每年协议转让股份不得超过自身持股的25%,荀建华无法一次性将自己持有的公司20%的股权转让出去。因此,该股份转让交易分为两期,其中第一期转让的股份为8929万股(占总股本的7.59%),对价15亿元;第二期转让的股份为1.46亿股(占总股本的12.41%),对价15亿元。而如果上述股权转让交易完成,亿晶光电的实控人将变更为古耀明。

事情的进展是,自2017年1月亿晶光电披露了第一期股权转让事项后,对于第二期股权转让相关事项并未及时进行披露。3月17日,荀建华、勤诚达投资签署了《补充协议》,将第二期股份转让价格调整为14亿元,对亿晶光电的经营管理作出了安排。3月23日,双方再次签署《备忘录》,对第一期股份转让价款的支付方式进行了调整。

对于上述情况,亿晶光电不仅未对《补充协议》《备忘录》的内容予以及时公告,而且在亿晶光电发布第一期股权转让公告后,监管层也曾多次对亿晶光电进行问询,不过荀建华和勤诚达投资始终称交易不会导致公司控制权的转移。直到2017年5月26日,亿晶光电才在《控股股东可能发生变更的提示性公告》中表示,荀建华早在2017年1月份就与勤诚达集团签订了《股份转让协议》,约定荀建华持有的公司20%的股份转让给勤诚达投资。

2017年6月2日,宁波证监局决定对勤诚达投资采取责令改正的监管措施,对荀建华采取出具警示函的监管措施。

2017年6月20日，亿晶光电科技股份有限公司收到上海证券交易所上市公司监管一部发来的《关于亿晶光电股东股权转让后续事项的监管工作函》，要求请荀建华及勤诚达投资认真自查，说明未如实披露股权转让事项的原因，并向投资者公开致歉。

2017年6月21日，中国证监会向亿晶光电发出《调查通知书》。

三、交易所问题及上市公司回复

（一）问询函1

1. 收到时间：2017年1月11日
2. 针对事项：控股股东股份转让事项
3. 具体内容

交易所问题一：公司股票停牌前价格为7.43元/股，本次转让89,287,992股的转让款总额为15亿元，转让价格为16.8元/股，存在较高溢价。请交易双方补充披露本次股权转让的商业目的，结合公司股价说明本次交易作价的依据及合理性。

上市公司回复：

（1）荀建华先生的回复

本人此次出让上市公司89,287,992股股份，主要基于以下原因：

根据利润补偿方案及本人于2014年9月26日向亿晶光电作出的相关承诺，截至本次股份转让协议签订日，本人对上市公司负有约69,523.3万元（最终以上市公司认可的金额为准，下同）的现金补偿义务，本人希望在此次股权转让中获取资金支付对上市公司的现金补偿，履行完相关补偿义务，同时上市公司获得上述补偿专款后也可以增加资金实力、降低财务成本，有利于上市公司经营发展。

（2）勤诚达投资的回复

勤诚达投资此次受让上市公司89,287,992股股份，主要基于以下原因：

第一，基于近年来国家陆续出台的对新能源行业发展的扶持政策，以及近年来新能源行业尤其是光伏行业的良好发展趋势，勤诚达投资及其控股股东深圳市勤诚达集团有限公司（以下简称"勤诚达集团"）对我国新能源行业未来发展颇为看好。亿晶光电目前主营业务为光伏电池片组件制造业务及光伏电站运营业务,同时也在蓝宝石晶体材料领域进行有效业务拓展,近3年业务发展情况良好。勤诚达投资本着"友好协商、共赢发展"的原则,希望以本次受让亿晶光电股份为契机进入新能源领域。

第二,勤诚达投资及其控股股东勤诚达集团均未曾入股中国A股上市公司,本次投资入股亿晶光电是其进入中国资本市场的重要战略举措。勤诚达投资希望借此契机,正式进入A股市场,拓展勤诚达集团的金融投资业务板块,进一步推动集团的业务发展多元化。

交易所问题二:本次权益变动后,荀建华持股比例降至22.77%,勤诚达投资将持有亿晶光电7.59%的股份,成为公司持股5%以上的大股东。请勤诚达投资补充披露自权益变动报告书披露之日起的未来12个月内,是否存在计划对公司进行并购重组、业务重组、资产剥离和资产注入等重大事项,若有,请详细披露相关计划。本公司董事会及全体董事保证本公告内容不存在任何虚假记载、误导性陈述或者重大遗漏,并对其内容的真实性、准确性和完整性承担个别及连带责任。请你公司于2017年1月12日之前履行相关信息披露义务。

上市公司回复:

截至目前,勤诚达投资暂无自权益变动报告书披露之日起的未来12个月内,对上市公司进行发行股份购买资产、重大资产购买、业务重组、重大资产剥离和资产注入方面的重大事项计划。

勤诚达投资拟通过本次投资入股亿晶光电进入新能源业务领域,未来12个月内,将结合上市公司实际发展情况,考虑通过包括但不限于以下方式支持上市公司发展:

(1)依照法律法规及上市公司规章制度,向上市公司推荐财务、管理等方面经验丰富的人才。

(2)基于勤诚达投资及其控股股东勤诚达集团在华南地区的影响力和资源积累,协助上市公司提升在华南地区的客户开拓能力与市场占有率水平。本次股权转让完成后,作为持有上市公司股本5%以上比例的股东,勤诚达投资未来12个月内将根据上市公司治理相关法律法规、上市公司章程、上市公司股东大会及董事会相关会议规则和业务发展需要,充分行使股东权利,对现任董事会、监事会或高级管理人员构成适时提出调整建议。

由于勤诚达投资及勤诚达集团此前均未曾入股A股上市公司,且目前在光伏行业的行业资源及管理经验方面积累不多,本次股权转让完成后,勤诚达投资具体参与上市公司生产经营,以及其他支持上市公司发展的行为效果,可能与其初衷存在一定偏差,并不能保证一定会对上市公司生产经营造成积极影响。因此建议上市公司充分提示投资者需关注投资风险。

根据2017年1月11日的问询函回复内容,上市公司实际控制人荀建华没有披露其将继续向勤诚达投资转让上市股份的事项,勤诚达投资亦表示暂无自权益变动报告书披露之日起的未来12个月内,对上市公司进行发行股份购买资产、重大资产购买、业务重组、重大资产剥离和资产注入方面的重大事项计划。

(二) 问询函2

1. 收到时间:2017年5月3日
2. 针对事项:股份转让过户登记相关事项
3. 具体内容

交易所问题一: 公告披露,本次股份过户登记完成后,荀建华和勤诚达投资分别持有公司22.77%和7.59%股份,荀建华仍为公司的实际控制人。请公司核实本次股权转让对公司的生产经营是否将产生重大影响,股权转让后荀建华对公司的控制权是否稳固。

上市公司回复:

本次股份过户登记完成后,勤诚达投资持有亿晶光电7.59%股份,与荀建华先生22.77%的持股比例存在15.18%的差距,荀建华先生依然为亿晶光电的第一大股东及实际控制人,因此截至目前,本次股权转让未对上市公司的生产经营产生重大影响,荀建华先生对亿晶光电的控制权稳固。

交易所问题二: 根据公司前期公告,本次8929万股的股权转让款总额为15亿元。请勤诚达投资充分披露支付受让款的资金来源和筹措方式,与股权出让方、公司及公司董监高之间是否存在关联关系,本次股权转让款项的相关支付安排,以及本次股权转让后是否存在质押股份情形或计划。

上市公司回复：

勤诚达投资本次交易所需资金主要来源于自有资金和信托贷款，其中信托贷款为 9 亿元。勤诚达投资之控股股东深圳市勤诚达集团有限公司（以下简称"勤诚达集团"）注册资本为 2 亿元，勤诚达集团之控股股东勤诚达控股有限公司注册资本为 20 亿元。勤诚达集团创建于 1997 年，是集一二级联动的城市更新、城市供水、旅游产业、物业管理、文化教育、金融类等于一体的多元化企业集团。勤诚达投资及其控股股东勤诚达集团资金实力较为充足，具备完成本次交易的能力。

本次股权转让过户登记前勤诚达投资已全额支付 15 亿元转让款。勤诚达投资与股权出让方荀建华先生以及亿晶光电和亿晶光电的董事、监事、高级管理人员之间不存在关联关系。

截至目前，本次转让所涉及的股份并未质押，本次股权转让后勤诚达投资将根据自身的资金安排及需求等情况进行股份质押，届时勤诚达投资将按相关法律法规的要求及时履行公告义务。

交易所问题三： 请勤诚达投资明确未来 12 个月内的相关计划，包括但不限于是否有继续增减持公司股份的计划，是否有更换公司管理层或派驻董事的计划，后续本公司董事会及全体董事是否保证本公告内容不存在任何虚假记载、误导性陈述或者重大遗漏，并对其内容的真实性、准确性和完整性承担个别及连带责任，以及是否存在与本次股权转让构成一揽子交易的资产注入或置出计划等。

上市公司回复：

鉴于亿晶光电在 A 股大盘普遍承压等因素综合作用下，其股票价格已有大幅度下滑（过户公告发布当日与筹划本次股权转让股票停牌前的股价相差约 21%），截至目前，勤诚达投资未来 12 个月内不存在增持或减持计划。

本次股权转让完成后，作为持有上市公司股本 5% 以上比例的股东，勤诚达投资未来 12 个月内将根据上市公司治理相关法律法规、上市公司章程、上市公司股东大会及董事会相关会议规则和业务发展需要，充分行使股东权利，对现任董事会、监事会或高级管理人员构成适时提出调整建议。

截至目前，勤诚达投资不存在与本次交易构成一揽子安排的未来 12 个月内资产注入或置出计划。

交易所问题四：公司发布完成过户的公告当日，公司股票收盘价为5.91元/股，此前公司筹划股权转让股票停牌前的股价为7.43元/股，本次每股转让价格为16.8元，存在较高溢价。此外，根据季报，公司2017年第一季度归属于上市公司股东的净利润同比下降89.96%，经营活动产生的现金流量净额为负2.89亿元，上年同期为9100万元，同比减少414.94%。请公司补充披露在公司目前生产经营情况下，本次高溢价转让股份的主要原因和考虑，是否存在控制权溢价安排，并充分揭示风险。

上市公司回复：

本次股权转让的交易双方于2016年12月开始正式磋商本次交易事宜。当时勤诚达投资认为：亿晶光电所处行业前景广阔，自身发展情况良好，勤诚达投资借助本次交易不但可以进入资本市场，而且也可以进入新能源业务领域，成为在新能源类上市公司具有一定影响力的股东；同时，荀建华先生作为股权出让方要求股权转让款需包含69,523.3万元拟支付给上市公司的承诺补偿款，此外荀建华先生也希望在二级市场价格基础上有一定溢价，勤诚达投资认为转让价款包含的补偿款将支付给上市公司，有利于上市公司未来发展。因此经双方综合考虑及磋商后，同意本次交易价格。

根据双方签署的《股权转让协议》，本次股权转让在获得勤诚达投资董事会通过后生效。勤诚达投资董事会已于亿晶光电披露一季度报告前通过了本次交易。前述《股权转让协议》中并未有关于亿晶光电股价波动可以调价或者终止交易的条款，任何一方终止交易均面临承担违约责任的风险。因此，尽管二级市场股价波动较大，勤诚达投资本着诚信及中长期投资的理念，继续履行该协议。

截至目前，勤诚达投资已向荀建华先生支付完毕股权转让价款，荀建华先生已将补偿款69,523.3万元付至公司，且公司已办理完毕股份转让过户登记手续，勤诚达投资将根据合同约定，本着诚实信用原则履行合同。

在此次回复中，上市公司明确表示：勤诚达投资不存在与本次交易构成一揽子安排的未来12个月内资产注入或置出计划。而在同一天，上市公司公告实际控制人荀建华将其持有的公司146,000,000股无限售流通股质押给深圳市勤诚达投资管理有限公司，质押股份数量占上市公司总股本的12.41%，荀建华将本次股份质押目的解释为个人资金需求。但由此亦导致交易所对上市公司控制权转移问题的重点关注。

（三）问询函 3

1. 收到时间：2017 年 5 月 8 日
2. 针对事项：股份转让及质押相关事项
3. 具体内容

2017 年 5 月 6 日，你公司发布对我部问询函的回复公告，同时披露了控股股东及实际控制人苟建华的股份质押公告。根据《上海证券交易所股票上市规则》第 17.1 条规定，请公司就以下事项作进一步补充说明或解释。

交易所问题一：根据相关公告，苟建华将持有的 7.59% 的股权转让给深圳市勤诚达投资管理有限公司（以下简称"勤诚达投资"），并已于 2017 年 4 月 28 日完成过户登记。5 月 4 日，苟建华又将其持有的 1.46 亿股公司股份（占公司总股本的 12.41%）质押给勤诚达投资。请补充披露苟建华本次质押选择勤诚达投资为质权人的主要考虑，是否属于前期股份协议转让的一揽子交易，后续是否有继续质押股份的计划，双方是否存在有关公司控制权让渡的默契及其相关安排。

上市公司回复：

（1）经向苟建华先生确认，本次质押不属于苟建华与勤诚达投资前期股份协议转让的一揽子交易，后续无继续向勤诚达投资质押股份的计划，双方不存在有关公司控制权让渡的默契及其相关安排。

（2）根据《股份质押协议》，经苟建华先生和勤诚达投资协商，勤诚达投资有意向苟建华先生提供借款，且勤诚达投资计划在满足我国现行法律法规规定的前提下，向苟建华先生购买其所持公司部分股份。为此，苟建华先生同意将其所持有的公司 1.46 亿股股份质押给勤诚达投资。《股份质押协议》中未说明勤诚达投资拟向苟建华先生购买其所持部分股份的具体股份数量，鉴于除已质押给勤诚达投资的公司 1.46 亿股股份（占公司总股本的 12.41%）外，苟建华先生仍持有公司 10.36% 的股份，勤诚达投资已持有公司 7.59% 股份，如勤诚达投资继续向苟建华先生购买其持有的除质押股份外的全部公司股份，公司存在控制权转移的风险。

交易所问题二:根据公告,上述股份质押的期限自2017年5月4日质押登记日起,至办理解除质押为止,请补充披露质押期限。如股份质押双方未明确质押期限,请说明原因。此外,请核实是否可能存在因质押股份平仓而导致的公司控制权转移的情形,并充分提示相关不确定性和风险。

上市公司回复:

(1)根据《股份质押协议》,本协议项下被担保的主债权金额为13亿元,担保范围包括主债权及利息、债务人应支付的违约金(包括罚息)和损害赔偿金以及实现债权的费用(包括诉讼费、律师费等)。根据荀建华先生出具的说明,双方目前尚未明确质押期限,因为双方正在就相关事项进行协商,并将在签署借款协议后对质押期限进行补充约定。

综上,截至本回复出具日,双方尚未就本次质押的主债权安排达成一致意见,且质押期限不明确,一旦双方就借款事项达成一致意见且荀建华先生未如期偿还相关借款,本次质押存在实质转让公司股份的风险,特提请广大投资者注意相关风险。

(2)根据《股份质押协议》,如果荀建生先生未适当履行被担保事项(根据《股份质押协议》,被担保的主债权为13亿元),或者发生法律、法规、规章规定的勤诚达投资有权处分质押标的的情况,勤诚达投资可以选择以下方式行使质押权:

① 向结算公司申请解除质押,并指令将质押股份抛售,以出售款清偿主债务。

② 向结算公司申请将质押股份转让抵偿给质权人。

③ 依法将质押股份转让给第三方并以转让价款清偿债权。

根据上述约定,如未来荀建华先生向勤诚达投资借款且数额巨大(如《股份质押协议》中约定被担保主债权13亿元),并无法如期偿还,则可能面临转让其质押的公司股份的风险,届时荀建华先生持有公司的股份比例可能降至10.36%,即存在因质押股份平仓而导致的公司控制权转移的风险,特提请广大投资者注意相关风险。

交易所问题三:勤诚达投资以15亿元受让荀建华所持公司7.59%的股份,其中有9亿元的资金来源为信托贷款。请公司穿透披露上述信托贷款的资金来源,包括但不限于委托人、受托人、贷款利率及期限等,是否存在以持有的公司股份作为信托贷款抵押的计划,并充分提示相关风险。

上市公司回复:(不涉及该次违法披露事项,故略)

交易所问题四:根据回复公告,勤诚达投资未来12个月内将对现任董事会、监事会或高级管理人员构成适时提出调整建议。请勤诚达投资进一步明确未来12个月内是否有更换公司管理层或派驻董事的计划。

上市公司回复:

根据勤诚达投资出具的说明,截至本说明出具日,勤诚达投资对上市公司现任董事、监事或高级管理人员进行调整的计划尚需根据与荀建华先生就股份转让所出现的问题进一步沟通、协商的结果予以确定,在与荀建华先生达成一致意见前,有关上市公司董事、监事或高级管理人员的安排无法最终确定。如勤诚达投资与荀建华先生协商一致确定后,勤诚达投资将按照有关法律法规的规定,行使相应权利,履行相应的法定程序和义务。

由于实际控制人在将持有的7.59%的股权转让给勤诚达投资后,又将其持有的1.46亿股公司股份(占公司总股本的12.41%)质押给受让人,勤诚达投资持有及享有质权的股权比例达上市公司总股本的20%,如果质押股份平仓,上市公司控制权即会发生转移。交易所第三次问询实控人与股权受让方是否有关于公司控制权让渡的默契及其相关安排,仍然得到否定的答复,与其之后5月26日所披露控股股东转让股份的协议内容相互矛盾,因此交易所直接认定上市公司存在违反相关信息披露规定的情形。

(四)问询函4

1. 收到时间:2017年5月29日
2. 针对事项:股份转让及质押相关事项
3. 具体内容

2017年5月26日,你公司发布了《关于控股股东协议转让股份暨实际控制人可能发生变更的提示性公告》。鉴于相关事项披露不够明确,根据《上海证券交易所股票上市规则》第17.1条规定,现请你公司就以下事项作进一步补充披露。

交易所问题一：我部关注到，勤诚达投资、荀建华与"勤诚达集团"于2017年1月10日已签署了有关公司的股份转让协议，3月17日和3月23日勤诚达投资与荀建华又进一步签署了有关股份转让协议的《补充协议》和《备忘录》。请公司进行自查，并向股权转让相关方核实未及时披露上述股份转让及其进展事项的原因，是否存在违反相关信息披露规定的情形。

上市公司回复：

经查阅荀建华及勤诚达近日向公司分别发来的相关协议及相关说明，结合对前期信息的梳理结果，公司认为，公司前期披露的关于股东股权转让相关信息，主要是基于荀建华及勤诚达双方提供的函件及相关资料。今后公司将督促相关信息披露义务人，要求其严格按照《上海证券交易所股票上市规则》的相关规定，及时告知公司已发生或者拟发生的重大事件，并积极配合上市公司做好相关信息披露工作。同时，公司也将密切关注公司股东股权转让等事项的进展情况，并依据相关规定及时履行信息披露义务。

根据荀建华出具的说明，由于本次交易时间比较长（至少6个月以上），而且资金规模较大、程序比较复杂，第二期股权能否顺利交割存在较大的不确定性。为避免对市场造成影响，双方沟通后均同意仅先披露了第一期转让上市公司7.59%股份这一事实，未有任何一方对此提出异议。事实上，目前也确实出现了第二期股权交易可能无法顺利进行的迹象，荀建华也正在与勤诚达沟通解决后续事宜。

综上所述，荀建华主观上没有隐瞒交易的恶意，只是考虑到第二期股权交易不确定性很大，为了避免给上市公司股东造成不必要的影响，才没有完整披露整体交易，导致违反了信息披露的相关规定。荀建华承诺，荀建华今后将严格按照《上海证券交易所股票上市规则》的相关规定履行信息披露义务，保证维护上市公司利益。由于现在荀建华已经提前完成了利润补偿的承诺，公司获得了大量的流动资金，荀建华会竭尽全力保证公司健康稳定的发展，以更好的业绩回报广大投资者，回馈社会。

根据勤诚达投资的说明，勤诚达认为其希望全部披露本次股权转让，未及时披露的原因主要在上市公司及实际控制人荀建华方面。

交易所问题二：根据公告，本次股权转让目前确实出现了第二期股权交易可能无法顺利进行的迹象，荀建华也正在与勤诚达投资沟通解决后续事宜。请公司向股权转让双方核实继续推进本次股权转让的主要障碍，是否存在可预见的终止风险，并补充披露可能导致本次股权转让终止的所有不确定性因素，充分提示相关风险。

上市公司回复：

就本次股权转让的主要障碍及风险，公司向荀建华、勤诚达进行了了解，并得到回复如下：

根据荀建华出具的说明，荀建华于2017年5月12日收到勤诚达发来的《深圳市勤诚达投资管理有限公司与荀建华关于亿晶光电科技股份有限公司的股份转让协议之补充协议（二）》，要求荀建华就杭锦后旗仲裁反请求及或有负债对勤诚达进行补偿事宜、上市公司现有资产后续处置方案、上市公司分红事宜、过渡期勤诚达参与上市公司经营管理安排、银行贷款及授信担保等事宜进行进一步补充约定，荀建华认为勤诚达提出的进一步要求已构成对双方原有协议安排的实质性修改。此外，截至目前，勤诚达应付转让价款中尚有2亿元迟迟未能支付完毕。综合以上，荀建华认为勤诚达的行为已构成实质违约，虽然目前双方正在就股权转让事宜进行协商，但本次股权转让存在较大的不确定性，可能存在终止的风险。

根据勤诚达出具的说明，就杭锦后旗仲裁反请求相关事宜荀建华未能正面回应勤诚达要求，此外上市公司分红董事会决议事宜、上市公司股份转让过渡期人事安排事项等也存在障碍，荀建华已违反《股份转让协议》及相关协议的约定，本次股份转让的履约风险急剧上升。勤诚达认为，如果荀建华与勤诚达就相关事项顺利达成进一步协议，本次股份转让存在继续履行的可能性。如果双方未能达成进一步协议，本次股份转让存在终止的风险。

基于荀建华和勤诚达的回复，双方就股份转让事项仍存在分歧，未能达成一致，本次股份转让存在终止的风险。据此，本次股份转让存在重大不确定性，特此提醒广大投资者注意相关风险。

此外，鉴于本次股份转让未能及时披露，不排除公司及相关信息披露义务人被证券监管部门处罚或采取监管措施的风险，本次股份转让能否完成存在不确定性。

对于未及时披露股份转让一事，上市公司给出的理由为实控人荀建华及勤诚达投资未提供完整准确的信息。荀建华给出的理由为考虑到第二期股权交易不确定性很大,为了避免给上市公司股东造成不必要的影响,才没有完整披露整体交易。勤诚达则表示其希望全部披露本次股权转让,未及时披露的原因主要在上市公司及实际控制人荀建华方面。对此,我们认为任何交易都存在一定的商业风险和不确定性,而具体的风险大小则是在股东知情权得到保障的情况之下所作出的判断,此次违法披露严重地侵害了股东知情权。

四、交易所的监管逻辑

上市公司信息披露是保证中小股东知情权,维护其利益的一种途径,基于这一目的我们可以更加深入地理解各法律条文中对于"信息披露义务"的规定。总的来说,交易所在对于这一问题的监管上主要分为以下三部分:**一是披露具体的信息**。从监管的层面来说,根据相应法律法规,收购人的财务状况、收购的资金来源,以及上市公司被收购后的并购重组、业务重组、资产剥离和资产注入等内容均需要对外披露。若上市公司没有履行这一义务,交易所会要求其履行。**二是及时披露信息**。为了最大限度地保护中小股东的权益,信息需要及时地对外披露。若上市公司没有及时披露信息,那么交易所往往会要求上市公司限时披露信息。毕竟信息具有时效性,过时的信息也就失去了价值。从另一角度来说,交易所有时会深究上市公司没有披露信息的原因。没有及时披露信息不能一概而论就是违法违规,上市公司可能会有其特殊的考虑。**三是披露的信息不得存在任何虚假记载、误导性陈述或者重大遗漏。**

五、相关法律规范

1.《中华人民共和国公司法》(2018年修订)

第一百四十一条 发起人持有的本公司股份,自公司成立之日起一年内不得转让。公司公开发行股份前已发行的股份,自公司股票在证券交易所上市交易之日起一年内不得转让。

公司董事、监事、高级管理人员应当向公司申报所持有的本公司的股份及其变动情况,在任职期间每年转让的股份不得超过其所持有本公司股份总数的百分之二十五；所持本公司股份自公司股票上市交易之日起一年内不得转让。上述人员离职后半年内，不得转让其所持有的本公司股份。公司章程可以对公司董事、监事、高级管理人员转让其所持有的本公司股份作出其他限制性规定。

2.《上市公司信息披露管理办法》（2006 年发布）

第二条　信息披露义务人应当真实、准确、完整、及时地披露信息，不得有虚假记载、误导性陈述或者重大遗漏。

信息披露义务人应当同时向所有投资者公开披露信息。

在境内、外市场发行证券及其衍生品种并上市的公司在境外市场披露的信息，应当同时在境内市场披露。

第四十六条　上市公司的股东、实际控制人发生以下事件时，应当主动告知上市公司董事会，并配合上市公司履行信息披露义务。

（一）持有公司 5% 以上股份的股东或者实际控制人，其持有股份或者控制公司的情况发生较大变化；

（二）法院裁决禁止控股股东转让其所持股份，任一股东所持公司 5% 以上股份被质押、冻结、司法拍卖、托管、设定信托或者被依法限制表决权；

（三）拟对上市公司进行重大资产或者业务重组；

（四）中国证监会规定的其他情形。

应当披露的信息依法披露前，相关信息已在媒体上传播或者公司证券及其衍生品种出现交易异常情况的，股东或者实际控制人应当及时、准确地向上市公司作出书面报告，并配合上市公司及时、准确地公告。

上市公司的股东、实际控制人不得滥用其股东权利、支配地位，不得要求上市公司向其提供内幕信息。

第五十九条　信息披露义务人及其董事、监事、高级管理人员，上市公司的股东、实际控制人、收购人及其董事、监事、高级管理人员违反本办法的，中国证监会可以采取以下监管措施：

（一）责令改正；

（二）监管谈话；

（三）出具警示函；

（四）将其违法违规、不履行公开承诺等情况记入诚信档案并公布；

（五）认定为不适当人选；

（六）依法可以采取的其他监管措施。

3.《上市公司收购管理办法》(2014年修订)

第五十三条　上市公司控股股东向收购人协议转让其所持有的上市公司股份的，应当对收购人的主体资格、诚信情况及收购意图进行调查，并在其权益变动报告书中披露有关调查情况。

控股股东及其关联方未清偿其对公司的负债，未解除公司为其负债提供的担保，或者存在损害公司利益的其他情形的，被收购公司董事会应当对前述情形及时予以披露，并采取有效措施维护公司利益。

第七十六条　上市公司的收购及相关股份权益变动活动中的信息披露义务人在报告、公告等文件中有虚假记载、误导性陈述或者重大遗漏的，中国证监会责令改正，采取监管谈话、出具警示函、责令暂停或者停止收购等监管措施。在改正前，收购人对其持有或者实际支配的股份不得行使表决权。

3-2　从"四通股份"看"并购基金收购上市公司"

一、交易概况

2018年8月23日，四通股份公布《重大资产置换及发行股份购买资产暨关联交易报告书（草案）》，拟进行重大资产置换。此次交易将导致上市公司控制权变更，构成借壳上市。

根据《重大资产置换及发行股份购买资产暨关联交易报告书（草案）》，此次交易方案具体包括以下三步：

（一）重大资产置换

置出资产：四通股份截至评估基准日除保留资产以外的全部资产与负债（保留资产包括四通股份拥有的现金0.4亿元、瓷土采矿承包经营权形成的其他流动负债和递延收益）

置出资产作价:8.02亿元

置入资产:康恒环境100%股权

置入资产作价:85亿元

交易对方:磐信昱然等11名康恒环境全体股东

(二)发行股份购买资产

交易对方:磐信昱然等11名康恒环境全体股东

交易作价:76.98亿元(置出置入资产差价)

发行价格:9.04元/股

发行股份数量:8.52亿股

(三)股份转让

上市公司控股股东、实际控制人蔡镇城、蔡镇茂、李维香、蔡镇锋、蔡镇通及其一致行动人蔡镇煌、蔡怿甸、蔡怿烁分别向交易对方拟设立的合伙企业转让2,171,173股、2,165,077股、2,165,077股、2,165,077股、2,165,077股、2,165,077股、168,721股、168,721股,合计13,334,000股四通股份股票。

磐信昱然等11名交易对方同意将与上市公司进行资产置换取得的拟置出资产交由上市公司控股股东、实际控制人及其一致行动人或其指定的第三方承接,作为交易对方拟设立的合伙企业受让13,334,000股四通股份股票的交易对价。

本次交易完成后,上市公司将持有康恒环境100%股权,上市公司的控股股东将变更为磐信昱然,中信产业基金控制磐信昱然,但是中信产业基金无实际控制人,从而上市公司无实际控制人。

康恒环境的股权结构如图3-1所示。

作为康恒环境控股股东的磐信昱然,为有限合伙企业,其普通合伙人磐信言钊为中信产业基金旗下基金,故本交易本质上为并购基金收购上市公司。

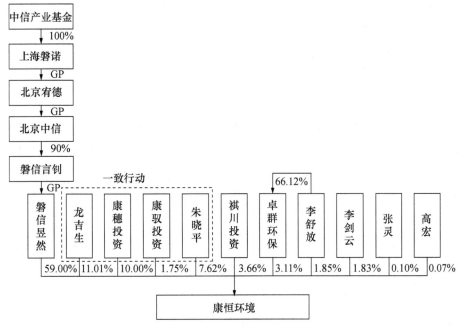

图 3-1 康恒环境的股权结构

二、交易所问题及上市公司回复

上海证券交易所分别于 2018 年 9 月 10 日和 9 月 17 日出具两封问询函，下面主要对问询函中针对并购基金收购上市公司的问题进行分析。

(一) 问询函 1

交易所问题四：关于无实际控制人认定。草案披露，本次交易完成后，上市公司的控股股东将变更为磐信昱然，中信产业基金控制磐信昱然，但由于中信产业基金无实际控制人，从而上市公司也无实际控制人。请公司结合中信产业基金的股东持股比例、投资目的、董事会成员构成等，分析说明认定交易完成后上市公司为无实际控制人状态的合理性。请财务顾问及律师发表意见。

上市公司回复：

根据康恒环境提供的文件，磐信昱然最近 3 年持有康恒环境的股份比例均高于 50%，能够对康恒环境形成绝对控制，是康恒环境的控股股东；中信产业基金最近3年对磐信昱然能够形成控制,由于中信产业基金不存在实际控制人,因此康恒环境不存在实际控制人。本次交易完成后,上市公司的控股股东变更为磐信昱然,基于上述控制关系,上市公司不存在实际控制人。

中信产业基金无实际控制人的原因如下:

1. 中信产业基金的股权结构

根据中信产业基金提供的文件并经核查,报告期内,中信产业基金股权结构稳定,未发生过股权变动。根据上表可知,中信产业基金的股权结构一直比较分散,中信产业基金唯一持有出资权益超过30%的股东为中信证券股份有限公司(以下简称"中信证券")。中信证券持有中信产业基金35%的出资权益,为中信产业基金的第一大股东。

《公司法》第36条规定:"有限责任公司股东会由全体股东组成。股东会是公司的权力机构……"

根据中信产业基金的现行有效的公司章程,中信产业基金股东会由中信产业基金全体股东组成,为中信产业基金的权力机构。股东会会议由股东按照认缴的出资比例行使表决权,股东会会议作出的决议必须经代表1/2以上表决权的股东通过,但股东会作出修改公司章程、增加或者减少注册资本的决议,以及公司合并、分立、解散或者变更公司形式、公司章程规定的重大投资事项的决议,必须经代表2/3以上表决权的股东通过。

据此,在普通决议层面,由于普通决议需要代表1/2以上表决权的股东通过,中信产业基金任何一名股东的出资比例均不足以决定或否决中信产业基金的股东会普通决议事项;在特别决议层面,由于特别决议需要代表2/3以上表决权的股东通过,而中信证券持有中信产业基金35%的出资权益,其对特别决议的通过或否决具有实质性影响。

但是,中信产业基金股东会普通决议的范围较为广泛,涵盖董事会和监事会的工作报告的批准、董事会和监事会成员的任免、决定公司的经营方针和投资计划、批准公司的年度财务预算方案和决算方案、批准公司的利润分配方案和弥补亏损方案等。有鉴于此,中信证券作为中信产业基金第一大股东的地位不足以决定或实质性影响中信产业基金的财务和经营决策。

综上所述,在中信产业基金股东会层面不存在某一方控制股东会决策的情形。

2. 中信产业基金的董事会成员构成

根据中信产业基金现行有效的公司章程,中信产业基金设董事会,由 12 名董事组成,其中 2 名为管理层董事,10 名为非管理层董事。其中,持有中信产业基金 5% 股权的股东有权在公司高级管理人员中提名管理层董事候选人;非管理层董事候选人中,中信证券有权提名 3 名,其余 7 名股东均有权提名 1 名。董事由股东会在股东按规定提名的候选人中选举产生。根据中信产业基金的说明,中信产业基金的董事会实际系由 11 名董事组成,其中 1 名为管理层董事,10 名为非管理层董事。中信产业基金董事由股东大会选举和更换,选举董事事项为股东大会普通决议事项,由出席股东大会的股东所持表决权 1/2 以上通过。

董事会决议的表决,实行一人一票。董事会的所有讨论事项均必须经占出席董事会会议的所有董事 1/2 以上通过。根据中信产业基金提供的文件并经核查,在报告期内,中信产业基金的董事会成员的提名程序并未发生变化,中信产业基金的董事会成员中包含中信证券提名 1 名管理层董事和 3 名非管理层董事以及其他 7 名股东各自提名的 1 名非管理层董事。

据此,中信产业基金董事会在董事会人选推荐、选举及表决程序等方面均不存在被某一方控制的情形。

3. 认定实际控制人的法律依据

《公司法》第 216 条第 2 款规定:"控股股东,是指其出资额占有限责任公司资本总额百分之五十以上或者其持有的股份占股份有限公司股本总额百分之五十以上的股东;出资额或者持有股份的比例虽然不足百分之五十,但依其出资额或者持有的股份所享有的表决权已足以对股东会、股东大会的决议产生重大影响的股东。"中信产业基金各股东持股比例均不超过 50%,且均不具备对中信产业基金各项股东会决议产生重大影响的能力,有鉴于此,中信产业基金不存在控股股东。

《公司法》第 216 条第 3 款规定:"实际控制人,是指虽不是公司的股东,但通过投资关系、协议或者其他安排,能够实际支配公司行为的人。"根据中信产业基金的说明,中信证券持有中信产业基金 35% 的股权,为中信产业基金第一大股东,但中信证券并不控制中信产业基金,无法对中信产业基金施加重大影响,且未将中信产业基金纳入合并报表范围。由此中信产业基金不存在实际控制人。

综上所述，中信产业基金的股权结构、股东会决策机制、董事会组成及董事会决策机制均不能使某一股东或某一方具备控制中信产业基金的能力。作为康恒环境的控股股东，磐信昱然系由中信产业基金控制，但是鉴于中信产业基金不存在实际控制人，从而康恒环境不存在实际控制人。本次交易完成后，磐信昱然将成为上市公司的控股股东，认定上市公司不存在实际控制人存在合理性。

（二）问询函2

交易所问题一：根据草案及公司一次回复，本次交易完成后，磐信昱然成为公司控股股东，中信产业基金控制磐信昱然，由于中信产业基金无实际控制人，因此认定上市公司无实际控制人具有合理性。请公司补充披露：（1）穿透披露磐信昱然至最终出资人，是否存在"三类股东"的情形，是否符合《关于规范金融机构资产管理业务的指导意见》的监管要求，是否存在杠杆、分级、嵌套等情形；（2）请结合中信产业基金的公司章程、投资决策约定及《企业会计准则》中关于"控制"的认定依据，补充说明认定交易完成后上市公司为无实际控制人状态的合理性；（3）标的资产股东穿透披露后是否超过200人，是否符合《非上市公众公司监管指引第4号》的相关规定；（4）磐信昱然相关股东所持股份后续安排，是否存在减持计划或退出计划，对于投资期限及投向等是否存在协议约定；是否会影响上市公司控制权的稳定性，是否会导致公司未来生产经营存在不确定性。请财务顾问发表意见。

上市公司回复：

1. 不存在"三类股东"的情形

根据本题回复"（一）磐信昱然的最终出资人"所述的磐信言钊、北京中信、磐信上海最终出资人的出资来源，磐信言钊、北京中信、磐信上海最终出资人层面不存在契约型私募基金、资产管理计划、信托计划"三类股东"的情形。

2. 符合《关于规范金融机构资产管理业务的指导意见》的监管要求，不存在杠杆、分级、嵌套等情形

《关于规范金融机构资产管理业务的指导意见》主要规范资产管理业务和产品。磐信言钊、北京中信、磐信上海最终出资人层面不存在资产管理计划。

磐信言钊、北京中信、磐信上海最终出资人层面存在私募投资资金。根据《关于规范金融机构资产管理业务的指导意见》，私募投资基金适用私募投资基金专门法律、行政法规，私募投资基金专门法律、行政法规中没有明确规定的适用本意见，创业投资基金、政府出资产业投资基金的相关规定另行制定。北京中信与磐信上海已经完成私募基金备案，其自身的募集及运营活动已纳入行业监管及自律管理。

根据磐信昱然的合伙人磐信言钊、北京中信、磐信上海出具的承诺函，磐信言钊、北京中信、磐信上海均已承诺："（1）本企业/本公司不存在采用分级产品、杠杆或结构化方式进行融资的情形。（2）本企业/本公司的合伙人/股东向本企业/本公司缴付出资的资金来源为合法自有/自筹资金，不存在采用分级产品、杠杆或结构化方式进行融资的情形。"

根据中信产业基金的说明，北京中信与磐信上海募集资金不存在杠杆、分级、结构化安排。

综上所述，磐信昱然穿透至最终出资人不存在三类股东；磐信昱然的合伙人北京中信、磐信上海均已完成私募基金备案，符合《关于规范金融机构资产管理业务的指导意见》的规定，磐信昱然穿透至最终出资人后亦不存在采用分级产品、杠杆或结构化方式进行融资的情形。

三、交易所的监管逻辑

问询函2的问题一中提到的"三类股东"是指契约型私募基金、资产管理计划和信托计划。这"三类股东"主要存在以下问题：

1. 缺乏法人资格，确权登记困难

"三类股东"均系以契约为载体的金融产品，在工商登记时不被视为民事主体，无法登记为股东，缺乏法人资格，因此"三类股东"系委托人通过受托人名义进行投资。

2. 出资人和资金来源难穿透核查

契约型私募基金、资产管理计划和信托计划在法律关系上实质属于代持结构，其背后往往有许多股东，特别在多个金融产品层层嵌套的情形下，更容易滋生股份代持、关联方隐藏持股、规避限售、短线交易，甚至利益输送等问题，较难实现穿透式监管。

3. 投资决策和收益分配机制未有效披露

"三类股东"的投资决策、收益分配机制未经有效披露，容易引起纠纷，不符合 IPO 对股权结构清晰的要求。甚至部分"三类股东"存在利用资金池进行投资的情形。投资人可以较为自由地转让及变动，第三方较难通过公开渠道获得最终投资人及权益持有人情况。因此持续披露存有"三类股东"的最终投资者结构及其变动状况是否真实、是否涉及未披露关联方等事项，具有相当程度的困难性和复杂性。

4. 公司股权结构不稳

"三类股东"的存在可能导致公司股权结构不稳定。以往一段时期申请 IPO 的排队时间较长，在这期间，如"三类股东"出现到期兑付、份额或收益权转让等情形，将造成被投资公司股权结构不稳定。若"三类股东"利用期限错配进行"短债长投"，将短期的、有固定收益的债权投资产品，部分用于投资三五年期、不保本不保息的股权投资产品，将增加出现兑付危机的风险。

而这三类股东常常存在于并购基金中，因此，上交所对本案例进行了有针对性的问询，并且在证监会的反馈意见中，也提到了相同的问题。由此可见，"三类股东"问题是并购基金收购上市公司的案例中，有关部门监管的重点。

而究其本质，结合"三类股东"问题及问询函中的其他问题，可以发现，对并购基金收购上市公司，有关部门的监管重点，即是"**控制权的归属及稳定性问题**"。

众所周知，并购基金，特别是有限合伙型的并购基金，其控制权认定较为复杂，普通合伙人（GP）和有限合伙人（LP）法律上的责任不同，GP 承担无限连带责任，LP 以其出资额为限承担责任，表面上看，GP 应为并购基金的控制人。但是，实际生活中，判断并购基金控制权的标准有很多，包括投资决策委员会的设置、席位分配、决议通过方式、表决权分配、一票否决权等等。这种复杂的控制权认定，造成了其收购上市公司的控制权的归属清晰性和稳定性存在问题，也就成为监管部门的监管重点。

在本案例中，针对控制权稳定性问题，交易对方主要作出了以下改变：

（1）康恒环境控股股东磐信昱然及重要股东即龙吉生、朱晓平及其一致行动人康穗投资、康驭投资将**股份锁定期**由 36 个月延长到 48 个月。

(2) 磐信昱然合伙人进行多层**穿透锁定**。

截至目前,四通股份交易仍在进行中,若本次交易顺利完成,意味着并购基金收购上市公司的方案再度成为可能,其监管边界也更加清晰。

四、相关法律规范

1. 《中华人民共和国公司法》(2018 年修订)
2. 《中华人民共和国合伙企业法》(2006 年修订)
3. 《上市公司收购管理办法》(2014 年修订)
4. 《关于规范金融机构资产管理业务的指导意见》(2018 年发布)
5. 《非上市公众公司监管指引第 4 号——股东人数超过 200 人的未上市股份有限公司申请行政许可有关问题的审核指引》(2013 年发布)

3-3 从"红宇新材"看"事业单位收购上市公司"

一、交易概况

2018 年 5 月 30 日,湖南红宇耐磨新材料股份有限公司(以下简称"红宇新材")因筹划控股股东、实际控制人变更事项,经向深圳证券交易所申请,公司股票自 2018 年 5 月 30 日上午开市起停牌。

2018 年 6 月 12 日,公司控股股东、实际控制人朱红玉及一致行动人朱红专与华融国信签署了《股份转让协议》《表决权委托协议》。

交易方式:股份协议转让+表决权委托

转让方:朱红玉及一致行动人朱红专、朱明楚

受让方:华融国信控股(深圳)有限公司

转让标的:无限售流通股 24,211,328 股(占比 5.486%);同时,将红宇新材高管锁定股 64,088,672 股(占比 14.52%)所涉及的表决权、提案权等相应股东权利委托给华融国信行使

转让价格:4.8 元/股,共计 116,214,374.4 元

交易结果:本次交易完成后,华融国信成为公司单一拥有表决权份额最大

的股东,即公司的控股股东,朱红玉、朱红专、朱明楚与其为一致行动人,公司的实际控制人由朱红玉女士变更为舆情战略研究中心。

受让方华融国信的实际控制人为中战华信资产管理有限公司,而中战华信的实际控制人为舆情战略研究中心。股权结构图如下:

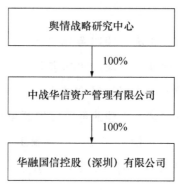

图 3-2 华融国信的股权结构

根据红宇新材公布的公告显示,舆情战略研究中心是经中央编办国家事业单位登记管理局审批成立的中央和国家机关所属事业单位。中心主要职能和工作为:开展舆情战略信息的征集、监测、分析和研究,加大信息安全保障服务力度,深入进行社会经济调查研究,加强国际国内学术交流与合作。专题调查部门根据网络监测信息反映的舆情线索,开展与社会安全、国家经济安全、产业安全和消费安全等重大安全领域相关的专题调研,包括市场调研、社会调研和为核实舆情监测信息开展的实证模拟调研,将舆情危机隐患信息与实地调研的第一手资料结合起来,全面系统地分析存在的问题和可能带给国家和社会的安全危机隐患。

故,本次交易为典型的事业单位收购上市公司。

二、交易所问题及上市公司回复

深圳证券交易所分别于 2018 年 6 月 19 日、6 月 25 日及 6 月 29 日出具三封关注函,对此次交易进行问询。下面主要对三封问询函中交易所针对受让方事业单位性质的监管要点进行分析,对于其他方面如交易目的、交易方式、整合等问题,可见本书其他部分,在此不再赘述。

（一）关注函1

交易所问题二：请说明本次交易完成后的实际控制人舆情战略研究中心的成立时间、法定代表人、企业类型、股东的基本情况，并核实说明媒体报道提及的"刘必安"与实际控制人舆情战略研究中心是否存在关联关系或其他关系，是否参与本次交易的筹划。

上市公司回复：

舆情战略研究中心成立于2012年7月24日，法定代表人为廖富文，企业类型为国家事业单位，举办单位为中国战略与管理研究会。

刘必安先生为舆情战略研究中心的副调研员，同时担任中战华信的总裁。刘必安先生作为中战华信的总裁，参与了本次交易的初步洽谈及具体落实工作。

（二）关注函2

交易所问题二：舆情战略研究中心作为事业单位，收购上市公司控制权是否需要履行相应的审批或决策程序。如是，请说明相关程序履行情况及其存在的不确定性。请财务顾问核查并发表意见。

上市公司回复：

（1）本次收购的决策程序

根据中战华信、舆情战略研究中心发布的关于本次权益变动的股东决定等决策、说明文件，本次收购上市公司控制权的事宜已履行了必要的内部审议和决策程序，具体情况如下：

2018年5月26日，舆情战略研究中心出具股东决定，同意中战华信全资子公司华融国信以协议转让方式受让朱红玉、朱红专持有的红宇新材24,211,328股无限售条件的流通股股份（占红宇新材总股本的5.486%）；同意中战华信全资子公司华融国信通过表决权委托的方式取得朱红玉、朱红专另行持有的红宇新材64,088,672股股份（占红宇新材总股本的14.52%）所对应的表决权。

2018年5月27日，中战华信出具股东决定，同意华融国信以协议转让方式受让朱红玉、朱红专持有的红宇新材24,211,328股无限售条件的流通股股份（占红宇新材总股本的5.486%）；同意华融国信通过表决权委托的方式取得朱红玉、朱红专另行持有的红宇新材64,088,672股股份（占红宇新材总股本的14.52%）所对应的表决权。

2018年6月12日，华融国信与朱红玉及朱红专签署了《股份转让协议》《表决权委托协议》。

(2) 财务顾问核查意见

根据中战华信、舆情战略研究中心发布的关于本次权益变动的股东决定等决策、说明文件，本财务顾问认为，本次收购上市公司控制权的事宜已履行了必要的内部审议和决策程序，不存在因未履行相应的审批或决策程序而导致本次收购存在重大不确定性的情况。

交易所问题三：根据回复，刘必安为舆情战略研究中心的副调研员，同时担任中战华信的总裁，参与本次交易的初步洽谈及具体落实工作。请补充说明刘必安在本次收购中担任的主要角色、负责的主要工作，是否为本次收购提供资金，是否如媒体质疑为本次收购事项的实际收购人。请财务顾问核查并发表意见。

上市公司回复：

(1) 刘必安在本次收购中的主要工作

刘必安作为中战华信的总裁，在本次交易的过程中，作为收购人本次收购工作的主要策划人员之一参与了与转让方的前期洽谈及股份转让协议、表决权委托协议内容商定相关的工作，同时协调中战华信下属各公司就本次交易开展的核查工作提供相应的资料。本次收购事项经过舆情战略研究中心及中战华信的决策审议，是收购人管理层集体审议的结果。

根据刘必安出具的说明文件，其个人未为本次收购提供任何收购资金，并非本次收购事项的实际收购人。

(2) 财务顾问核查意见

截至本核查意见出具之日，本财务顾问仍就本次收购资金来源开展相关的核查程序，并已取得深圳市玛丽莱资产管理有限公司、深圳金易购珠宝网络科技有限公司等10家企业的银行流水并完成审阅，基于已完成的核查程序及获取的相关证据，本财务顾问未发现刘必安为本次收购提供资金的情形。

交易所问题四:请补充说明舆情战略研究中心作为事业单位的财务状况、支付能力以及本次收购股份的具体资金来源,并核实说明其是否具备收购能力。请财务顾问对收购资金的具体来源进行核查并发表意见。

上市公司回复:

根据已取得的说明文件,舆情战略研究中心财务状况未对外公开。

根据华融国信及其控股股东和实际控制人舆情战略研究中心出具的说明文件,其本次收购的资金来源于合法自有资金,不存在直接或间接来源于上市公司及其关联方的情况,不存在通过与上市公司进行资产置换或者其他交易获取资金的情形。舆情战略研究中心的主办单位中国战略与发展研究会对舆情战略研究中心的财务状况和资金来源已出具说明文件。

根据华融国信、中战华信提供的银行对账单及说明,本次收购资金来源于中战华信向华融国信提供的投资款。天健会计师事务所深圳分所于2018年6月1日出具了天健深验(2018)15号《验资报告》,截至2018年5月30日,华融国信已收到中战华信资产管理有限公司首期缴纳的注册资本合计123,330,000元。截至本核查意见出具之日,华融国信已收到上述实缴注册资本,并按照《股权转让协议》约定完成116,214,374.4元股权转让款的缴付。

(三) 关注函3

交易所问题一:你公司回复称"本次收购事项经过舆情战略研究中心及中战华信的决策审议,是收购人管理层集体审议的结果"。请补充说明:(1)舆情战略研究中心及中战华信内部决策分别履行了哪些审议程序,与其内部相关决策规章制度等是否相符,并报备舆情战略研究中心及中战华信的相关决策规章制度;(2)舆情战略研究中心作为事业单位,本次收购是否需要经相应主管部门审核同意,是否符合相关法律法规的规定。请财务顾问和律师核查并发表意见。

上市公司回复:

湖南中楚律师事务所关于深圳证券交易所《关于对湖南红宇耐磨新材料股份有限公司的关注函》相关问题出具了专项法律意见书,内容如下:

(1) 舆情战略研究中心及中战华信内部决策分别履行的审议程序

根据华融国信提供的资料，2018年5月26日，舆情战略研究中心出具股东决定，同意中战华信全资子公司华融国信以协议转让方式受让朱红玉、朱红专持有的红宇新材24,211,328股无限售条件的流通股股份（占红宇新材总股本的5.486%）；同意中战华信资产管理有限公司（以下简称"中战华信"）全资子公司华融国信通过表决权委托的方式取得朱红玉、朱红专另行持有的红宇新材64,088,672股股份（占红宇新材总股本的14.52%）所对应的表决权。

2018年5月26日，中战华信股东代表、法定代表人兼执行董事刘耀纲在北京会议室召集管理层会议，与会人员表决同意华融国信以协议转让方式受让朱红玉、朱红专持有的红宇新材24,211,328股无限售条件的流通股股份（占红宇新材总股本的5.486%）；同意华融国信通过表决权委托的方式取得朱红玉、朱红专另行持有的红宇新材64,088,672股股份（占红宇新材总股本的14.52%）所对应的表决权。

2018年5月27日，中战华信出具股东决定，同意华融国信以协议转让方式受让朱红玉、朱红专持有的红宇新材24,211,328股无限售条件的流通股股份（占红宇新材总股本的5.486%）；同意华融国信通过表决权委托的方式取得朱红玉、朱红专另行持有的红宇新材64,088,672股股份（占红宇新材总股本的14.52%）所对应的表决权。

2018年6月12日，华融国信与朱红玉及朱红专签署了《股份转让协议》《表决权委托协议》。

(2) 本次收购决策程序符合舆情战略研究中心及中战华信内部规章制度

本次收购涉及转让价款共计116,214,374.4元。根据华融国信提供的资料，中战华信现行有效的《公司章程》第12条规定，在组织公司管理层集体讨论通过后，公司执行董事有权对投资金额不超过2亿元的投资项目作出决定。

如前文所述，2018年5月26日，舆情战略研究中心出具股东决定予以同意；中战华信股东代表、法人兼执行董事刘耀纲、总裁刘必安、财务总监梁瑞虎、副总裁沈朝阳、副总裁王中林等公司管理层人员于2018年5月26日召开管理层会议，对本次收购形成决议；2018年5月27日，中战华信出具股东决定。上述决策程序符合中战华信《公司章程》规定,为中战华信管理层职权范围内的投资活动。

(3) 本次收购无须经相应主管部门审核同意,不违反现行法律法规

根据华融国信提供的《关于舆情战略研究中心财务情况的说明函》,中国战略与管理研究会就舆情战略研究中心"可自主决策设立企业,自主决策所属企业的投资行为"进行说明。根据本所律师登录事业单位在线网站(http://www.gjsy.gov.cn)查询及华融国信提供的资料,舆情战略研究中心举办单位为中国战略与管理研究会,经费来源为非财政补助。根据本所律师登录民政部网站(http://www.mca.gov.cn)查询,中国战略与管理研究会为1989年6月17日在民政部登记成立的社会团体法人,统一社会信用代码为51100000500003304A。故,本所律师认为,本次收购,华融国信为依法设立、自负盈亏的企业法人,其控股股东中战华信、舆情战略研究中心可在履行内部决策程序后,依职权予以决策,无须经相应主管部门审核同意,不违反现行相关法律法规的规定。

结论意见:

综上所述,华融国信控股股东中战华信、舆情战略研究中心,根据各自内部相关决策制度规定对于本次收购进行了必要的审议决策;华融国信作为依法设立、自负盈亏的企业法人,中战华信、舆情战略研究中心可在依法履行内部决策程序后,依职权予以决策,无须经相应主管部门审核同意,不违反现行相关法律法规的规定。

交易所问题二:根据回复,舆情战略研究中心财务状况未对外公开。请补充说明未能披露舆情战略研究中心财务状况的具体原因及依据,是否符合《公开发行证券的公司信息披露内容与格式准则第15号——权益变动报告书》的要求。

上市公司回复:

根据中国战略与发展研究会出具的说明文件,舆情战略研究中心的财务状况未对外公开。

根据《公开发行证券的公司信息披露内容与格式准则第15号——权益变动报告书》(以下简称《信息披露准则第15号》)第41条及《公开发行证券的公司信息披露内容与格式准则第16号——上市公司收购报告书》(以下简称《信

息披露准则第 16 号》)第 18 条第 3 款的相关规定,华融国信设立不满 3 年,权益变动报告书中应当介绍其控股股东或实际控制人所从事的业务及最近 3 年的财务状况。

根据《信息披露准则第 16 号》第 40 条的规定,收购人应当披露其实际控制人或控股公司最近 3 年财务会计报表及最近 1 个会计年度经审计财务会计报告。因此,中战华信作为华融国信的控股股东,其最近 3 年财务报表及最近 1 个会计年度经审计财务会计报告应作为补充资料提交。在此基础上,舆情战略研究中心作为收购人实际控制人,其财务状况并非信息披露要求的必备内容。

三、交易所的监管逻辑

结合上述对于交易所关注函中针对事业单位收购上市公司交易所提问题的整理,可以发现,针对事业单位本身具有的国有性、公益性等,交易所对于事业单位收购上市公司交易进行监管时,会着重考虑以下两个方面:

1. 审批程序

事业单位的国有性质在一定程度上代表其行事往往有严格的决策审批程序,且这一程序需要一定时间,对于收购上市公司等类似重大行为,交易所更要关注其决策审批程序的履行情况。在红宇新材的案例中,交易所分别在关注函 2 的问题二及关注函 3 的问题一中着重关注了作为事业单位的舆情战略研究中心的决策和审批程序。两次详细问询并要求明确说明分别履行了哪些审议程序,与其内部相关决策规章制度等是否相符,并报备其相关决策规章制度,足以说明交易所的重视。当然,本例中舆情战略研究中心可自主决策设立企业,自主决策企业的投资行为。因此研究中心可在依法履行内部决策程序后,依职权予以决策,无须经相应主管部门审核同意,不违反现行相关法律法规的规定。但审批程序仍是事业单位收购上市公司交易监管的重点关注点之一。

2. 资金来源

交易所对于事业单位收购上市公司交易的资金来源的重视主要源于以下两点:

（1）事业单位财务状况不一定对外公开，资金来源可能无法直接通过财务报表形式体现。

（2）事业单位往往控股或持股多家公司，其资金来源可能很复杂且可能存在各类关联情况。例如，直接或间接来源于上市公司及其关联方，或者通过与上市公司进行资产置换或者其他交易获取资金等等。

本例中，事业单位舆情战略研究中心的财务状况未公开，且其全资控股的中战华信旗下共有33家公司，其中存在着多家公司净利润为负或未开展实际业务、在剥离中、已停业等等复杂情况，且公司性质不一，这大大增加了其资金来源的不确定性，有媒体怀疑其与众多P2P公司关联使得其资金来源合法性存疑。因此，虽然本例中舆情战略研究中心存在其特殊性，但资金来源仍是交易所对于事业单位收购上市公司交易的监管重点。

最终，红宇新材于2018年9月27日发布《关于拟终止控制权变更的提示性公告》，终止了本次控制权转让交易，虽然案例本身是典型的事业单位收购上市公司，但我们认为，其交易最终未能完成的本质原因不在于受让方为事业单位，而在于其交易自身的复杂性和不确定性。

四、相关法律规范

1.《上市公司收购管理办法》（2014年修订）

2.《公开发行证券的公司信息披露内容与格式准则第15号——权益变动报告书》（2014年修订）

3.《公开发行证券的公司信息披露内容与格式准则第16号——上市公司收购报告书》（2014年修订）

3-4 "控制权收购＋重大资产重组"，"哈工智能"是怎样通过"类借壳"审批的

一、关于"类借壳"模式的简述

上市公司控制权收购和重大资产重组是上市公司并购重组中两种最常见

的交易类型，在实际案例中，我们常常能发现上市公司将这两步同时或相继进行。"控制权收购+重大资产重组"模式背后的利益考量多种多样，但有一种我们不可忽视，那就是上市公司新的实际控制人可能拟获得上市公司控制权之后，通过购买第三方资产进行重大资产重组，从而避开法规对借壳的监管，实现"类借壳"上市。

众所周知，证监会对借壳上市的审核要求类同于IPO。在2016年证监会发布的《关于修改〈上市公司重大资产重组管理办法〉的决定》中，将借壳量化指标从原有的资产总额单项指标调整为资产总额、资产净额、营业收入、净利润、股本5个指标，只要其中任一达到100%，就认定符合交易规模要件。这意味着今后要想不触及借壳的红线，需要规避更多的指标，操作难度明显加大。

在2016年《上市公司重大资产重组管理办法》修订稿发布生效之前，公司规避借壳的思路主要是避免总资产规模超过监管规定比例等，而新规发布生效之后，调整资产规模这一类借壳思路就不再是灵丹妙药了。在此背景下，投行和公司另辟蹊径，采取了引入第三方、表决权让渡、减少股权收购比例等手段进行类借壳交易。下面将通过对哈工智能（原友利控股）类借壳过程的梳理，来展示"控制权收购+重大资产重组"这种引入第三方模式是如何具体实施的。

二、哈工智能"类借壳"模式剖析

友利控股是一家主要从事氨纶生产及销售业务的上市公司。近年来，随着传统实体行业发展放缓，同行竞争日趋激烈，公司发展并不顺利。通过对比公司2014年、2015年和2016年的财务数据可以发现，公司2016年的营业收入和现金流等相比2015年都有较大幅度的下滑，甚至产生了亏损，因此"卖壳"对于公司管理层和大股东而言是个不得已而为之的选择。友利控股同时也具备市值小、所在板块好、债权关系简单等"好壳"的特点，因此被哈工智能看中作为"借壳"的对象。

表 3-1　友利控股 2014 年、2015 年、2016 年的财务状况

	2014 年	2015 年	2016 年
营业收入(元)	2,013,791,854.67	1,075,167,684.21	734,172,153.62
归属于上市公司股东的净利润(元)	163,278,192.95	26,254,790.55	−409,114,820.07
归属于上市公司股东的扣除非经常性损益的净利润(元)	160,652,100.92	1,963,543.91	−391,123,751.85
经营活动产生的现金流量金额(元)	188,357,222.68	201,108,348.37	−76,104,783.53
基本每股收益(元/股)	0.2662	0.0428	−0.6670
稀释每股收益(元/股)	0.2662	0.0428	−0.6670
加权平均净资产收益率(%)	8.49	1.37	−23.77
	2014 年年末	2015 年年末	2016 年年末
总资产(元)	3,490,839,350.85	2,954,524,116.00	2,243,109,996.18
归属于上市公司股东的净资产(元)	1,900,601,493.20	1,927,136,667.50	1,514,465,202.18

哈工智能对友利控股的"类借壳"方案整体上可分为两步：

第一步：控制权收购(买壳)。2017 年 1 月,有限合伙性质的并购基金无锡哲方、无锡联创出资 32.4 亿元取得友利控股 29.9% 股份,乔徽、艾迪成为友利控股的新实际控制人。

第二步：重大资产重组(引入第三方)。2017 年 5 月,友利控股以 9 亿元现金购买了工业机器人制造服务商天津福臻 100% 股权,交易构成重大资产重组,但不构成借壳上市。

(一) 控制权收购(买壳)

首先,我们来看友利控股是如何进行控制权收购的。友利控股是哈工智能的前身,在友利控股进行重大资产重组后更名为"哈工智能",似乎有深意,但此处不予深究。

2016年12月,友利控股控股股东双良科技拟以17.7元/股的价格转让上市公司1.83亿股股份(占比为11.3%),转让总价款为32.4亿元。通过协议转让的方式,双良科技与无锡哲方哈工智能机器人投资企业(有限合伙)(以下简称"无锡哲方")、无锡联创人工智能投资企业(有限合伙)(以下简称"无锡联创")于2016年12月29日签署了《江苏双良科技有限公司与无锡哲方哈工智能机器人投资企业(有限合伙)、无锡联创人工智能投资企业(有限合伙)关于江苏友利投资控股股份有限公司之股份转让协议》(以下简称《股份转让协议》)。协议大致内容如下:

1. 转让方基本情况

名称:江苏双良科技有限公司

注册地址:江苏省江阴市临港新城利港西利路115号

法定代表人:马培林

注册资本:160,000万元

公司类型:有限责任公司

2. 受让方基本情况

受让方1:

公司名称:无锡哲方哈工智能机器人投资企业(有限合伙)

注册地址:无锡市金融八街1-1805

执行事务合伙人:马鞍山哲方智能机器人投资管理有限公司

认缴出资额:211,800万元

类型:有限合伙企业

经营范围:实业投资;工业机器人的技术咨询、技术服务

受让方2:

公司名称:无锡联创人工智能投资企业(有限合伙)

注册地址:无锡市滨湖区锦溪路100号软件园17号三层

执行事务合伙人:宁波联创灏瀚投资管理有限公司

认缴出资额:133,000万元

类型:有限合伙企业

经营范围:实业投资;工业机器人的技术咨询、技术服务

3. 转让协议主要内容

(1) 转让标的及数量

本次股份转让交易中,转让方拟出让的股份为友利控股 183,383,977 股非限售流通 A 股股份("转让标的"),占总股本的 29.9%。受让方拟受让的股份具体情况为:

表 3-2 受让方拟受让的股份具体情况

受让方名称	股份类型	股份数(股)	占总股本持股比例(%)
无锡哲方	无限售流通 A 股	114,078,327	18.6
无锡联创	无限售流通 A 股	69,305,650	11.3
	合计	183,383,977	29.9

(2) 股份转让价格

上述 29.9% 标的股份转让之交易总价为 32.4 亿元,价格锁定,不随友利控股二级市场交易价格变动而调整。受让方 1 支付的标的股份 A 的转让价款为 2,015,518,398 元,受让方 2 支付的标的股份 B 的转让价款为 1,224,481,602 元。

本次股份转让完成过户登记后,公司控股股东、实际控制人发生了变化,根据无锡哲方与无锡联创出具的一致行动人协议,无锡哲方与无锡联创存在一致行动安排,为一致行动人;转让后无锡哲方将成为公司的控股股东,无锡哲方的最终实际控制人乔徽先生和无锡联创的最终实际控制人艾迪女士成为友利控股的共同实际控制人。

(二) 重大资产重组(引入第三方)

本次重大资产重组交易对手方天津福臻成立于 1998 年,主要从事工业机器人成套装备和生产线的设计、研发、生产及销售,实际控制人为李合营、李昊父子。可以看出天津福臻与哈工智能同属于一个行业,因此选择资产体量较小的天津福臻作为第三方进行重大资产重组,有利于哈工智能后续经营的整合。本次交易的具体方案如下:

交易标的:天津福臻 100% 股权

交易对手：李合营、李昊、龙英、岳怀宇、福臻资产、奥特博格资产管理

标的作价：9亿元

标的估值：收益法估值，增值率213.22%；2015年静态市盈率为50.13倍，2016年动态市盈率为20.82倍

标的历史业绩：在2014年、2015年、2016年1—9月的营业收入分别为37,820.36万元、62,115.05万元、36,578.55万元；净利润分别为3,007.88万元、1,787.24万元、2,188.85万元

业绩承诺：标的在2016年、2017年、2018年、2019年实现的扣非后归母净利润分别不低于4,323.21万元、6,051.55万元、7,134.96万元、8,178.77万元

业绩承诺方：李合营、李昊、龙英、岳怀宇

根据《公司法》《证券法》《深圳证券交易所股票上市规则》等法律、法规及规范性文件的相关规定，本次交易前，本次交易对方即李合营、李昊、龙英、岳怀宇、福臻资产、奥特博格资产管理与上市公司及其关联方之间不存在关联关系。因此，本次交易不构成关联交易。

本次交易为友利控股以现金方式购买天津福臻100%股权，不涉及向收购人及关联方购买资产的情形，且本次交易不会导致上市公司控股股东、实际控制人发生变更。因此，本次交易不构成《上市公司重大资产重组管理办法》第13条规定的交易情形，即不构成重组上市。

友利控股于3月28日出具承诺函，在完成收购天津福臻的股权交割日之后的12个月内，并无将氨纶业务相关的主要资产剥离的计划。根据新的重组办法，重组后上市公司主营业务是否发生根本变化，是判断是否构成借壳的一个重要指标。

综上情况，证监会并未将哈工智能的整套交易定位为"借壳上市"，这一"类借壳"方案得以成功实施。

（三）结语

哈工智能的这一系列动作，给读者展现了一种"三方交易"的模式，即上市公司向一方转让控制权，同时或随即向非关联的其他方"跨界购买"大体量资产，新购买的资产与原主业明显不属于同行业或上下游。通过此次收购，上市

公司将战略性进入智能装备制造业,以天津福臻为业务平台拓展新的领域,实现多元化的布局。这似乎是为连续亏损的友利控股注入了新的活力,也似乎是在为哈工大集团后续"借壳上市"铺路,市场对此抱有很高的期待。但出于对监管和可行性的考虑,哈工智能巧妙地选择了另一种途径,与哈工大机器人集团在体外成立产业基金的方式合作,待时机成熟,哈工智能有优先收购权。哈工智能这一系列的行为不仅巧妙地绕过了"借壳"红线,也不乏"放长线"的意味。"借壳上市"虽说能够迅速为上市公司改头换面,但对于有"下坡路"光景的哈工智能来说未必是一件好事,而通过"三方交易"模式让上市公司战略部署的脚步放慢,使公司的控制权和股价得以稳定下来,一步步实现以"高端智能装备、机器人解决方来自星案平台、人工智能机器人"为三大主营业务的后期发展战略,不失为一种明智的选择。

三、相关法律规范

《上市公司重大资产重组管理办法》(2016 年修订)

第十三条　上市公司自控制权发生变更之日起 60 个月内,向收购人及其关联人购买资产,导致上市公司发生以下根本变化情形之一的,构成重大资产重组,应当按照本办法的规定报经中国证监会核准:

(一)购买的资产总额占上市公司控制权发生变更的前一个会计年度经审计的合并财务会计报告期末资产总额的比例达到 100% 以上;

(二)购买的资产在最近一个会计年度所产生的营业收入占上市公司控制权发生变更的前一个会计年度经审计的合并财务会计报告营业收入的比例达到 100% 以上;

(三)购买的资产在最近一个会计年度所产生的净利润占上市公司控制权发生变更的前一个会计年度经审计的合并财务会计报告净利润的比例达到 100% 以上;

(四)购买的资产净额占上市公司控制权发生变更的前一个会计年度经审计的合并财务会计报告期末净资产额的比例达到 100% 以上;

(五)为购买资产发行的股份占上市公司首次向收购人及其关联人购买资产的董事会决议前一个交易日的股份的比例达到 100% 以上;

(六)上市公司向收购人及其关联人购买资产虽未达到本款第(一)至第

（五）308项标准，但可能导致上市公司主营业务发生根本变化的；

（七）中国证监会认定的可能导致上市公司发生根本变化的其他情形。

上市公司实施前款规定的重大资产重组，应当符合下列规定：

（一）符合本办法第十一条、第四十三条规定的要求；

（二）上市公司购买的资产对应的经营实体应当是股份有限公司或者有限责任公司，且符合《首次公开发行股票并上市管理办法》规定的其他发行条件；

（三）上市公司及其最近3年内的控股股东、实际控制人不存在因涉嫌犯罪正被司法机关立案侦查或涉嫌违法违规正被中国证监会立案调查的情形，但是，涉嫌犯罪或违法违规的行为已经终止满3年，交易方案能够消除该行为可能造成的不良后果，且不影响对相关行为人追究责任的除外；

（四）上市公司及其控股股东、实际控制人最近12个月内未受到证券交易所公开谴责，不存在其他重大失信行为；

（五）本次重大资产重组不存在中国证监会认定的可能损害投资者合法权益，或者违背公开、公平、公正原则的其他情形。

....

3-5 从"中毅达"看"实际控制人认定"

一、关于"实际控制人认定"的简述

从公告来看，这几年的中毅达可以说是风波不断。自被媒体曝光原实际控制人已签订秘密股份转让协议后，在经历了上交所多次问询函及监管函的施压下最终披露了其实际控制人变更的事实。但是中毅达的"麻烦"不仅限于此。除了隐瞒实际控制人变更之外，还陷入了管理层混乱、违规信息披露、涉嫌财务造假等棘手的境地。下面，我们选择就中毅达隐瞒实际控制人一事来分析，分别从中毅达实控人谜团时间轴梳理、目前已知的股权变动信息、中毅达现任董监高的提名及任命情况来探讨上市公司"实际控制人"的认定问题。

《公司法》第216条第3项规定："实际控制人，是指虽不是公司的股东，但通过投资关系、协议或者其他安排，能够实际支配公司行为的人。"《《首次公开

发行股票并上市管理办法》第十二条"实际控制人没有发生变更"的理解和适用——证券期货法律适用意见第 1 号》中规定,"公司控制权"是"能够对股东大会的决议产生重大影响或者能够实际支配公司行为的权力,其渊源是对公司的直接或者间接的股权投资关系",且对于实际控制人的披露应该披露到最终的国有控股主体或自然人为止。从法条的规定来看,大申集团持有中毅达 28.73% 的股份,是上市公司的控股股东。原来何晓阳作为大申集团董事长,持有该集团 50.56% 的股份,是中毅达的实际控制人,但目前中毅达却陷入了无法认定实际控制人的谜团。

二、中毅达实控人谜团时间轴梳理

2016 年 7 月 29 日,上交所就公司实际控制人何晓阳所持股权质押融资过程中是否存在关于对上市公司的人员安排或控制权变动安排等协议约定提出问询。何晓阳回复:"本人的股权质押属于正常经营行为,与各质权人的质押过程中不存在关于对上市公司的人员安排或控制权变动安排等协议约定。"

媒体曝光公司实际控制人何晓阳或已将其持有的大申集团股权分别进行转让和质押,公司部分董事、监事应根据收购方要求辞职。

2016 年 8 月 2 日,上交所就媒体报道内容要求核实。何晓阳否认进行了股权转让和委托股东权利。何晓阳将其持有的 20.223% 股份质押给贵州贵台实业有限公司,将其持有的 30.3346% 股份质押给深圳市万盛源投资管理有限公司;深圳宝利盛投资管理有限公司将其持有的 11.0663% 股份质押给贵州贵台实业有限公司,将其持有的 16.5993% 股份质押给深圳市万盛源投资管理有限公司。

2017 年 5 月 8 日,上交所对中毅达 2016 年年报披露的何晓阳所持股份股权质押事项要求说明风险。何晓阳回复不存在强制执行的风险。

2017 年 5 月 23 日,中毅达发布修改后的 2016 年年报公告,其中实际控制人仍为何晓阳。

2017 年 6 月 1 日,中毅达召开 2017 年第三次临时股东大会,出现了两个都自称代表大申集团参会的人员,最终大申集团的 24.84% 股份没有参加投票。

2017年6月6日,上交所就股东大会事件要求大申集团和实际控制人何晓阳说明股份的抵押情况及是否存在委托表决权安排。

2017年6月19日,何晓阳回复称2016年4月至2016年5月期间其与深圳市乾源资产管理有限公司、上海聚赫投资管理有限公司、李琛、贵州鑫聚投资有限公司、贵州天佑睿聪企业管理有限公司签署了一系列关于大申集团有限公司股权转让与股权抵押相关事项的合同。另与深圳市万盛源投资管理有限公司和贵州贵台实业有限公司签署了不可撤销授权委托书,委托两家企业分别行使大申集团有限公司30.5576%和20%的股东权利。

上交所当即对何晓阳新披露的内容发出问询函,要求披露合同的主要内容、现任董监高任命情况以及公司目前的实际控制人等。

2017年7月4日,中毅达才作出回复,并同时披露了前述股权转让协议及借款协议、不可撤销委托书。但何晓阳称:"本人认为虽然股权转让合同已签署,但股权转让合同正在履行过程中,且股权并未过户,所以本人认为自己还是上市公司实际控制人。"

上交所就该文件要求何晓阳向投资者公开致歉,并要求收购方制作详式权益变动报告书,向投资者公开致歉。

2017年7月12日,何晓阳才明确对认定本人不再是上海中毅达股份有限公司实际控制人的事实阐述和结论无异议,并发布了公开致歉信。

2017年7月18日,中毅达公告称因信达证券股份有限公司诉大申集团有限公司一案,公司控股股东大申集团有限公司所持有的限售流通股股份2.66097490亿股被司法冻结,占公司总股本的24.84%,冻结期限为3年,自2017年7月14日起至2020年7月13日止。

2017年8月3日,中毅达公告称已于2017年7月27日完成股权转让的工商登记。本次股权转让完成后,大申集团的股权结构比例及董事成员如下:深圳市乾源资产管理有限公司为24.7993%;李琛为22.1316%;贵州天佑睿聪企业管理有限公司为16.2893%;贵州鑫聚投资有限公司为15%;陈国中为9.7768%;任鸿虎为8.667%;陈碰玉为3.333%。实际控制人变更,相关方乾源资产、李琛、天佑睿聪、鑫聚投资仍未核实最终实际控制人。

2017年8月30日,上交所就中毅达仍未披露实际控制人的情况再次发出监管工作函。

2017年9月15日,中毅达才作出回复,但依旧表示受到阻碍,因而"于9月11日已聘请万联证券股份有限公司为公司财务顾问及聘请国浩律师(上海)事务所为公司法律顾问就实际控制人变更事项进行核查"。

截至本书出版,中毅达仍未回复关于实际控制人认定的情况。

从以上时间轴可以看出,中毅达的实控人谜团已经持续了一年多。早在2016年4月至5月,原实际控制人何晓阳就与5位股份受让方签订协议,退出了对大申集团的经营管理。然而中毅达却始终对外宣称何晓阳是公司的实际控制人,在回复中也都只提及了股份质押,对是否存在股份转让不管是媒体曝光还是2016年年报中都不予承认。虽然最终在监管层的多封问询函施压之下,才松口承认了股权转让的事实,但是,由于收购方始终不肯披露完整的核查资料,目前仍不能确认中毅达真正的实控人身份。

三、目前已知的股权变动信息

1. 控股股东

大申集团有限公司持有中毅达24.84%股份,仍为中毅达控股股东。

2. 股东权利委托

何晓阳于2016年6月2日与深圳市万盛源投资管理有限公司和贵州贵台实业有限公司签署了不可撤销授权委托书,委托两企业分别行使大申集团有限公司30.5576%和20%的股东权利。不可撤销委托书的主要内容如下:

(1) 具体授权事项

① 受托人代为依法提议召开临时股东会议;

② 受托人代为依法行使股东提案权,提议选举或罢免董事、监事及其他议案;

③ 受托人代为参加股东大会,行使股东质询权和建议权;

④ 受托人代为行使表决权,对股东大会每一项审议和表决事项代为投票;

⑤ 其他与召开股东大会及行使股东权利有关的事项。

(2) 委托期限

自本委托书签署之日起至甲方不持有大申公司股权之日止。

(3) 特别说明

① 本委托书为不可撤销授权委托;

② 受托人可转委托，但需书面通知委托人；

③ 本授权委托签署生效后，受托人在上述授权事项的范围内行使代理权，受托人行使以上授权事项所产生的经济后果和法律后果由受托人承担或接受转委托的人承担，与委托人无关。

3. 股东权利委托的相关方基本情况

（1）深圳万盛源投资管理有限公司

成立时间：2016 年 2 月 17 日

注册资本：1,000 万元

股东：黄伟、李旭珍、黄俊翔

实际控制人：未知

（2）贵州贵台实业有限公司

成立时间：2013 年 11 月 15 日

注册资本：2,500 万元

股东：王运昕、戚欢

实际控制人：未知

4. 大申集团股权结构变动的基本情况（于 2017 年 7 月 27 日完成股权转让的工商登记）

（1）本次股权结构变动前

何晓阳出资比例为 50.5576％；深圳宝利盛投资管理有限公司出资比例为 27.6656％；陈国中出资比例为 9.7768％；任鸿虎出资比例为 8.667％；陈碰玉出资比例为 3.333％。

何晓阳持有大申集团 50.5576％的股份，大申集团持有上市公司 24.84％的股份，何晓阳为公司实际控制人。

（2）本次股权转让完成后

深圳市乾源资产管理有限公司持有 24.7993％的股份；李琛持有 22.1316％的股份；贵州天佑睿聪企业管理有限公司持有 16.2893％的股份；贵州鑫聚投资有限公司持有 15％的股份；陈国中持有 9.7768％的股份；任鸿虎持有 8.667％的股份；陈碰玉持有 3.333％的股份。

董事会成员包括：陈佳博（董事长）、赵秀（总经理）、李琛、柏玉文、杜金平。

5. 股权受让的相关方基本情况

（1）深圳市乾源资产管理有限公司

成立时间：2016年2月4日

注册资本：1,000万元

股东：深圳市博鸿投资有限公司

（2）贵州天佑睿聪企业管理有限公司

成立时间：2014年10月10日

注册资本：100万元

股东：张凯婷、田开平、王克江、涂蔚

（3）贵州鑫聚投资有限公司

成立时间：2012年7月17日

注册资本：50,000万元

股东：何龙、郭磊

（4）李琛

鹰潭中毅达环境艺术工程有限公司法人

深圳宝利盛投资管理有限公司法人

深圳市华泰辉贸易有限公司法人

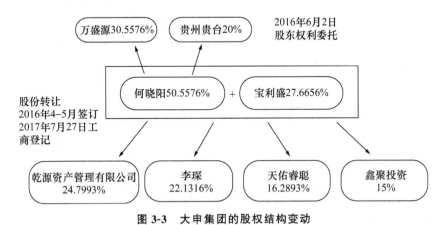

图3-3 大申集团的股权结构变动

从上述基本信息来看，大申集团有限公司持有中毅达24.84%股份，仍为中毅达控股股东。然而，大申集团内部的原实际控制人何晓东以及原第二大股东深圳宝利盛投资管理有限公司的股份转让以及一系列股份质押等事项导致了上市公司实际控制人确认的困难。在签订股份转让协议后并未及时进行股权的转让登记，而选择了在转移前先进行质押和股东权利的委托，其中深圳万盛源投资管理有限公司和深圳市乾源资产管理有限公司设立不满1年，很可能是专为本次收购而设立。另外，大申集团的股份由于2000年的诉讼也已被司法冻结，可以说，此举也使得中毅达的控制权再增新的变数。

从目前的公告信息可以得出，深圳乾源、贵台实业、深圳万盛源等公司在2016年6月即已取得对中毅达的实际控制权。据中毅达称，受让方乾源资产、李琛已按财务顾问要求提供了全部核查材料，但天佑睿聪、鑫聚投资以受让股权比例未达到信息披露标准，不应履行信息披露义务为由，拒绝配合提供核查材料，因而迟迟无法披露《详式权益变动书》。这也成为目前中毅达无法确认最终实际控制人的直接原因。

四、中毅达现任董监高的提名及任命情况

《上市公司收购管理办法》第84条规定，"投资者通过实际支配上市公司股份表决权能够决定公司董事会半数以上成员选任"，"投资者依其可实际支配的上市公司股份表决权足以对公司股东大会的决议产生重大影响"的，为拥有上市公司控制权。因此，我们也可以从中毅达目前董事会的组成上来进行分析。

自2016年5月24日中毅达原董事长刘效军、董秘林旭楠辞职以来，大申集团的董监高频繁更换，公司管理层极为不稳定。可以看到，上交所在得知何晓阳已将其在上市公司控股股东中的股东权利不可撤销地委托给了深圳万盛源公司和贵州贵台公司后，立即发出了问询函，要求说明公司的生产经营和人事任命等事项是否受到了前述两家公司的控制和影响。中毅达方面，除了董事杨永华、刘名旭、张伟，及时任职工监事秦思华、时任常务副总经理陈飞霖、财务总监李臻峻在回复中明确否认了自己的工作和人事任命受到前述两家公司的影响外，其余董监高人员均未作明确表态。

从目前的情况来看，已按照2017年7月5日披露的股份转让协议中对中毅达控制权交割的管理层替换要求完成，但是后续仍然频繁地出现人员调动。可以说管理层陷入了一片混乱的局面，公司的2018年第一次临时股东大会便因各方原因取消召开。而在后期召开董事会的过程中甚至出现了直接投反对

票称"无法信任公司现有管理层的直接负责人"的情况。

从中毅达公司的角度,由于大申集团目前董事会成员仍未明确表明自己的立场,很难判定最终是谁在董事会成员选任中占据主导地位。

下表列明了目前中毅达董监高的提名及任命情况。

表 3-3 中毅达董监高的提名及任命情况

姓名	职务	提名及任命情况
党悦栋	董秘(代)、总经理、董事长(代)、董事	受时任中毅达董事长沈新民先生邀请并提名
李春蓉	副总经理、董事	2016年6月2日,由公司董事会提名,经第六届董事会第十九次会议审议通过了关于李春蓉为公司董事候选人及聘任为董事会秘书的议案,并经2015年年度股东大会审议通过了关于增补李春蓉为董事的议案
庞森友	董事	受沈新民先生邀请,经2016年6月2日中毅达董事会第十九次会议审议,并经2016年6月28日中毅达2016年年度股东大会选举
杨永华	董事	在2014年中国纺织机械股份有限公司股权分置改革及重大资产重组成立第六届董事会时,因西藏一乙资产管理有限公司系潜在第二大股东,故通过大申集团有限公司(潜在第一大股东)提名推荐杨永华任第六届董事会董事
方文革	董事	受沈新民先生邀请,并经大申集团出具推荐函,成为中毅达董事候选人。之后,经2016年6月2日中毅达董事会第十九次会议审议,并经2016年6月28日中毅达2015年年度股东大会选举,成为中毅达董事
张伟	独立董事	于2016年6月2日经公司董事会提名,经公司第六届董事会第十九次会议审议通过,后经公司股东大会审议通过
刘名旭	独立董事	经公司董事会提名,并于2016年6月28日的年度股东大会选举担任公司独立董事(已辞职,未补增)
杨世锋	独立董事	受沈新民先生邀请,并经董事会提名推荐,通过2017年6月6日中毅达2017年第三次临时股东大会选举,成为中毅达独立董事(已辞职,未补增)
李宝江	独立董事	受沈新民先生邀请,并经中毅达董事会提名推荐,成为中毅达独立董事候选人。之后,经2016年8月3日中毅达董事会第二十二次会议审议,并经2016年8月16日中毅达2016年年第一次临时股东大会选举,成为中毅达独立董事

(续表)

姓名	职务	提名及任命情况
马文彪	监事会主席	受沈新民先生邀请，并经大申集团出具推荐函，成为中毅达监事候选人。之后，经2016年6月2日中毅达监事会第九次会议审议，以及2016年6月28日中毅达2015年年度股东大会选举，成为中毅达监事。同日，经中毅达监事会第十次会议选举，当选中毅达监事会主席
张秋霞	监事	于2016年6月2日，由公司监事会提名并经公司2015年年度股东大会审议通过《关于增补张秋霞女士为公司监事候选人的议案》（已辞职，未补增）
孔令勇	职工监事	2018年2月26日在公司会议室召开职工代表大会，经过民主选举，职工代表大会同意选举孔令勇先生代表公司职工担任第六届监事会职工监事，任期至第六届监事会换届时止
耿昱	常务副总经理	见第六届董事会第四十七次临时会议决议公告

五、"实际控制人认定"的依据

上市公司的实际控制人主要存在三种情形：单一实际控制人、无实际控制人、共同实际控制人。

从前文所述来看，由于中毅达目前无法披露详式收购报告书，而且管理层混乱，无法确认其实际控制人的真实身份。但是从中毅达的案例可以看出，认定上市公司的实际控制人主要可以依据个案的不同，从以下几个因素综合判断：

（1）对上市公司的股权投资关系；

（2）可支配的表决权对股东大会决议的影响；

（3）可支配的表决权对董监高提名和任免的影响；

（4）可支配的表决权对董事会决议的影响；

（5）若存在共同控制的情况，则还需要认定发行人公司治理结构健全、运行良好，多人共同拥有公司控制权的情况不影响发行人的规范运作；

（6）若无实际控制人的情况，则要求确认发行人的股权及控制结构不影响公司治理有效性。

从2017年交易所向发生控制权收购的上市公司的相关问询函中也可以看

出,上市公司的实际控制人认定是控制权收购中至关重要的一环,而基本的问询和回复的思路与上述的几个因素相符合。

六、相关法律规范

1.《中华人民共和国公司法》(2018年修订)

第二百一十六条　本法下列用语的含义:

……

(三)实际控制人,是指虽不是公司的股东,但通过投资关系、协议或者其他安排,能够实际支配公司行为的人。

……

2.《上市公司收购管理办法》(2014年修订)

第八十四条　有下列情形之一的,为拥有上市公司控制权:

(一)投资者为上市公司持股50%以上的控股股东;

(二)投资者可以实际支配上市公司股份表决权超过30%;

(三)投资者通过实际支配上市公司股份表决权能够决定公司董事会半数以上成员选任;

(四)投资者依其可实际支配的上市公司股份表决权足以对公司股东大会的决议产生重大影响;

(五)中国证监会认定的其他情形。

3.《上海证券交易所股票上市规则》(2018年修订)

2.22　上市公司股东、实际控制人、收购人等相关信息披露义务人,应当按照有关规定履行信息披露义务,积极配合公司做好信息披露工作,及时告知公司已发生或者拟发生的重大事件,并严格履行所作出的承诺。

18.1　……

(七)实际控制人:指虽不是公司的股东,但通过投资关系、协议或者其他安排,能够实际支配公司行为的人。

(八)控制:指能够决定一个企业的财务和经营政策,并可据以从该企业的经营活动中获取利益的状态。具有下列情形之一的,构成控制:

1. 股东名册中显示持有公司股份数量最多,但是有相反证据的除外;

2. 能够直接或者间接行使一个公司的表决权多于该公司股东名册中持股

数量最多的股东能够行使的表决权；

3. 通过行使表决权能够决定一个公司董事会半数以上成员当选；

4. 中国证监会和本所认定的其他情形。

……

4.《深圳证券交易所股票上市规则》(2018年修订)

18.1 ……

（六）实际控制人：指通过投资关系、协议或者其他安排，能够支配、实际支配公司行为的自然人、法人或者其他组织。

（七）控制：指有权决定一个企业的财务和经营政策，并能据以从该企业的经营活动中获取利益。有下列情形之一的，为拥有上市公司控制权：

1. 为上市公司持股50%以上的控股股东；

2. 可以实际支配上市公司股份表决权超过30%；

3. 通过实际支配上市公司股份表决权能够决定公司董事会半数以上成员选任；

4. 依其可实际支配的上市公司股份表决权足以对公司股东大会的决议产生重大影响；

5. 中国证监会或者本所认定的其他情形。

……

5.《〈首次公开发行股票并上市管理办法〉第十二条"实际控制人没有发生变更"的理解和适用——证券期货法律适用意见第1号》(2007年发布)

二、公司控制权是能够对股东大会的决议产生重大影响或者能够实际支配公司行为的权力，其渊源是对公司的直接或者间接的股权投资关系。因此，认定公司控制权的归属，既需要审查相应的股权投资关系，也需要根据个案的实际情况，综合对发行人股东大会、董事会决议的实质影响、对董事和高级管理人员的提名及任免所起的作用等因素进行分析判断。

三、发行人及其保荐人和律师主张多人共同拥有公司控制权的，应当符合以下条件：

（一）每人都必须直接持有公司股份和/或者间接支配公司股份的表决权；

（二）发行人公司治理结构健全、运行良好，多人共同拥有公司控制权的情况不影响发行人的规范运作；

（三）多人共同拥有公司控制权的情况，一般应当通过公司章程、协议或者其他安排予以明确，有关章程、协议及安排必须合法有效、权利义务清晰、责任明确，该情况在最近3年内且在首发后的可预期期限内是稳定、有效存在的，共同拥有公司控制权的多人没有出现重大变更；

（四）发行审核部门根据发行人的具体情况认为发行人应该符合的其他条件。

发行人及其保荐人和律师应当提供充分的事实和证据证明多人共同拥有公司控制权的真实性、合理性和稳定性，没有充分、有说服力的事实和证据证明的，其主张不予认可。相关股东采取股份锁定等有利于公司控制权稳定措施的，发行审核部门可将该等情形作为判断构成多人共同拥有公司控制权的重要因素。

如果发行人最近3年内持有、实际支配公司股份表决权比例最高的人发生变化，且变化前后的股东不属于同一实际控制人，视为公司控制权发生变更。

发行人最近3年内持有、实际支配公司股份表决权比例最高的人存在重大不确定性的，比照前款规定执行。

四、发行人不存在拥有公司控制权的人或者公司控制权的归属难以判断的，如果符合以下情形，可视为公司控制权没有发生变更：

（一）发行人的股权及控制结构、经营管理层和主营业务在首发前3年内没有发生重大变化；

（二）发行人的股权及控制结构不影响公司治理有效性；

（三）发行人及其保荐人和律师能够提供证据充分证明。

相关股东采取股份锁定等有利于公司股权及控制结构稳定措施的，发行审核部门可将该等情形作为判断公司控制权没有发生变更的重要因素。

3-6 从"荣科科技"看"实际控制人认定"

在前一个案例中，我们选取了2017年具有代表性的"中毅达案"来分析上市公司实际控制人的认定问题。环顾2018年上市公司的收购案例，仍然有多个公司涉及实际控制人的认定，如宁波泰虹收购富临运业、蓝润集团收购龙大肉食等，下面将重点通过深交所对荣科科技的关注函及上市公司的回复来进一步评析应如何认定上市公司的实际控制人。

沪深交易所对实际控制人的界定并不一致。《上海证券交易所股票上市规则》的规定与《公司法》一致，即将实际控制人界定为不是公司股东的人。而《深圳证券交易所股票上市规则》则将实际控制人界定为"通过投资关系、协议或者其他安排，能够支配、实际支配公司行为的自然人、法人或者其他组织"。这与证监会的认定标准相同，即控股股东也可以作为实际控制人。因此我们对实际控制人的分析，也采用广义的定义，即实际控制人为通过投资关系、协议或者其他安排，能够实际支配公司行为的主体。

一、荣科科技两次控制权转让案件回顾

2018年5月29日，荣科科技公告称，公司实控人崔万涛、付艳杰拟将合计持有的上市公司27.15%股份协议转让给上海南湾，转让价格为10.88元/股，合计总价10亿元。本次转让完成后，荣科科技控股股东将变更为上海南湾，实际控制人将变更为王迅及其一致行动人。随后，荣科科技也收到了深交所下发的关注函和问询函。

然而荣科科技于2018年11月26日晚公告称，由于上海南湾未能按照协议约定的进度支付相应股份转让价款，导致转让工作无法正常推进。2018年11月25日，付艳杰、崔万涛向上海南湾发出了《关于解除〈股份转让协议〉的通知》。此次控制权转让交易宣告终止。

12月24日，荣科科技晚间再次发出公告称，公司实际控制人崔万涛、付艳杰拟将合计持有的9818.6万股公司股份（占公司总股本的29%）转让给国科实业，转让价格为5.81元/股，转让价款合计5.7亿元。本次转让完成后，将导致公司控股股东、实际控制人变更为何任晖。

在控制权转让失败仅1个月之后，崔万涛、付艳杰为何又急于以更低的价格转让上市公司控制权呢？这应该与其所持上市公司股份的高质押率有关，若不获得资金补充恐有平仓风险。截至本书出版，荣科科技的第二笔控制权转让交易仍在进行中，最终结果有待进一步观察。

二、荣科科技的回复分析

我们将重点分析在荣科科技 2018 年第一次控制权转让过程中,深交所对其下发的关注函要点及荣科科技的回复思路,进而窥探监管机构对上市公司实际控制人认定问题的监管逻辑。

交易所问题一:2018 年第一季度末,你公司前 10 大股东中,荣科科技股份有限公司第 1 期员工持股计划持股比例为 2.37%,请说明崔万涛、付艳杰及其关联人、公司董事、监事、高管持有股份的份额,员工持股计划是否受崔万涛、付艳杰实际控制或构成一致行动关系;前 10 大股东中其他 3 名法人和 4 名自然人是否与崔万涛、付艳杰存在关联关系或一致行动关系。

上市公司回复:

(一)崔万涛、付艳杰及其关联人、公司董事、监事、高管在荣科科技股份有限公司第 1 期员工持股计划中持有股份的份额

(1)崔万涛、付艳杰在员工持股计划中持有股份的份额

崔万涛、付艳杰本人均未参与员工持股计划。

(2)崔万涛、付艳杰关联方及公司董事、监事、高级管理人员在员工持股计划持有股份的份额情况如下:

序号	姓名	公司任职	持有份额（万元）	持有份额占员工持股计划总额比例（%）	与崔万涛、付艳杰的关联关系情况
1	尹春福	董事、副总裁	400.01	6.67	无
2	付永全	董事长、总裁	393.13	6.55	付艳杰胞兄
3	冯丽	董事、副总裁、财务负责人	380.88	6.35	无
4	余力兴	监事会主席	370.24	6.17	无
5	张羽	董事会秘书	251.21	4.19	无
6	刘斌	运营总经理	170.28	2.84	无
7	李小龙	监事	121.08	2.02	无
8	艾川	监事	71.88	1.20	无
9	其他 70 名员工	—	3,841.28	64.02	无
	合计		6,000.00	100.00	—

（二）员工持股计划是否受崔万涛、付艳杰实际控制或构成一致行动关系

1. 员工持股计划的管理模式

根据《员工持股计划》第6条"管理模式"中的规定，员工持股计划设持有人、持有人会议、管理委员会、资产管理机构4个管理机构。持有人享有根据《员工持股计划》的规定按持有员工持股计划的份额享有员工持股计划资产、参加持有人会议，就审议事项行使表决权等各项权利……

2. 员工持股计划不受崔万涛、付艳杰的实际控制

根据员工持股计划持有人会议及管理委员会的表决机制，员工持股计划成员中仅付永全为崔万涛、付艳杰关联方，且其持有份额较小，难以对员工持股计划的最高权力机构——持有人会议造成重大影响；且付永全非管理委员会委员，无法对管理委员会的决议造成重大影响。因此，员工持股计划不受崔万涛、付艳杰的实际控制。

3. 员工持股计划与崔万涛、付艳杰不构成一致行动关系

（1）员工持股计划与崔万涛、付艳杰之间不存在一致行动人协议或者其他安排。

（2）员工持股计划不受崔万涛、付艳杰的实际控制。

（3）根据员工持股计划的表决机制，崔万涛、付艳杰无法对员工持股计划的各项决议（包括但不限于行使股东权利）造成重大影响。

（4）员工持股计划参与对象在公司2014年非公开发行股票过程中作出承诺："本人自愿参加本次员工持股计划，不存在摊派、强行分配等方式强制要求参加的情况；本人参与职工持股计划投入的资金为本人自有资金，具体来源为工资收入及其他合法途径收入，未接受荣科科技及其控股股东、实际控制人和其关联方的财务资助或补偿。"

（5）自员工持股计划成立以来，在公司历次股东大会中均未参与投票表决。

（三）前10大股东中其他3名法人和4名自然人是否与崔万涛、付艳杰存在关联关系或一致行动关系

根据公司2018年第一季度报告，报告期末公司前10大股东情况如下：

序号	股东姓名或名称	股东性质	持股数量(股)	持股比例(%)
1	付艳杰	境内自然人	83,207,698	25.89
2	崔万涛	境内自然人	83,207,698	25.89
3	财通基金—招商银行—本翼1号资产管理计划	境内非国有法人	10,139,416	3.15
4	荣科科技股份有限公司—第1期员工持股计划	境内非国有法人	7,604,562	2.37
5	浙江海宁嘉慧投资合伙企业（有限合伙）	境内非国有法人	6,337,134	1.97
6	张继武	境内自然人	5,551,895	1.73
7	兴业银行股份有限公司—兴全趋势投资混合型证券投资基金	境内非国有法人	4,999,969	1.56
8	沈亚芬	境内自然人	1,121,600	0.35
9	缪正芳	境内自然人	900,000	0.28
10	计红姣	境内自然人	770,007	0.24

崔万涛、付艳杰与上述公司前10大股东中的其他3名法人、4名自然人不存在关联关系或一致行动关系。

对于股份比例的确认是认定公司控制权的重要因素，除了自身持有股份外，还要考虑关联方和一致行动人的问题。首先就员工持股计划而言，第一期员工持股计划持股比例为2.37%，该股份究竟由谁控制对监管机构和公众而言是一个疑问，崔万涛、付艳杰是否存在通过关联方间接控制或者协议约定等方式拥有该股份的控制权？上市公司对该问题进行回复，通过列表方式详细展示了每个员工在该持股计划中的持股比例，以及其与原实际控制人是否有关联关系。通过表格可以发现，除了付艳杰胞兄付永全在员工持股计划中持有6.55%股份外，崔万涛、付艳杰并未与员工持股计划的其他份额有关联关系，因此不能通过持股比例直接控制员工持股计划。上市公司紧接着通过阐述员工持股计划的管理模式等，说明员工持股计划的控制人为持有人大会，不受崔万涛、付艳杰实际控制。

其次，对于上市公司前10大股东剩余7大股东是否与崔万涛、付艳杰存在关联关系或一致行动关系，上市公司的回复较为简略。对于非自然人股东，应将其穿透至底层的实际控制人；对于自然人股东，应列举其所持股企业等相关资料,进一步说明其与崔万涛、付艳杰不存在关联关系。

总之,深交所对该问题的问询,重在通过确认崔万涛、付艳杰对公司其他大股东是否具有控制权,进而确认其控股股份比例在控制权交易结束后不再具有控制公司的优势,从而实现控制权的转让。

交易所问题二:你公司称崔万涛、付艳杰与上海南湾已就董事会改组人员及席位达成一致,上海南湾推荐董事5人,崔万涛、付艳杰推荐董事4人,请对上市公司股权结构及股东大会投票表决机制进行核实,说明上海南湾能否实际决定董事会半数以上席位,以及判断依据。

上市公司回复:

(一)关于上市公司董事会改组人员及席位的重新安排

截至本回复披露日,本次股份转让双方已就公司董事会改组人员及席位重新达成一致意见,即本次股份转让顺利完成后,上海南湾推选董事候选人6名,崔万涛、付艳杰推选董事候选人3名。

(二)上海南湾能否实际决定董事会半数以上席位,以及判断依据

1. 崔万涛、付艳杰、上海南湾对董事会人员调整的相关说明

上述各方将在本次股份过户完成后,自中登公司《证券过户登记确认书》出具之日起5个工作日内,提议公司召开董事会、临时股东大会,更换选举新的董事会成员,并争取在30日内完成公司董事会人员调整的相关工作。崔万涛、付艳承诺在选举上海南湾推选的董事候选人的股东大会上对上海南湾推荐的6名董事候选人投赞成票,力促上海南湾提名的董事候选人当选。

2. 崔万涛、付艳杰拟就董事会人员调整的议案向全体股东征集表决权

崔万涛、付艳杰将在公司股东大会选举上海南湾推选的董事候选人之前,按照《上市公司股东大会规则》《公司章程》等的相关规定向全体股东就上述议案征集表决权。

3. 关于上海南湾提名的董事候选人当选的可能性分析

本次股份转让完成时,上海南湾持有公司91,922,436股股份,占公司股份总数的27.15%;崔万涛持有公司12,674,270股股份,占公司股份总数的3.74%;付艳杰持有公司61,818,690股股份,占公司股份总数的18.26%。崔万涛、付艳杰作为一致行动人合计持有上市公司74,492,960股股份,占公司股份总数的22%。除上海南湾作为公司第一大股东,崔万涛、付艳杰作为一致行动人

所持有的公司股权比例较高外,其余股东所持有的公司股权均未超过5%。

(1) 本次股份转让完成后,上海南湾持有公司股份总数的27.15%,崔万涛、付艳杰作为一致行动人合计持有公司股份总数的22%。崔万涛、付艳杰承诺在选举上海南湾推荐6名董事候选人的股东大会上对6名董事候选人投赞成票,力促上海南湾提名的董事候选人当选。

(2) 公司最近3年出席股东大会的股东及股东代表所持的股份数均未超过上市公司股份总数的60%,远低于98.3%;出席会议的中小股东及股东代表所持股份数均未超过公司股份总数的1%。

(3) 根据崔万涛、付艳杰出具的说明,双方将在上市公司股东大会选举上海南湾推选的董事候选人之前,按照《上市公司股东大会规则》《公司章程》等的相关规定向上市公司全体股东就上述议案征集表决权。如果崔万涛、付艳杰顺利征集其他股东的表决权,将进一步确保上海南湾所提名的董事候选人中有超过上市公司董事会半数当选。

对于实际控制人的认定,除了股份比例是否足够以外,能否在董事会中拥有多数席位也是其关键因素,因此交易所第二个问题对此进行了问询。公司董事会共选举9名董事,上海南湾推选董事候选人6名,崔万涛、付艳杰推选董事候选人3名,如果上海南湾推选的6名候选人都最终当选,则上海南湾能控制董事会多数席位,进而有助于认定其为实际控制人。

在完成股份转让后,上海南湾将拥有公司27.15%的股份,崔万涛、付艳杰合计拥有公司22%的股份,因此按照平均投票法,上海南湾推选的董事候选人在股东大会表决时所获得的有表决权的股份数将不低于公司股份总数的49.15%。据此,在公司董事会人员调整的股东大会上,出席股东及股东代表所持股份数低于公司股份总数的98.3%时,上海南湾所提名的董事候选人中将有超过公司董事会半数可以补选成为公司董事。

如果公司补选董事的股东大会上,出席股东所持股份数超过上市公司股份总数的98.3%且除上海南湾和崔万涛、付艳杰外的其他所有出席股东大会的股东均未向上海南湾推选的董事候选人投票,则上海南湾推选的董事候选人无法当选。结合公司最近3年的股东大会出席、投票情况,上述极端情形发生的可能性极小。基于合理判断,本次股份转让完成后,上海南湾可以取得董事会半数以上席位。

交易所问题三：你公司本届董事会任期为 2017 年 2 月 27 日至 2020 年 2 月 27 日，你公司章程规定，董事在任期届满以前，股东大会不能无故解除其职务。目前距董事会届满之日尚远，请说明在董事会换届之前，上海南湾能否获得上市公司实际控制权。

上市公司回复：

（一）公司现任董事的任职情况

1. 公司现任董事的任期情况

2. 公司现任 6 名董事向公司董事会提出辞职意向

公司董事会已于 2018 年 7 月 4 日收到尹春福、冯丽等 6 名董事发出的董事工作函，根据董事工作函，该 6 名董事拟在本次股份转让完成后辞去董事（或独立董事）及董事会下设的专门委员会的相应职务，为保证公司董事会的稳定运营，将任职至公司新的董事候选人当选之日，正式辞职报告将于本次股份转让完成后提交公司董事会。

（二）在董事会换届之前，上海南湾能否获得上市公司实际控制权

上海南湾在董事会换届前可以通过补选董事取得公司董事会过半数席位。

（1）根据上述"（一）公司现任董事的任职情况"所述，公司 6 名现任董事已向公司董事会发出董事工作函，拟在本次股份转让过户完成后辞去董事及董事会专门委员会相关职务。

（2）崔万涛、付艳杰、上海南湾就本次股份转让取得中登公司出具《证券过户登记确认书》之日起 5 个工作日内，提议上市公司召开董事会、临时股东大会，更换选举新的公司董事会成员，并争取在 30 日内完成公司董事会人员调整的相关工作。崔万涛、付艳杰承诺在选举上海南湾推选的董事候选人的股东大会上对上海南湾推荐的 6 名董事候选人投赞成票，力促上海南湾提名的董事候选人当选。上述公司董事会人员调整的股东大会决议作出后，上海南湾可以实际取得董事会半数以上席位。

综上所述，本次股份转让完成后，公司将在本届董事会任期内完成相应的董事更换、补选工作，上海南湾可以在公司本届董事会换届前取得董事会过半数席位。在本届公司董事会到期换届（2020 年 2 月 27 日）前，上海南湾可以获

得公司的实际控制权。

该问题仍然与董事会席位相关。荣科科技公司章程明文规定了董事在任期届满以前，股东大会不能无故解除其职务，董事职位不能被动被解除，但可以选择主动辞职。只要通过现任辞职后补选董事，即可实现上海南湾对董事会多数席位的控制。根据《上市公司收购管理办法》第84条第3项"投资者通过实际支配上市公司股份表决权能够决定公司董事会半数以上成员选任"、第84条第4项"依其可实际支配的上市公司股份表决权足以对公司股东大会的决议产生重大影响"之规定，可以认定上海南湾通过实际支配公司股份表决权能够决定公司董事会半数以上成员选任，可实际支配的公司股份表决权足以对公司股东大会的决议产生重大影响，从而实际控制上市公司。

交易所问题四：请结合上市公司主业经营和经营管理情况，崔万涛、付艳杰对上市公司经营管理的控制或影响能力，王迅及其一致行动人的从业背景以及对上市公司的经营管理和整合安排，以及上述三项问题的回复，进一步核实王迅及其一致行动人认定为公司实际控制人的依据是否充分。

上市公司回复：

（一）公司主业经营和经营管理情况

（二）崔万涛、付艳杰对公司经营管理的控制或影响能力

公司于2017年2月28日披露了《关于董事会、监事会换届暨部分董事、监事、高级管理人员离任的公告》，公司非独立董事崔万涛、付艳杰因董事任期届满，不再担任公司董事。

崔万涛、付艳杰离任后，未再担任公司董事、监事、高级管理人员职务。崔万涛、付艳杰通过股东大会参与公司各项重大事项决议，从而对公司实施重大影响。

（三）王迅及其一致行动人的从业背景和对公司的经营管理和整合安排

（四）进一步核实王迅及其一致行动人认定为公司实际控制人的依据是否充分

（1）本次股份转让完成后的公司股权结构

本次股份转让完成后，上海南湾将持有公司27.15%的股份，公司原控股股东、实际控制人崔万涛、付艳杰合计持有公司22%的股份，上海南湾将成为公司第一大股东。

本次股份转让完成后，公司前10大股东中除崔万涛、付艳杰合计持有公司22%的股份外，其余股东所持有的公司股份均未超过5%。因此，上海南湾为公司第一大股东，虽然其可以实际支配公司股份表决权未超过30%，但足以对公司股东大会的决议产生重大影响。

(2)《股份转让协议》中上海南湾与崔万涛、付艳杰关于公司控制权的约定

根据《股份转让协议》的约定，标的股份过户至上海南湾名下之日起，除上海南湾书面同意外，崔万涛、付艳杰及其一致行动人不会以任何方式增持（包括转让方及其一致行动人增持或通过任何主体增持）公司股份；转让方及其一致行动人亦不会以增持公司股份或与任何其他第三方实际形成一致行动关系和签订一致行动人协议、作出其他安排等任何方式，成为公司的实际控制人或谋求对公司的实际控制权或协助任何其他第三方谋求公司控制权。

(3) 上海南湾在本次过户完成后，能够取得公司董事会半数以上席位

上述各方将在本次股份过户完成后，自中登公司《证券过户登记确认书》出具之日起5个工作日内，提议公司召开董事会、临时股东大会，更换选举新的公司董事会成员，并争取在30日内完成公司董事会人员调整的相关工作。崔万涛、付艳杰承诺在选举上海南湾推选的董事候选人的股东大会上对上海南湾推荐的6名董事候选人投赞成票，力促上海南湾提名的董事候选人当选。基于合理判断，本次股份转让完成后，上海南湾可以实际取得董事会半数以上席位。

(4) 上海缤途文化传播有限公司持有上海南湾100%股权，锐嘉科投资控股有限公司持有上海缤途文化传播有限公司100%股权，自然人王迅及其一致行动人李海燕、王翠玲合计持有锐嘉科投资控股有限公司100%股权。本次股份转让完成后，上海南湾将成为公司控股股东，王迅及其一致行动人将成为公司的实际控制人。

综上所述，本次股份转让完成后，上海南湾可以取得公司的实际控制权。

荣科科技对于实际控制人认定的回复较为全面，首先指出了协议转让后上海南湾将拥有公司27.15%的股份。但还不能以此断定上海南湾即为公司的控股股东。紧接着，指出了崔万涛、付艳杰虽然作为一致行动人合计持有公司22%的股份，但其协议约定了不会谋求对公司的实际控制权或协助任何其他第三方谋求公司控制权。最后说明了公司其他股东持有股份均不足5%，因此，

上海南湾为公司第一大股东。虽然上海南湾可以实际支配公司股份表决权未超过30%，但足以对公司股东大会的决议产生重大影响，且上海南湾在本次过户完成后，能够取得公司董事会半数以上席位，因此能够获得上市公司的控制权。

附：上市公司实际控制人认定相关法律规范

表 3-4　上市公司实际控制人认定相关法律规范

规定名称	相关内容	备注
《中华人民共和国公司法》（2018 年修订）	第二百一十六条　…… （二）**控股股东**，是指其出资额占有限责任公司资本总额百分之五十以上或者其持有的股份占股份有限公司股本总额百分之五十以上的股东；出资额或者持有股份的比例虽然不足百分之五十，但依其出资额或者持有的股份所享有的表决权已足以对股东会、股东大会的决议产生重大影响的股东。 （三）**实际控制人**，是指虽不是公司的股东，但通过投资关系、协议或者其他安排，能够实际支配公司行为的人。 …………	强调实际控制人不是公司的股东
《上市公司收购管理办法》（2014 年修订）	第八十四条　有下列情形之一的，为拥有上市公司控制权： （一）投资者为**上市公司持股 50% 以上的控股股东**； （二）投资者可以实际支配上市公司股份表决权超过 30%； （三）投资者通过实际支配上市公司股份表决权**能够决定公司董事会半数以上成员选任**； （四）投资者依其可实际支配的上市公司股份表决权足以对公司股东大会的决议产生重大影响； （五）中国证监会认定的其他情形。	符合持股 50% 以上的控股股东，实际支配表决权超过 30%，决定半数以上董事选任，对股东大会决议产生重大影响的任一情形即构成**控制**
《上市公司重大资产重组管理办法》（2016 年修订）	第十三条　…… 本条第一款所称控制权，按照《上市公司收购管理办法》第八十四条的规定进行认定。上市公司股权分散，董事、高级管理人员可以支配公司重大的财务和经营决策的，视为具有上市公司控制权。 …………	管理层支配公司重大决策的视为具有**控制权**
《上市公司章程指引》（2019 年修订）	第一百九十二条　…… （一）控股股东，是指其持有的普通股（含表决权恢复的优先股）占公司股本总额 50% 以上的股东；持有股份的比例虽然不足 50%，但依其持有的股份所享有的表决权已足以对股东大会的决议产生重大影响的股东。 （二）实际控制人，是指虽不是公司的股东，但通过投资关系、协议或者其他安排，能够实际支配公司行为的人。 …………	同《公司法》

(续表)

规定名称	相关内容	备注
《上海证券交易所股票上市规则》（2018年修订）	18.1 …… （六）**控股股东**：指其持有的股份占公司股本总额50%以上的股东；或者持有股份的比例虽然不足50%，但依其持有的股份所享有的表决权已足以对股东大会的决议产生重大影响的股东。 （七）**实际控制人**：指虽不是公司的股东，但通过投资关系、协议或者其他安排，能够实际支配公司行为的人。 （八）**控制**：指能决定一个企业的财务和经营政策，并可据以从该企业的经营活动中获取利益的状态。具有下列情形之一的，构成控制： 1. 股东名册中显示**持有公司股份数量最多**，但是有相反证据的除外； 2. 能够直接或者间接使一个公司的**表决权多于该公司股东名册中持股数量最多的股东能够行使的表决权**； 3. 通过行使表决权能够决定一个公司**董事会半数以上成员**当选； 4. 中国证监会和本所认定的其他情形。 ……	实际控制人定义同《公司法》；控制的概念未对持股比例作要求，符合持股数量最多，直接或间接行使的表决权最多，或能够决定半数以上董事之一即构成**控制**
《深圳证券交易所股票上市规则》（2018年修订）	18.1 …… （五）**控股股东**：指其持有的股份占公司股本总额50%以上的股东；或者持有股份的比例虽然不足50%，但依其持有的股份所享有的表决权已足以对股东大会的决议产生重大影响的股东。 （六）**实际控制人**：指通过投资关系、协议或者其他安排，能够支配、实际支配公司行为的自然人、法人或者其他组织。 （七）**控制**：指有权决定一个企业的财务和经营政策，并能以从该企业的经营活动中获取利益。有下列情形之一的，为拥有上市公司控制权： 1. 为上市公司**持股50%以上的控股股东**； 2. 可以**实际支配上市公司股份**表决权超过**30%**； 3. 通过实际支配上市公司股份表决权**能够决定公司董事会半数以上成员选任**； 4. 依其可实际支配的上市公司股份表决权足以对公司股东大会的决议产生重大影响； 5. 中国证监会或者本所认定的其他情形。 ……	实际控制人定义与《公司法》相似，但删除了"虽不是公司的股东"；控制的概念对持股比例有作要求，持股50%以上的控股股东，实际支配表决权超过30%，决定半数以上董事选任，对股东大会决议产生重大影响即构成**控制**

（续表）

规定名称	相关内容	备注
《深圳证券交易所创业板股票上市规则》（2018年修订）	17.1 …… （五）**控股股东**：……（同《深圳证券交易所股票上市规则》） （六）**实际控制人**：指虽不是公司的控股股东，但通过投资关系、协议或者其他安排，能够实际支配公司行为的人。 （七）**控制**：……（同《深圳证券交易所股票上市规则》）	同上
《全国中小企业股份转让系统挂牌公司信息披露细则》（2017年发布）	（关于控股股东、实际控制人、控制的释义与《深圳证券交易所股票上市规则》（2018年修订）17.1条（五）至（七）相同。）	同上

3-7 承债式收购典型模式分析

一、承债式收购简述

承债式收购是指在股权并购中，收购人承担目标公司的债务作为其购买股权对价的部分或全部。从目前的案例来看，承债式收购多应用于陷入债务危机和股权质押爆仓双重压力下的上市公司。承债式收购的主要优势在于，通过低价转让股权在减轻债务压力的同时也免除了大量的税费负担，形成了双赢的局面。

2018年，在去杠杆的背景下，多家上市公司股东资金流较为紧张，承债式收购受到了越来越多的关注。赞宇科技、*ST藏旅等多家上市公司的控制权变动都采取了承债式收购的模式。我们将通过梳理2018年几个典型的承债式收购案例采用的交易架构，综合讨论交易所对承债式收购方式的监管重点。

二、承债式收购的典型模式

下面列举几个承债式收购典型案例,分别从收购背景、收购方案以及最终的控制权变动结果来进行分析。在这些案例中,承债式收购的目标公司均存在着大比例的股权质押,处于资不抵债或者资产债务相当的情况。

典型案例一:＊ST藏旅

【收购背景】

＊ST藏旅是西藏唯一一家旅游类上市公司,手握雅鲁藏布大峡谷景区、巴松措景区、阿里神山圣湖景区等丰富的旅游资源。

控制权变动前,国风集团有限公司(以下简称"国风集团")直接持有上市公司无限售流通股29,921,325股,通过西藏国风文化发展有限公司(以下简称"国风文化")间接持有公司无限售流通股26,017,748股,合计持股数量占公司总股本的比例为24.65%。国风集团为公司的控股股东,欧阳旭为公司实际控制人。

该公司近两年的经营状况出现了危机,2016年、2017年归属于上市公司股东的净利润分别亏损9512.41万元、7917.34万元,被实施退市警示风险。5月初戴帽成了"＊ST藏旅",2018年半年报显示已亏损约1590万元。

收购方新奥控股投资有限公司(以下简称"新奥控股")的实际控制人是新奥集团公司创始人王玉锁。基于对西藏自治区旅游发展前景的看好,本次收购完成后将有助于其拓展在文旅项目上的版图。

【收购方案】

新奥控股与国风集团及西藏考拉科技发展有限公司(以下简称"考拉科技")签署了《股权转让协议》,受让国风集团及考拉科技分别持有的国风文化与西藏纳铭网络技术有限公司(以下简称"西藏纳铭")100%的股权,从而间接收购国风文化及西藏纳铭合计持有的46,158,688股公司股份,占公司总股本的比例为20.34%。新奥控股向国风集团、考拉科技支付股权转让价款共计411,587,980.82元。

国风文化及西藏纳铭截至《股权转让协议》签署日应付各自原股东的债务

合计 677,757,055.98 元由新奥控股负责清偿。

【结果】

新奥控股持有国风文化和西藏纳铭 100%的股权,从而间接持有公司 46,158,688 股股份,占公司总股本的比例为 20.34%。新奥控股成为公司间接控股股东,王玉锁先生合计控制新奥控股 99.925%的股权,为新奥控股的实际控制人,故王玉锁成为公司实际控制人。

典型案例二:宏达矿业

【收购背景】

宏达矿业成立于 1999 年,是一家主要从事对采矿业的投资、开发、管理,矿产品销售等的上市公司。公司控股股东上海晶茨投资管理有限公司(以下简称"上海晶茨")持有宏达矿业 26.19%的股权。上海中技企业集团有限公司(以下简称"中技集团")持有上海晶茨 100%的股权,颜静刚先生持有中技集团 95%的股权,为宏达矿业实际控制人。

从 2015 年开始,受铁矿石价格影响,上市公司归属于股东的净利润出现明显波动,2017 年亏损近 7896 万元,2018 年半年报显示亏损近 4108 万元。

收购方上海晟天企业发展有限公司(以下简称"上海晟天")成立于 2017 年 12 月 14 日,俞倪荣与谢雨彤二人为夫妻关系,为晟天发展的共同实际控制人。

【收购方案】

本次收购方案为承债式转让,中技集团有与上海晟天签署了《股权转让协议》,将其持有的上海晶茨 100%股权转让给上海晟天,标的股权的交易总价款为 2,213,810,279.16 元。其中,上海晟天应向中技集团支付标的股权的转让价款为 4 亿元;标的公司的债务 1,813,810,279.16 元,由上海晟天负责清偿。

【结果】

上海晟天通过上海晶茨间接持有宏达矿业 135,142,264 股股份,成为公司间接控股股东,俞倪荣、谢雨彤成为公司实际控制人。

典型案例三：赞宇科技

【收购背景】

赞宇科技股份有限公司是专业从事日用化工、表面活性剂等领域研发和生产的高新技术企业。

第一大股东杭州永银投资合伙企业（有限合伙）（以下简称"永银投资"）持有上市公司股份数量占上市公司总股本的16.58%。实际控制人方银军作为普通合伙人，对永银投资出资占比为61.76%。同时，方银军直接持有上市公司总股本的9.07%，合计控制上市公司25.65%的股份。

2017年10月份以来，赞宇科技的股价持续下跌。同时实际控制人方银军持有的上市公司96.69%的股份处于质押状态，而永银投资持有的上市公司股份全部处于质押状态。

收购方河南正商企业发展集团有限责任公司（以下简称"正商发展"）成立于2013年9月12日，经营范围为对城市基础设施及配套项目的投资等，2017年度实现营业收入35亿元，实现净利润2.5亿元，实际控制人为张惠琪。本次收购意味着其将跨界进入化工和环境治理服务领域。

【收购方案】

1. 协议转让

2018年7月23日，方银军等10位股东与正商发展签署《股份转让协议》，转让其直接持有的上市公司30,280,000股股份，占上市公司总股本的7.17%。股份转让价格为12元/股，交易总金额为36,336万元。

2. 收购GP份额

同日，方银军等5位股东与正商发展及河南嵩景（河南嵩景为正商发展间接控制的子公司）签署《杭州永银投资合伙企业（有限合伙）合伙协议》，正商发展认缴出资3,500万元、河南嵩景认缴出资100万元入伙永银投资。入伙后，正商发展及河南嵩景对永银投资出资比例为51.43%，正商发展为永银投资普通合伙人。

3. 承债

根据上述合伙协议,正商发展和河南嵩景将出资承担其成为永银投资的合伙人后永银投资需偿还的债务合计 36,500 万元及相关尚未支付利息。

【结果】

本次权益变动完成后,方银军直接持有上市公司总股本的 6.82%。正商发展合计控制上市公司 100,280,000 股股份,占上市公司总股本的 23.75%。上市公司实际控制人变更为张惠琪女士。

三、交易所的问题及上市公司回复

承债式收购仍为控制权变动的一种方式,因此在监管层问询上和本书中前述的普遍性问题大致相同,但也必然存在着一定差异。下面整理了一些从 2018 年承债式收购案例中总结出的引起交易所多次关注的重点问题。

NO.1 交易作价的合理性

承债式收购往往属于控制权低价转让的情形,因此交易作价的合理性成为监管的重点。尤其是当交易作价出现溢价率较高的情形则更加会引起监管层的关注。例如在宏达矿业的案例中,单从股权转让价格上来看,较停牌前一段时间公司股价溢价率约为 50%。交易所即对该"反常情况"作出了问询。主要的问询方式可能有"代为清偿标的公司债务能否作为其应支付转让方的股权交易价款""溢价较高的原因与主要考虑""是否需要承担额外的交易对价"等。

宏达矿业

交易所问题一:本次股权转让确认交易总价款为 2,213,810,279.16 元,转让价格为 16.38 元/股,较停牌前一段时间公司股价溢价率约为 50%。请公司补充披露股权转让的作价依据及合理性,转让价格较停牌前股价溢价较高的原因与主要考虑,并进行充分的风险提示。

上市公司回复:

本次交易为承债式收购，交易总对价为 2,213,810,279.16 元，折合 16.38 元/股，较上市公司停牌前收盘价 10.98 元/股，溢价 49.18%，溢价较高。本次协议转让价格主要考虑交易标的所持上市公司股权成本价、上市公司资产负债率较低、目前资本市场控制权溢价及交易双方共同协商确定。具体分析如下：

（1）上海晶茨投资管理有限公司（以下简称"上海晶茨"）持有上市公司股份 135,142,264 股，占上市公司总股本比例为 26.19%。其中，2016 年 6 月，上海晶茨受让戴浒雄持有的上市公司 43,459,806 股股份，占上市公司总股本比例为 8.42%，转让价格为 16.13 元/股；2017 年 1 月，上海晶茨受让梁秀红持有的上市公司 77,409,858 股股份，占上市公司总股本比例为 15%，转让价格为 16.40 元/股；2017 年 11 月，上海晶茨通过上海证券交易所交易系统增持上市公司 14,272,600 股股份，占上市公司总股本比例为 2.77%，增持平均价格为 14.01 元/股。综上所述，上海晶茨持有上市公司股份的总成本为 2,170,529,641.98 元，平均价格为 16.06 元/股，接近于本次收购价格 16.38 元/股。

（2）截至 2017 年 9 月 30 日，宏达矿业净资产为 18.59 亿元，资产负债率较低，为 37.85%，现金流状况良好，同时考虑到国际铁矿石价格已经走出历史低谷，处于缓慢上升阶段，本次交易对方上海晟天的实际控制人长期从事与铁矿石贸易相关的业务，对上市公司的未来发展前景充满信心。

（3）上海晟天非常看重上市公司位于上海的地区区位优势，对上市公司依托上述区位优势的未来发展前景充满信心。综合上述原因，交易双方参考目前资本市场控制权溢价，并经交易双方共同协商确定，本次交易对价作价依据合理。

相关风险提示：本次协议转让价格对二级市场没有参考价值，上市公司股票价格受到公司整体经营管理情况、盈利水平、发展前景及市场供求关系、股票市场投机行为以及投资者心理预期等各种不可预测因素的影响，因此本公司股票复牌后，可能存在股票价格波动的风险，敬请广大投资者理性投资，不要盲目跟风炒作，注意投资风险。

交易所问题二：公告披露，本次股权转让为承债式转让。其中，上海晟天应向上海中技企业集团有限公司（以下简称"中技集团"）支付标的股权的股权转让价款为 4 亿元；标的公司债务 1,813,810,279.16 元，由上海晟天负责清偿

请公司说明本次交易对价安排的考虑,以及上海晟天代为清偿标的公司债务能否作为其应支付转让方的股权交易价款。

上市公司回复:

本次交易为上海晟天收购中技集团持有的上海晶茨100%股权的承债式收购。上海晶茨截至2017年12月31日总资产为2,172,944,683.74元,本次交易总对价以上海晶茨截至2017年12月31日的总资产为作价依据,经交易双方协商确定为2,213,810,279.16元。其中由上海晟天支付给中技集团的股权转让款为4亿元,同时由上海晟天代上海晶茨清偿相关负债合计1,813,810,279.16元。

上海晟天代上海晶茨清偿其债务未作为上海晟天应支付中技集团的股权交易价款。

赞宇科技

交易所问题一: 除认缴出资及承担债务外,正商发展及其关联方是否需要承担额外的交易对价,是否存在其他应披露未披露的协议或安排。

上市公司回复:

在本次权益变动中,河南正商企业发展集团有限责任公司(以下简称"正商发展")及其关联方河南嵩景企业管理咨询有限公司(以下简称"河南嵩景")需承担的交易对价包括:

(1)正商发展以36,336万元对价收购方银军、陆伟娟、洪树鹏、邹欢金、高慧、许荣年、朱增选、黄亚茹、任国晓和胡剑品(以下简称"方银军等10位股东")持有的赞宇科技集团股份有限公司(以下简称"赞宇科技"或"上市公司")30,280,000股股份;

(2)正商发展及其关联方河南嵩景分别以3,500万元、100万元入伙杭州永银投资合伙企业(有限合伙)(以下简称"永银投资"或"合伙企业");

(3)正商发展和河南嵩景出资承担其成为永银投资的合伙人后永银投资需偿还的债务合计36,500万元及相关尚未支付利息。

上述权益变动中涉及的交易对价已在2018年7月25日公告的《赞宇科技集团股份有限公司详式权益变动报告书》(以下简称《详式权益变动报告书》)中进行

了披露。除此之外,正商发展及其关联方不存在需承担的其他额外交易对价。

正商发展于 2018 年 7 月 24 日出具承诺:"截至本次《详式权益变动报告书》签署日,信息披露义务人已按有关规定对本次权益变动的相关信息进行了如实披露,不存在根据法律及相关规定信息披露义务人应当披露而未披露的其他重大信息。"

承债式收购一般发生于上市公司大股东资金危机下,因而在价格上往往偏向于"打折出售",但是考虑到目标公司的收购价值等情况仍有可能需要支付一定的股权转让费用。宏达矿业本次交易作价表面上看较停牌前一段时间公司股价溢价率约为 50%,属于比较少见的情形,因而也引起了交易所的关注。从回复上看,上市公司主要从成本、资产负债率较低,现金流状况良好和未来发展前景来说明其交易作价的合理性。

但是针对宏达矿业本次交易作价,有观点认为实际上仍属于"打折出售"。若从颜静刚控股宏达矿业的历程来算其成本,要从 2015 年 12 月 15 日宏达矿业原控股股东淄博宏达将宏达矿业 7741 万股转让给颜静刚的配偶梁秀红开始。综合下来,原实控人颜静刚获得 26.19% 股份的总成本应为 29.09 亿元。那么相较于本次交易价格,实际上还亏损了近 6.95 亿元。

NO.2 资金来源

对于承债式收购而言,收购人的资金来源问题不仅包括本次收购的资金,还涉及如何覆盖目标公司的债务问题。出发点仍是严控高杠杆行为,若涉及借款,则需要说明提供借款的最终资金来源、具体的筹资方式等,要严格保证资金来源的合法合规性。

宏 达 矿 业

交易所问题三:公告披露,本次权益变动支付的资金均来源于上海晟天的合法自有资金以及其实际控制人俞倪荣、谢雨彤向上海晟天提供的借款。请公司结合上海晟天实际控制人俞倪荣、谢雨彤的个人财务状况,进一步说明其向上海晟天提供借款的最终资金来源、筹资方式,是否具备足额支付能力,以及是否存在杠杆融资等情形。

上市公司回复:

截至目前,上海晟天已实缴注册资本 4.2 亿元,足以支付 4 亿元的股权转让价款给中技集团。

截至目前,上海晟天实际控制人俞倪荣先生、谢雨彤女士所控制的上海寰亚电力运营管理有限公司 2017 年年底的净资产为 9.66 亿元。同时,上海晟天的实际控制人俞倪荣先生、谢雨彤女士从事国际、国内贸易等已有 10 多年的时间,拥有较多的各类资产。俞倪荣先生、谢雨彤女士将通过借款方式给予上海晟天的资金足以覆盖上海晶茨的负债。

本次权益变动的资金来源合法合规,不存在需要运用杠杆融资、代持、结构化安排,通过资管产品或有限合伙等形式或者直接、间接使用上市公司及其关联方资金的情况。

赞 宇 科 技

交易所问题四: 请结合本次交易的具体条款与支付方式,补充说明正商发展收购你公司股份及偿付永银投资债务的最终资金来源,如存在借款,请补充说明借款金额、对象、期限、利息和抵押物等情况。

上市公司回复:

1. 本次交易具体支付方式

根据 2018 年 7 月 23 日正商发展分别与方银军等 10 位股东签署的《股份转让协议》(以下简称"本协议"),正商发展将按照下述方式以现金形式向方银军等 10 位股东支付股份转让对价。

根据 2018 年 7 月 23 日正商发展和河南嵩景与永银投资合伙人方银军、许荣年、邹欢金、周黎、任国晓签署的《杭州永银投资合伙企业(有限合伙)合伙协议》,正商发展作为普通合伙人认缴出资 3,500 万元入伙永银投资,河南嵩景作为有限合伙人出资 100 万元入伙永银投资。正商发展和河南嵩景将出资承担其成为永银投资的合伙人后永银投资需偿还的债务合计 36,500 万元及相关尚未支付利息。

2. 资金来源说明

本次正商发展受让方银军等10位股东合计30,280,000股股份共需支付36,336万元，正商发展作为普通合伙人入伙永银投资需认缴出资3,500万元，正商发展和河南嵩景将出资承担其成为永银投资合伙人后永银投资需偿还的债务合计36,500万元及相关尚未支付利息。

截至本回复出具之日，正商发展注册资本为110,000万元，实缴资本35,000万元已经河南海大会计师事务所出具的豫海大验字〔2018〕第95号验资报告审验。

正商发展业务发展形势良好，拥有较强的资本实力，现金储备充足，融资渠道广阔，具备以自有资金支付受让股份对价及偿付永银投资债务的能力。本次受让股份所需支付的36,336万元均来自于正商发展自有资金。

截至本回复出具之日，正商发展未就本次交易所需资金签订任何借款协议，为提高资金使用效率，未来在借款条件合适的情况下，正商发展不排除通过借款方式筹集资金偿付永银投资债务。正商发展承诺本次权益变动事项涉及的资金均来自于自有资金和自筹资金，资金来源合法合规，不存在直接或者间接来源于上市公司及其关联方的情况，亦不存在通过与上市公司的资产置换或者其他交易取得资金的情形。

NO.3 转让方是否违反锁定期和减持承诺

正如前文所述，承债式收购中，上市公司往往正面临质押爆仓的危机。从案例和交易所监管来看，资金危机下的控制权收购，转让方很有可能违反了此前的股份锁定和减持的承诺。因此在针对承债式收购的问询中，监管层也常要求上市公司说明是否存在违反承诺及受限的情形。

赞宇科技

交易所问题二：请结合你公司转让方股东目前股份锁定和减持承诺履行情

况、股票质押冻结情况等,说明该次控制权变更是否存在违反承诺以及受限的情形,包括但不限于《上市公司股东、董监高减持股份的若干规定》第9、10、11条等不得减持股份的情形及《深圳证券交易所上市公司股份协议转让业务办理指引》第7条规定的不予受理情形等。

上市公司回复:

公司第一大股东杭州永银投资合伙企业(有限合伙)(以下简称"永银投资")持有公司的7,000万股股份目前处于限售期,可上市流通时间为2019年8月9日,已全部质押。公司实际控制人方银军先生目前直接持有公司38,301,840股股份,其中无限售流通股9,575,460股股份。截至目前已累计质押的股份数量为18,200,000股股份。

目前,公司实际控制人和正商发展双方拟议的涉及公司控制权变更的交易包括正商发展入伙永银投资成为其合伙人、受让公司实际控制人和其他股东持有的公司非限售股份,不涉及永银投资持有的公司股份和其他股东持有的公司限售股份的转让;如相关非限售股份存在质押,转让方将在该等股份解除质押后转让予正商发展。

综上,该次控制权变更不存在违反承诺以及受限的情形,包括但不限于《上市公司股东、董监高减持股份的若干规定》第9、10、11条等不得减持股份的情形及《深圳证券交易所上市公司股份协议转让业务办理指引》第7条规定的不予受理情形等。

华 塑 控 股

交易所问题六:详细说明你公司实际控制人李雪峰、张子若处置西藏麦田股权的行为是否符合《上市公司股东、董监高减持股份的若干规定》及本所《上市公司股东及董事、监事、高级管理人员减持股份实施细则》等相关规定。请你公司聘请的律师核查并发表明确意见。

上市公司回复:

本次股权过户行为不构成李雪峰、张子若对上市公司股份减持行为,不适用《上市公司股东、董监高减持股份的若干规定》《上市公司股东及董事、监事、高级管理人员减持股份实施细则》等相关规定。

四、相关法律规范

1.《上市公司收购管理办法》(2014 年修订)

第十七条 投资者及其一致行动人拥有权益的股份达到或者超过一个上市公司已发行股份的 20% 但未超过 30% 的,应当编制详式权益变动报告书,除须披露前条规定的信息外,还应当披露以下内容:

……

(二)取得相关股份的价格、所需资金额、资金来源,或者其他支付安排;

……

2.《上市公司股东、董监高减持股份的若干规定》(2017 年发布)

第九条 上市公司大股东在 3 个月内通过证券交易所集中竞价交易减持股份的总数,不得超过公司股份总数的 1%。

股东通过证券交易所集中竞价交易减持其持有的公司首次公开发行前发行的股份、上市公司非公开发行的股份,应当符合前款规定的比例限制。

股东持有上市公司非公开发行的股份,在股份限售期届满后 12 个月内通过集中竞价交易减持的数量,还应当符合证券交易所规定的比例限制。

适用前三款规定时,上市公司大股东与其一致行动人所持有的股份应当合并计算。

第十条 通过协议转让方式减持股份并导致股份出让方不再具有上市公司大股东身份的,股份出让方、受让方应当在减持后 6 个月内继续遵守本规定第八条、第九条第一款的规定。

股东通过协议转让方式减持其持有的公司首次公开发行前发行的股份、上市公司非公开发行的股份,股份出让方、受让方应当在减持后 6 个月内继续遵守本规定第九条第二款的规定。

第十一条 上市公司大股东通过大宗交易方式减持股份,或者股东通过大宗交易方式减持其持有的公司首次公开发行前发行的股份、上市公司非公开发行的股份,股份出让方、受让方应当遵守证券交易所关于减持数量、持有时间等规定。

适用前款规定时,上市公司大股东与其一致行动人所持有的股份应当合并计算。

3.《深圳证券交易所上市公司股份协议转让业务办理指引》(2016 年发布)

第七条 存在以下情形的,本所不予受理:

(一)拟转让的股份已被质押且质权人未出具书面同意函;

(二)拟转让的股份存在尚未了结的诉讼、仲裁或者其他争议或者被司法冻结等权利受限情形;

(三)本次转让可能构成短线交易或者其他违反法律法规的情形;

(四)违反股份转让双方作出的相关承诺;

(五)本所认定的其他情形。

3-8 从 2018 年两例"白菜价"买壳看"承债式收购"

正如前述,在去杠杆和大股东资金链危机的双重压力下,2018 年的控制权变动案例中,"承债式收购"出现的频率正在增高。而其中又有两例以 1 元、2 元的"白菜价"达成了上市公司的控制权转移,这两家公司分别是金一文化和梦舟股份。

下面将对这两家公司的交易方案进行梳理,并探讨监管层对该类型控制权变动方案有着哪些关注要点。

一、金一文化控制权变动简介

(一)收购背景

金一文化成立于 2007 年,主营业务为黄金珠宝首饰、贵金属工艺品的研发设计、生产和销售。

在本次收购前,上海碧空龙翔投资管理有限公司(以下简称"碧空龙翔")持有上市公司 17.9%的股份,为上市公司的控股股东。上市公司原实际控制人钟葱直接持有上市公司 12.89%的股份,并通过碧空龙翔间接控制上市公司 17.9%的股份,合计控制上市公司 30.78%的股份。

金一文化近年业绩不断增长,2017 年营业收入达到了 151 亿元,归属于上市公司股东的扣除非经常性损益的净利润近 1.62 亿元。但与此同时,现金流量净额却不容乐观,陷入流动性困局。2017年年报显示达到了-16.65亿元。截至2018年7月10日,碧空龙翔处于质押状态的股份占公司总股本的16.83%,占其持股总数的94.05%;钟葱处于质押状态的股份占公司总股本的12.02%,占其持股总数的93.24%。半年报显示,金一文化货币资金只有8.51亿元。

收购人北京海淀科技金融资本控股集团股份有限公司(以下简称"海科金集团")成立于2010年12月8日,是北京市海淀区政府、区国资委通过整合区属金融服务资源所组建的区域科技金融服务与实施平台。控股股东为北京市海淀区国资中心,实际控制人为北京市海淀区国资委。

(二)收购方案

钟葱、钟小冬拟将其分别持有的碧空龙翔69.12%、4.2%的股权转让给海科金集团,海科金集团将持有碧空龙翔73.32%的股权,进而控制碧空龙翔,间接控制金一文化1.49亿股股份,占上市公司总股本的17.9%。各方同意,海科金集团受让标的股权的交易价款合计为1元。

海科金集团在协议中承诺:"将通过在海淀国资业务板块范围内为公司提供融资、为公司现有及/或新增的对外融资提供增信、通过自身的居间推介为公司引入新的资金方、为公司搭建新的融资渠道等方式,向公司提供不低于30亿元的流动性支持。"

(三)结果

碧空龙翔持有上市公司17.9%的股份,仍为上市公司的控股股东;海科金集团通过碧空龙翔间接控制上市公司17.9%的股份,海科金集团的实际控制人北京市海淀区人民政府国有资产监督管理委员会(以下简称"北京市海淀区国资委")成为上市公司的实际控制人。

二、交易所对金一文化的问题及上市公司回复

在金一文化发布公告后,交易所立即针对该控制权收购方案提出了9个问题。问题主要包括:

(1)控制权变动的原因、决策过程、合理性和合规性、本次交易作价的原因

及合理性；

（2）转让方是否违背了增持承诺；

（3）收购方提供流动性支持的具体计划；

（4）交易先决条件的可行性，包括要求披露目标公司的负债和涉诉情况；

（5）债务转移是否存在实质性障碍及对本次交易的影响；

（6）股东触及平仓线股份数量、占比等内容以及公司拟采取的措施；

（7）审批程序；

（8）是否存在《深圳证券交易所股票上市规则》第13.3.1条规定的情形；

（9）是否有需说明的其他情况。

关注函中的前两个问题在上一部分"承债式收购典型模式分析"中已作了介绍，在金一文化的案例中出现了"1元买壳"的现象，必然会再次对交易作价的合理性进行追问。从金一文化的回复上看，主要是从目标公司目前**净资产为负**、市场相关超低价**转让控制权案例**以及**收购方实力**的角度来回复。

另外，该方案的亮点除了交易对价外，还在于收购方承诺的将为上市公司提供不低于30亿的流动性资金支持。金一文化存在着大量的股票质押、借款，并且涉及方较多，而承债式收购方案巧妙地解决了资金流动性困境。公告显示，海科金集团入主之后已陆续向公司提供了100亿元资金支持。

从监管上看，对"**承债＋流动性支持**"这一类型的方案，交易所还要求上市公司详细提供流动性支持的具体计划，包括但不限于具体形式、金额、支持期限、款项拨付时间、先决条件等。

下面将主要摘录交易所关注函中的部分问题及上市公司回复的相关具体内容。

交易所问题一：请详细说明你公司控股股东碧空龙翔控制权变更的具体原因、决策过程及时点、合理性和合规性，并请结合碧空龙翔资产负债情况说明本次交易作价**1元**的原因及合理性。

上市公司回复：

1. 本次控制权变更的具体原因

海科金集团是由北京市海淀区国有资本经营管理中心、中关村科技园区海淀园创业服务中心、北京市海淀区玉渊潭农工商总公司等公有制单位发起设立的北京市首家面向科技型中小微企业的综合性金融服务平台，也是北京市海淀区集债权、股权、资管、辅助四大金融服务平台于一体,国资控股、市场化运作、具有一定品牌影响力的大型国有科技金融服务集团。海科金集团看好上市公司现有业务的行业发展前景、产业布局、品牌优势、研发与创新能力、市场优势和管理能力。

钟葱及钟小冬转让碧空龙翔股权主要是出于为上市公司引进战略投资者,以更好地支持上市公司持续、稳定、健康发展的考虑。碧空龙翔的实际控制人在与海科金集团接触并了解后,认为海科金集团具有较强的经济实力和企业管理经验,对上市公司未来发展具有积极作用。

因此,交易双方达成共识,通过本次转让碧空龙翔控股权,由海科金集团控制上市公司,争取为广大股东,特别是中小股东带来更为丰厚的回报。

2. 本次控制权变更的决策过程及时点

3. 本次控制权变更的合规性及合理性

《中华人民共和国证券法》第85条规定,投资者可以采取要约收购、协议收购及其他合法方式收购上市公司。

《上市公司收购管理办法》第5条规定,收购人可以通过取得股份的方式成为一个上市公司的控股股东,可以通过投资关系、协议、其他安排的途径成为一个上市公司的实际控制人,也可以同时采取上述方式和途径取得上市公司控制权。

本次控制权变更系交易双方友好协商确定,并履行了海科金集团、碧空龙翔的内部决策程序,决策过程审慎合理。

2018年7月24日,北京市海淀区国资委下发《海淀区国资委关于同意海科金收购金一文化的批复》(海国资发〔2018〕142号),经国资委主任办公会研究,并报市国资委,同意海科金集团收购钟葱持有的碧空龙翔69.12%股权和钟小冬持有的碧空龙翔4.2%股权,合计持有碧空龙翔73.32%股权。

综上,本次控制权变更符合《中华人民共和国证券法》《上市公司收购管理办法》的相关规定;本次控制权变更系交易双方友好协商确定,履行了必要的内部决策程序并经国资监管机构审批通过,具有合规性和合理性。

4. 本次交易作价的原因及合理性

本次交易作价系交易双方站在有利于上市公司未来良性发展、保障广大股东尤其是中小股东利益的角度,通过在市场化条件下的自主谈判,同时考虑了

碧空龙翔目前的财务状况、市场类似案例等因素,经交易双方反复论证、友好协商,最终一致确定,具体原因如下:

(1)海科金集团具有较强的经济实力和企业管理经验,对上市公司未来发展具有积极作用。

(2)根据碧空龙翔财务报告(经北京燕律一正会计师事务所(普通合伙)审计),截至2018年5月31日,碧空龙翔的净资产为负,本次交易定价经交易双方协商确定为1元。

(3)近期市场上公告的类似案例具体情况如下表所示,参考近期市场相关案例,本次交易定价原则和定价水平与类似案例不存在显著差异。

上市公司	证券代码	首次披露日	权益变动事项	间接收购总价
*ST烯碳	000511.SZ	2017-12-09	黄东坡将其持有的北京广纳(北京广纳持有银基集团31.1%的股权)100%的股权协议转让给远成集团,刘成文将其持有的银基集团10%的股权协议转让给远成集团,则远成集团合计控制银基集团41.1%的权益,从而间接控制*ST烯碳11.27%的股份	黄东坡持有的北京广纳100%股权:1元;刘成文持有的银基集团10%股权:1,162.167万元
*ST天业	600807.SH	2018-05-10	刘连军将其持有的天业集团10.2%的股权转让给高新城建	0元(天业集团净资产为负)

交易所问题三:据披露,海淀区国资中心、海科金集团以及海科金集团的成员企业将根据公司的业务、资产和市场情况,适时向公司提供流动性支持,累计额度不低于30亿元。请你公司详细说明上述主体向公司提供流动性支持的具体计划,包括但不限于具体形式、金额、支持期限、款项拨付时间、先决条件等。

上市公司回复:

在海淀区相关政策的支持下,海淀区国资中心在资金方面大力支持海科金集团。根据公司的业务、资产和市场情况,预计2018年10月31前完成对公司10亿元流动资金的支持,2018年12月31日前完成提供20亿元额度的增信支持。海淀区国资中心、海科金集团及海科金集团的成员企业根据公司的实际经营情况,后续将继续提供流动性支持。

交易所问题五:据披露,碧空龙翔的其他应付款剥离给钟葱,由钟葱予以承担和清偿,钟葱、钟小冬应向海科金集团提供由相关债权人出具的同意债务转移之书面同意函。请详细说明碧空龙翔其他应付款的具体内容,包括但不限于应付款方名称、金额、形成原因,并请说明上述相关债务转移是否存在实质性障碍及对本次交易的影响。

上市公司回复：

截至协议签署日,碧空龙翔其他应付款的总额 210,843.61 万元,均为资金往来而形成的。具体情况如下：

债权人姓名/名称	金额（元）	形成原因
薛孝港	423.07	股权认购款重复支付,未及时退还
林伟	30,526,027.39	往来款未清理
……		
合计	2,108,436,104.30	

上述债务已取得符合海科金集团要求的由债权人出具的同意债务转移之书面同意函,债务转移不存在实质性障碍。债务转移是收购方海科金提出的前提条件之一,落实债权转移,有利于本次交易的达成。

交易所问题六：据披露,"过渡期内,目标公司自身及金一文化不存在或进行下述事项：……转让、质押（借新还旧融资除外）或通过其他方式处置所持金一文化全部或部分股份、目标公司全部或部分股权,为实施本次交易而进行的处置除外"。据披露,碧空龙翔及钟葱所质押股份均已触及平仓线。请详细说明截至目前上述股东触及平仓线股份数量、占比等内容以及你公司拟采取的措施,如上述股份被强制平仓,是否触及该项承诺,并请说明对本次交易的影响。

上市公司回复：

（1）截至 2018 年 8 月 31 日,碧空龙翔触及平仓线的股份情况

（2）截至 2018 年 8 月 31 日,钟葱先生触及平仓线的股份情况

碧空龙翔已与资金方沟通并取得对方同意暂缓处置。碧空龙翔股权变更的工商登记手续已办理完毕,并已取得新换发的营业执照,本次权益变动的过渡期内未触及该项承诺。

三、梦舟股份控制权变动简介

(一) 收购背景

梦舟股份的前身是鑫科材料,2017年8月正式更名为梦舟股份。公司主要收入和利润来源为铜基合金材料、辐照特种电缆的销售和影视产品相关权益转让。原实际控制人冯青青持有霍尔果斯红鹭创业投资有限公司(以下简称"红鹭投资")90%的股权,从而间接持有霍尔果斯船山文化传媒有限公司(以下简称"船山文化")55%的股权,并通过船山文化间接持有上市公司176,959,400股股份,占上市公司总股本的10%。

船山文化转让股权源于债务危机。公告显示,船山文化的负债合计为5.52亿元,实际控制人冯青青在报告中说明,本次权益变动主要因船山文化资金需求及偿还债务的目的。

本次交易的收购方李瑞金为恒鑫集团实控人李非列之母,恒鑫集团此前曾是梦舟股份控股股东。

(二) 收购方案

李瑞金拟按照注册资本作价对上市公司控股股东船山文化增资2亿元,增资完成后持有船山文化52.38%的股权。红鹭投资持有船山文化26.20%的股权,鼎耀千翔持有船山文化21.42%的股权。

增资扩股完成后,红鹭投资拟以1元的价格将其所持有的船山文化26.2%的股权转让给李瑞金,鼎耀千翔拟以1元的价格将其所持有的船山文化21.42%的股权转让给李瑞金。

(三) 结果

李瑞金持有船山文化100%的股权,并通过船山文化间接持有上市公司176,959,400股股份,占上市公司总股本的10%,同时,通过一致行动人恒鑫铜业控制上市公司1.61%的表决权,合计持有上市公司11.61%的表决权,上市公司实际控制人由冯青青女士变为李瑞金女士,控股股东仍为船山文化。

四、交易所对梦舟股份的问题及上市公司回复

交易所对梦舟股份该控制权变动交易连续下达了两份问询函,问询的重点主要包括:

(1) 原实际控制人是否违反前期不减持其个人直接或间接持有的上市公司股份的承诺;

(2) 违反控制权承诺是否构成严重的证券市场失信及误导性陈述行为以及解决办法;

(3) 针对外界所传的"子卖母买"是否有其他安排或所谓的"抽屉协议";

(4) 目标公司股权质押担保借款的具体情况;

(5) 本次收购资金来源问题;

(6) 新的实际控制人对于未增减持股份、公司业务方向调整等事项多使用模糊字眼,要求明确核实。

从交易所的问询来看,上一部分"承债式收购典型模式分析"中提到的普遍性问题,包括资金来源、是否违反承诺均有涉及。另外,由于梦舟股份和金一文化二者负债情况较为严重,所以基本上都被要求披露目前上市公司股权质押及负债的具体情况。

此外,由于梦舟股份原实际控制人违反承诺变动了控制权,新实际控制人也多使用模糊字眼,交易所的第二份问询中的两个问题都是要求新的实际控制人答复是否明确承接原控制人承诺和公司未来的经营方向。由此来看,上市公司在回复时含糊其词并不是一个明智的做法。

交易所问题二:回复披露,冯青青此次转让控制权的主要原因为,红鹭公司以持有的船山文化股权为向大通资管的借款提供质押担保,到期无法偿还借款。请补充披露:(1) 上述借款的金额、期限、利率等基本情况;(2) 上述借款的主要用途,是否达到预期使用状态或实现预期投资收益,在进行借款时是否充分考虑自身清偿能力及对公司控制权稳定的影响。请律师发表明确意见。

上市公司回复:

(1) 船山文化于2017年7月与山西信托股份有限公司(以下简称"山西信托")签订《信托贷款合同》,合同约定贷款总额度为2亿元,实际借款1.9914亿

元；借款期限自贷款实际发放日起最长18个月；利率为9.55%。红鹭公司于2017年7月与山西信托签订《股权质押合同》，合同约定红鹭公司将其全部合法持有的船山文化100%股权及其派生权益质押给山西信托，为《信托贷款合同》项下债务的履行提供股权质押担保。

（2）经向船山文化发函询证，在借款时，船山文化生产经营正常，自身具备一定的债务清偿能力，不会对控制权稳定产生重大影响。船山文化在获得借款后，其中0.7亿元通过红鹭公司投资于影视城项目，剩余借款用于补充流动资金。在借款期限内，一方面，由于项目方至今未按约支付本金和利息，造成船山文化的资金没有及时回收；另一方面，由于近期证券市场波动较大，公司股票价格持续下跌，补仓压力及融资难度加大，从而导致船山文化的借款到期无法偿还。

交易所问题四：权益变动报告书披露，李瑞金用于本次控制权转让的资金源于自有和自筹资金。请补充披露：（1）自有资金与自筹资金的金额与占比情况；（2）如存在自筹资金，补充披露自筹资金的利率、期限、担保等信息。请律师发表明确意见。

上市公司回复：

经向李瑞金女士发函询证，根据《增资扩股及股权转让协议》的约定，李瑞金女士先向公司原控股股东船山文化认缴增资2亿元，后续在满足特定条件后，分别以1元的价格承接红鹭公司和北京鼎耀千翔广告有限公司（以下简称"鼎耀千翔"）持有的船山文化的全部股权。

对于本次股权转让，李瑞金女士的资金来源包括自有资金以及近亲属李非文先生的资金支持，自有资金与自筹资金约各占50%，其中自有资金共计1亿元，自筹资金即李非文先生提供的借款资金支持共计1亿元。资金来源的构成不会对李瑞金女士严格履行《增资扩股及股权转让协议》的相关约定产生影响。

李瑞金女士已与其子李非文先生签署《借款协议》，李非文先生同意向李瑞金女士提供约1亿元的借款（以实际借款金额为准），年化利率5%，借款期限5年，李非文先生将根据李瑞金女士的资金需求完成资金支付。鉴于借款双方为母子关系，故本次借款未提供担保。

交易所问题五：权益变动报告书披露，李瑞金对于未增减持股份、公司业务方向调整等事项,多使用"不排除""暂无"等字眼。鉴于该事项对于公司控制权与生产经营稳定影响重大,为明确投资者预期,请公司向相关方核实,予以进一步明确。

上市公司回复:

经向李瑞金女士发函询证,李瑞金女士或其一致行动人、船山文化将继续完成船山文化原增持计划中剩余需增持的股份数。李瑞金女士在未来 12 个月内,无调整公司目前业务方向的计划,将保持公司业务稳定发展。

五、相关法律规范

1.《上市公司收购管理办法》(2014 年修订)

第五条　收购人可以通过取得股份的方式成为一个上市公司的控股股东,可以通过投资关系、协议、其他安排的途径成为一个上市公司的实际控制人,也可以同时采取上述方式和途径取得上市公司控制权。收购人包括投资者及与其一致行动的他人。

第六条　任何人不得利用上市公司的收购损害被收购公司及其股东的合法权益。

有下列情形之一的,不得收购上市公司:

(一)收购人负有数额较大债务,到期未清偿,且处于持续状态;

(二)收购人最近 3 年有重大违法行为或者涉嫌有重大违法行为;

(三)收购人最近 3 年有严重的证券市场失信行为;

(四)收购人为自然人的,存在《公司法》第一百四十六条规定情形;

(五)法律、行政法规规定以及中国证监会认定的不得收购上市公司的其他情形。

2.《中华人民共和国公司法》(2018 年修订)

第一百四十六条　有下列情形之一的,不得担任公司的董事、监事、高级管理人员:

(一)无民事行为能力或者限制民事行为能力;

(二)因贪污、贿赂、侵占财产、挪用财产或者破坏社会主义市场经济秩序,被判处刑罚,执行期满未逾五年,或者因犯罪被剥夺政治权利,执行期满未逾五年;

（三）担任破产清算的公司、企业的董事或者厂长、经理，对该公司、企业的破产负有个人责任的，自该公司、企业破产清算完结之日起未逾三年；

（四）担任因违法被吊销营业执照、责令关闭的公司、企业的法定代表人，并负有个人责任的，自该公司、企业被吊销营业执照之日起未逾三年；

（五）个人所负数额较大的债务到期未清偿。

公司违反前款规定选举、委派董事、监事或者聘任高级管理人员的，该选举、委派或者聘任无效。

董事、监事、高级管理人员在任职期间出现本条第一款所列情形的，公司应当解除其职务。

3.《中华人民共和国证券法》(2014 年修订)

第八十五条 投资者可以采取要约收购、协议收购及其他合法方式收购上市公司。

4.《上市公司监管指引第 4 号——上市公司实际控制人、股东、关联方、收购人以及上市公司承诺及履行》(2013 年发布)

一、上市公司实际控制人、股东、关联方、收购人以及上市公司（以下简称承诺相关方）在首次公开发行股票、再融资、股改、并购重组以及公司治理专项活动等过程中作出的解决同业竞争、资产注入、股权激励、解决产权瑕疵等各项承诺事项，必须有明确的履约时限，不得使用"尽快""时机成熟时"等模糊性词语，承诺履行涉及行业政策限制的，应当在政策允许的基础上明确履约时限。

四、收购人收购上市公司成为新的实际控制人时，如原实际控制人承诺的相关事项未履行完毕，相关承诺义务应予以履行或由收购人予以承接，相关事项应在收购报告书中明确披露。

3-9 2018 年要约收购典型案例解析

在 2018 年的上市公司收购案例中，涉及要约收购的案例众多，比较有代表性的案例有周大福收购 ST 景谷、万胜实业收购天海防务、京基集团收购 ST 康达等，其中前两例涉及协议收购触发要约收购问题。下面第一部分将通过交易所问询函及上市公司回复对其进行简要分析，第二部分将对京基集团收购 ST

康达的来龙去脉进行梳理。

(一)协议转让触发要约收购案例

周大福收购 ST 景谷（非敌意）

交易所问题二：2017年4月10日，小康控股及其一致行动人向公司股东发出部分要约，要约收购公司12%股份，并于当年5月16日完成要约和股份过户手续。小康控股及其一致行动人持有公司股份累计达到42%。请公司核实本次控制权变动事项是否涉及前期要约收购的股份，相关事项是否符合《上市公司收购管理办法》的相关规定。

上市公司回复：

1. 本次控制权变动事项涉及前期要约收购的股份

经核实，目前，本次意向收购方正在就股份转让事宜与小康控股及其一致行动人进行磋商，相关事宜涉及前期要约收购的股份，但尚未达成任何意向协议。

2. 相关事项符合《上市公司收购管理办法》的相关规定

2017年4月10日，小康控股及其一致行动人向公司股东发出部分要约，2017年5月16日，该次要约收购和股份过户手续完成，小康控股通过该次要约获得的公司12.33%股份的锁定期至2018年5月15日。截至本回复出具日，小康控股及其一致行动人未转让上述通过要约收购持有的公司股份，且该部分股份锁定期已届满，符合《上市公司收购管理办法》的相关规定。

根据《上市公司收购管理办法》第74条的规定，收购人持有的被收购的上市公司的股票，在收购行为完成后的12个月内不得转让。即对于要约收购的股份，有12个月的锁定期，该锁定期从股份过户手续完成之日起计算。因此，对于每笔股份转让交易，监管机构都会对其是否已过锁定期进行核查。

交易所问题三：目前，小康控股及其一致行动人持有公司42%的股份，第二大股东持有公司16.51%的股份，双方合计持股超过30%。请公司核实：

（1）本次收购方拟收购公司控股股东及第二大股东的股份，是否可能触及要约收购义务；（2）本次收购目前进展情况。

上市公司回复：

1. 本次收购是否可能触及要约收购义务尚存在重大不确定性

经核实，目前，本次意向收购方正在就股份转让事宜与公司第二大股东、公司控股股东及其一致行动人进行磋商，磋商结果尚存在重大不确定性。本次意向收购方尚未与小康控股及其一致行动人签订任何意向协议。

因此，本次意向收购方拟收购公司现控股股东（包括其一致行动人）及第二大股东的股份，是否会超过30%进而触及要约收购义务尚存在重大不确定性。

2. 本次收购目前进展情况

截至目前，本次意向收购方已聘请中介机构，对公司展开了尽职调查，并就股份拟转让事宜与公司第二大股东、小康控股及其一致行动人进行了磋商，本次意向收购方尚未与小康控股及其一致行动人签订任何意向协议，磋商结果尚存在重大不确定性。

本案例为周大福意图通过股份协议转让的方式收购ST景谷，根据《上市公司收购管理办法》第47条的规定，收购人拟通过协议方式收购一个上市公司的股份超过30%的，超过30%的部分，应当改以要约方式进行。因此交易所会对股份转让比例进行关注。

2018年8月3日，ST景谷公司公告称，2018年6月30日，小康控股与周大福投资有限公司（以下简称"周大福投资"）签署了《股份转让协议》，小康控股拟将其持有的公司30%的股份以协议转让方式转让给周大福投资。2018年8月14日，过户登记手续已办理完毕。由此可见，最终周大福投资协议收购比例并未超过30%，没有触发要约收购。

万胜实业收购天海防务

交易所问题三：关于弘茂盛荣及弘茂股权投资与公司第四大股东弘茂盛欣

的关系。请穿透披露弘茂盛荣、弘茂股权投资和弘茂盛欣的股权结构,请核实说明弘茂盛荣、弘茂股权投资和弘茂盛欣是否存在一致行动关系。如是,三者合计持有股权比例达30%以上,是否触发要约收购义务,以及要约收购的具体安排;如否,请说明原因及依据。

上市公司回复:

弘茂股权投资、弘茂盛荣和弘茂盛欣股权结构如下:

(1) 弘茂股权投资股权结构如下:

名称	持股比例(%)
成都弘华股权投资基金管理中心(有限合伙)	51
深圳市创东方资本管理有限公司	49

成都弘华股权投资基金管理中心(有限合伙)持有弘茂股权投资51%股权,为其控股股东,成都弘华股权投资基金管理中心(有限合伙)的出资情况为:

名称	出资比例(%)
王存(普通合伙人)	90
张尚武(有限合伙人)	10

王存先生持有成都弘华股权投资基金管理中心(有限合伙)90%出资额,为成都弘华股权投资基金管理中心(有限合伙)的普通合伙人并担任其执行事务合伙人,因此,王存先生为成都弘华股权投资基金管理中心(有限合伙)的实际控制人。综上所述,弘茂股权投资的实际控制人为王存先生。

(2) 弘茂盛荣出资情况如下:

名称	出资比例(%)
成都弘华股权投资基金管理中心(有限合伙)	50
四川省弘茂股权投资基金管理有限公司	50

弘茂股权投资持有弘茂盛荣50%的出资额并担任弘茂盛荣的普通合伙人和执行事务合伙人,为弘茂盛荣的控制人,因此,弘茂盛荣的实际控制人为王存先生。

(3) 弘茂盛欣出资情况如下：

名称	出资比例（%）
四川省弘茂股权投资基金管理有限公司	0.008
成都弘华股权投资基金管理中心（有限合伙）	0.460
深圳市创东方资本管理有限公司	99.532

弘茂股权投资担任弘茂盛欣的普通合伙人兼执行事务合伙人，弘茂股权投资为弘茂盛欣的控制人，因此，弘茂盛欣的实际控制人为王存先生。

综上所述，弘茂股权投资、弘茂盛荣、弘茂盛欣的实际控制人同为王存先生，根据《上市公司收购管理办法》第83条的规定，"如无相反证据，投资者有下列情形之一的，视为一致行动人：……（二）投资者受同一主体控制"，因此，在天海防务本次权益变动过程中，弘茂股权投资、弘茂盛荣、弘茂盛欣构成一致行动人。

如上述转让方案实施，新的实际控制人（弘茂股权投资、弘茂盛荣、弘茂盛欣以及拟结成一致行动关系的刘楠先生）合计将持有股权比例达到32.73%，触发要约收购风险。鉴于转让方与受让方已于2018年8月1日签署了《终止协议》，本次交易不再实施。

对于30%这条触发要约收购的比例线，除了协议收购的直接股份比例外，还需要计算一致行动人所持股份。因此上市公司在回复中需要对相关股东进行穿透核查，找到其实际控制人，从而判断其是否与收购方为一致行动关系。

（二）敌意收购案例

京基集团收购 ST 康达

2018年11月23日，ST康达发布公告，京基集团要约收购股份的过户手续已于当日办理完毕。ST康达控股股东由深圳市华超投资控股集团有限公司变更为京基集团，实际控制人由罗爱华变更为陈华。耗时5年多的控制权争夺大战最终以京基集团的胜利告终。

1. 为何选择要约收购

京基集团此次收购 ST 康达并未采取协议收购而是采取部分要约收购的方式，其主要考量是什么？我们首先比较下要约收购和协议收购的区别：

一是交易场地不同。要约收购只能通过证券交易所的证券交易进行，而协议收购则可以在证券交易所场外通过股份协议转让的方式进行。

二是股份限制不同。要约收购在收购人持有上市公司发行在外的股份达到 30％时，若继续收购，须向被收购公司的全体股东发出收购要约，持有上市公司股份达到 90％以上时，收购人负有强制性要约收购的义务。而协议收购的实施则对持有股份的比例无限制。

三是收购态度不同。协议收购是收购者与目标公司的控股股东或大股东本着友好协商的态度订立合同收购股份以实现公司控制权的转移，所以协议收购通常表现为善意的。而要约收购的对象则是目标公司全体股东持有的股份，不需要征得目标公司的同意，因此要约收购有可能为敌意收购。

由此可见，协议收购的前提是公司控股股东愿意出让控制权，而 ST 康达并无此意愿。另外，协议收购可能还需要处理原大股东的一系列遗留问题。而要约收购则能为收购方避免以上两个难关，即只需将所持上市公司股份比例提升到 30％以上，进而发起全面要约或部分要约，最终实现股份占比的优势从而获得控制权。因此，在协商之路不可行的情况下，京基集团另辟蹊径，选择了敌意要约收购的方式。

2. 要约收购历程

我们来梳理下京基集团是怎样一步步成为 ST 康达第一大股东的。通过查询发现，早在 2013 年 9 月，京基集团就通过公司及个人账户同时在二级市场秘密买入康达尔股权，紧接着又通过股份转让协议等方式将个人账户股份转让给京基集团，从而使京基集团所持股份比例进一步提升，最终通过二级市场增持，在 2016 年 6 月，达到了 31.65％的股份比例，该比例接近于华超投资及其一致行动人持有比例 31.66％。

在满足要约收购的条件之后，京基集团于 2018 年中下旬开始了夺取 ST 康达控制权的总攻。2018 年 8 月 4 日，ST 康达发布《关于收到要约收购报告书摘要的提示性公告》，京基集团拟向除京基集团外的 ST 康达股东发起部分要约收购,收购公司 39,076,867 股股份,占公司总股本的 10%,要约价格为 24 元/股,有效期为 2018 年 10 月 22 日至 2018 年 11 月 20 日。并在 10 月 18 日发布了《要约收购报告书》。

2018 年 11 月 23 日,本次要约收购股份的过户手续办理完毕。本次要约收购前,京基集团持有公司 123,677,371 股股份,占公司总股本的 31.65%,要约收购期间,有 453 个账户共计 64,575,753 股股份(要约数量的 1.65 倍)接受收购人发出的要约。因此本次要约收购完成后,京基集团持有公司 162,754,238 股股份,占公司总股本的 41.65%,获得上市公司控制权,成为上市公司第一大股东。公司控股股东由深圳市华超投资控股集团有限公司变更为京基集团,实际控制人由罗爱华女士变更为陈华先生。

3. 取得对董事会的控制

根据《上市公司收购管理办法》第 84 条的规定,有下列情形之一的,为拥有上市公司控制权:"(一) 投资者为上市公司持股 50% 以上的控股股东;(二) 投资者可以实际支配上市公司股份表决权超过 30%;(三) 投资者通过实际支配上市公司股份表决权能够决定公司董事会半数以上成员选任;(四) 投资者依其可实际支配的上市公司股份表决权足以对公司股东大会的决议产生重大影响;(五) 中国证监会认定的其他情形。"

由此可见,除了所持股份比例外,投资者能否在董事会中占据多数席位也是认定其是否具有公司控制权的关键因素。所以在增持超 30% 后,京基集团开始展开对 ST 康达董事会的控制。京基集团通过股东提案、股东大会投反对票等方式企图争夺董事会的控制权,但代表华超控股的董事会以程序不合规、违规增持待监管部门核查、诉讼未结等理由反驳京基集团的各项诉求,拒不承认京基集团的股东权利。

直到 2018 年 8 月,华超系一方纷纷出问题,公司实际控制人、董事长罗爱华、公司董事李力夫以及监事张明华相继因涉嫌经济犯罪被刑事拘留,京基集团乘势拿下了董事会的控制权。

综上,可以看出,当对上市公司大股东进行协议收购受阻时,先举牌增持达到股份比例 30% 以上,继而采取要约收购的方式获得公司控制权,也不失为一种成功的策略。

3-10 从"ST 生化"的 10 封关注函看敌意要约收购之审核要点

一、关于"要约收购"的简述

2017 年 6 月 21 日,上市公司 ST 生化收到了杭州浙民投天弘投资合伙企业(有限合伙)(以下简称"浙民投天弘")要约收购的相关材料。2017 年 6 月 28 日,上市公司 ST 生化公告:浙民投天弘拟向除浙江民营企业联合投资股份有限公司(以下简称"浙民投")及杭州浙民投实业有限公司(以下简称"浙民投实业")以外的其他股东发出部分收购要约收购本公司股份。浙民投天弘的要约收购的基本情况如下:

交易方式:要约收购

收购方:浙民投天弘

被收购方:ST 生化

交易结果:浙民投天弘成为 ST 生化的控股股东

在浙民投天弘进行要约收购的同时,ST 生化原控股股东振兴集团采取了各种措施试图阻止 ST 生化被收购,包括提起重大诉讼和筹划股份转让及表决权委托。浙民投天弘的要约收购行为收到了交易所两封关注函(关注函二和关注函三),分别针对的是浙民投天弘的要约收购事项以及重大诉讼对要约收购的影响。接下来我们将详细分析这两封关注函。

二、交易所关于"要约收购"的问题及上市公司的回复

(一)关注函二:针对杭州浙民投天弘投资合伙企业(有限合伙)要约收购事项

此封关注函的问题包括收购方的股权控制关系、收购资金来源、收购风险、后续计划、收购事项筹划过程、一致行动人、同业竞争及关联交易。在本书"普遍性问题"中,我们已经分别撰写有关收购方的股权控制关系、收购资金来源、后续计划、一致行动人、同业竞争和关联交易的相关专题。在这一部分,我们将

重点分析此封关注函中有关收购风险的问题。

　　交易所关于收购风险主要涉及了三个方面的问题，分别是收购失败、股东减持、经营管理。其中需格外关注的是股东减持的问题，由于收购方的一致行动人在此次要约收购前已持有上市公司2.51%的股份，收购方表示若本次要约收购未达到相关生效条件，收购方及其一致行动人将减持原有股份。交易所对此提出问询，认为可能存在利用要约收购配合减持的动机，对此，收购方需要给出合理的理由说明。具体请看案例分析：

　　交易所问题3.1：收购失败的风险。摘要显示，本次要约收购的生效条件为：在要约期间届满前最后一个交易日15:00时，结算公司临时保管的预受要约的ST生化股票申报数量不低于61,320,814股（占ST生化股份总数的22.5%）。若要约期间届满时，预受要约的股份数量未达到本次要约收购生效条件要求的数量，则本次要约收购自始不生效，结算公司自动解除对相应股份的临时保管，所有预受的股份将不被你企业接受。请你企业充分提示要约收购可能无法取得目标比例股份及控制权的风险。

　　上市公司回复：要约收购生效条件要求的数量及能否取得ST生化的控制权存在不确定性，若收购期满后，预受要约股份的数量未达目标，则本次要约收购自始不生效，导致本企业无法取得ST的控制权。

　　交易所问题3.2：股东减持风险。摘要显示，若本次要约收购未达到相关生效条件，则本次要约收购自始不生效；且你企业的一致行动人浙民投、杭州浙民投实业有限公司将计划在发布该事项公告之日起12个月内通过集中竞价、大宗交易等方式，减持其合计持有的ST生化6,852,820股股份（占ST生化股份总数的2.51%）。请你公司说明该种情形下计划减持的原因，是否存在利用要约收购配合减持的动机，并充分提示相关股东减持的风险。

　　上市公司回复：(1)关于减持原因的说明。目前ST生化因各种原因未能释放其应有的潜力，本企业及一致行动人认为，如能获得上市公司控制权，可以协助上市公司改善治理结构、提高管理水平，促进上市公司的稳定发展，增强上市公司的盈利能力和抗风险能力，所以本企业及一致行动人拟通过本次要约收购获得上市公司的控制权。如果本次要约收购不能生效，则本企业及一致行动人无法获得上市公司的控制权。根据近期上市公司经营业绩相关的公告，本企业及一致行动人认为，在上市公司现有的治理结构和经营管理能力下，继续持有上市公司股票可能存在较大的投资风险。基于以上考虑,本企业一致行动人作出在要约收购无法生效的情形下将根据相关法律法规的规定将其届时所持上市公司股份予以减持的决定。(2)不存在利用要约收购配合减持动机的说明:本企业已于 2017 年 6 月 29 日将本次要约收购的履约保证金 539,426,592 元(即本次要约收购所需最高资金总额的 20%)存入中登公司深圳分公司指定账户。本企业关于本次要约收购具有足够的诚意。本企业在要约收购报告书摘要中明确披露本次要约收购无法生效时一致行动人的减持计划,正是希望 ST 生化的所有股东能理性看待本次收购,避免过度炒作推高股价,这也充分表明本次要约收购的真实目的,不存在利用要约收购配合减持的动机。

交易所问题 3.3:经营管理风险。请结合你企业及一致行动人的主营业务等相关情况,说明是否具备经营管理 ST 生化主营业务所需要的技术、人员、资金、渠道、经营经验等方面的条件,并充分提示开展相关业务可能存在的风险。

上市公司回复:本企业执行事务合伙人的单一股东浙民投拥有强大的股东背景,主要管理层拥有丰富的企业运营的管理经验,可促进上市公司的稳定、持续发展。

(二)关注函三:针对重大诉讼

ST 生化原控股股东振兴集团为了阻止此次收购,向山西省高院提起诉讼,主张浙民投天弘存在以下侵犯其权利的行为:(1)在本次要约收购信息披露中存在未披露的一致行动人;(2)用于收购公司的资金来源不明;(3)在本次要约收购中存在内幕交易及利益输送行为;(4)在收购前利用资金优势打压股价。

因此交易所要求收购方对被诉事项进行说明,并结合诉讼事项说明是否存在《上市公司收购管理办法》第 6 条规定的不得收购上市公司等情形,以及本次要约收购是否存在实质性法律障碍。收购方对相关诉讼事项的说明和关注函二中的内容类似,这里不再赘述。**重点来看诉讼事项是否存在《上市公司收购管理办法》第 6 条规定的不得收购上市公司的情形**。

《公司收购管理办法》第 6 条规定了不得收购上市公司的如下情形:"(一)收购人负有数额较大债务,到期未清偿,且处于持续状态;(二)收购人最近 3 年有重大违法行为或者涉嫌有重大违法行为;(三)收购人最近 3 年有严重的证券市场失信行为;(四)收购人为自然人的,存在《公司法》第一百四十六条规定情形;(五)法律、行政法规规定以及中国证监会认定的不得收购上市公司的其他情形。"正在进行的诉讼并不属于上述五种情形,除非相关人民法院作出具有法律效力的判决或裁定对收购人的行为予以违法违规等相关认定,振兴集团提出的诉讼理由不会对本次要约收购构成实质性法律障碍。

三、交易所对"要约收购"的监管逻辑

在要约收购中,除了通常需要关注的问题外,交易所还会重点关注风险提示问题,包括收购失败的风险、股东减持的风险及经营管理风险,对此,收购方应作出详细的回答。在收购事项的筹划过程中,收购方也应当充分核查是否存在内幕信息知情人泄漏信息及进行内幕交易的情形。

此外,在进行要约收购时,收购方也应当考虑被收购方控股股东可能采取的各项措施,以及这些措施是否会对要约收购行为产生影响,如本案例中的振兴集团就通过提起诉讼的方式试图阻止收购。这些都可能会对收购行为产生影响,引来交易所的问询,收购方需对此保持高度警惕并及时采取相关措施,以便收购行为能顺利进行。

3-11 从"ST生化"的10封关注函看上市公司反收购的手段及审核要点

一、关于ST生化控制权收购问题的简述

在ST生化股权之争的上半场,振兴集团失去了第一大股东之位,完成要约收购的浙民投天弘取而代之。但下半场,佳兆业和深圳信达入局,加入ST生化的控制权争夺,以期通过振兴集团控制权收购的方式实现上市公司的反收购。

2017年11月29日,佳兆业集团与ST生化相继公告称,佳兆业全资附属公司深圳市航运健康科技有限公司(下称"航运健康")拟以21.87亿元(包括偿还深圳信达贷款),收购ST生化18.57%的股权。同时,振兴集团拟将1100万

股股份转让给深圳信达,占总股本的4.04%。三方签订协议,航运健康将获振兴集团、信达深分投票权委托,合计拥有ST生化投票权股份比例22.61%。

但是这一控制权交易过程几乎举步维艰,振兴集团的每一行为都被交易所严格关注、严密审查,甚至针对一个问题出现三次关注函反复问询的情形。总结交易所的关注和审核要点,主要归纳出以下几个方面:

(1) 针对上市公司重大资产重组的真实性和合规性;
(2) 针对控股股东振兴集团股权转让的合法性;
(3) 针对控股股东振兴集团股份被冻结的事宜;
(4) 针对航运健康通过股权转让协议受让股份的问题。

下面将通过详细分析交易所问询的问题,读懂ST生化反收购的手段,以及交易所对此次反收购过程的监管逻辑与审核要点。

二、ST生化反收购的主要手段

(一) 控制权收购的交易方式

振兴集团主要通过股份协议转让、债务重组之股份补偿,以及投票权委托等方式,将上市公司控制权变更给航运健康,以期与浙民投之间展开控制权的争夺。

1. 股份转让

转让方:振兴集团

受让方:航运健康

转让标的:50,621,064股股份(无限售条件流通股),占ST生化股份总额的18.57%

2. 债务重组之股份补偿

转让方:振兴集团

受托方:信达深分

转让标的:11,000,000股股份,占ST生化股份总额的4.04%

3. 投票权委托之一

委托方:振兴集团

受托方:航运健康

委托标的:61,621,064 股股份,占 ST 生化股份总额的 22.61%

委托时间:振兴集团与航运健康签署《投票权委托协议》之日起至《股份转让协议》中约定的股份过户登记至航运健康名下之日止;振兴集团与航运健康签署《投票权委托协议》之日起至《债务重组三方协议》中约定的股份过户登记至信达深分名下之日止

4. 投票权委托之二

委托方:信达深分

受托方:航运健康

委托标的:11,000,000 股股份,占 ST 生化股份总额的 4.04%

委托时间:信达深分根据《债务重组三方协议》自振兴集团受让的 ST 生化 11,000,000 股股份过户登记至其名下之日起 12 个月内

5. 交易结果

本次权益变动完成后,航运健康在 ST 生化中拥有投票权的股份数量合计 61,621,064 股,占上市公司股份总额的 22.61%。航运健康成为 ST 生化控股股东,其实际控制人郭英成先生和郭英智先生成为 ST 生化新的实际控制人。

(二)控制权收购的具体交易过程

2017 年 11 月 29 日,ST 生化收到公司控股股东振兴集团的通知,中国信达资产管理股份有限公司深圳市分公司(以下简称"信达深分")与航运健康、振兴集团、山西振兴集团有限公司(以下简称"振兴有限")于 2017 年 11 月 28 日签署了《债务重组三方协议》;振兴集团与航运健康签署了《股份转让协议》《投票权委托协议》;信达深分与航运健康签署了《投票权委托协议》。

1. 股份转让

振兴集团拟通过协议转让的方式,将其持有的 ST 生化 50,621,064 股股份(无限售条件流通股)转让给航运健康,占 ST 生化股份总额的 18.57%。

2. 债务重组之股份补偿

振兴集团拟将其持有的 ST 生化 11,000,000 股股份以符合法律法规和深交所相关监管规则的方式转让给信达深分,以补偿信达深分于 2016 年 12 月 14 日与振兴集团、振兴有限签订的《债务重组合作协议》项下未能实现的投资

收益（即未收回的债权及收益）。

3. 投票权委托

（1）振兴集团与航运健康签署《投票权委托协议》之日起至《股份转让协议》中约定的股份过户登记至航运健康名下之日止，振兴集团拟将其持有的 ST 生化 50,621,064 股股份的投票权委托给航运健康，占 ST 生化股份总额的 18.57%。同时，振兴集团与航运健康签署《投票权委托协议》之日起至《债务重组三方协议》中约定的股份过户登记至信达深分名下之日止，振兴集团拟将其持有的 ST 生化 11,000,000 股股份的投票权委托给航运健康，占 ST 生化股份总额 4.04%。

（2）信达深分根据《债务重组三方协议》自振兴集团受让的 ST 生化 11,000,000 股股份过户登记至其名下之日起 12 个月内，拟将其持有的 ST 生化 11,000,000 股股份的投票权委托给航运健康，占 ST 生化股份总额的 4.04%。

三、交易所对此次反收购的审核要点

 NO.1 针对上市公司重大资产重组的真实性和合规性

交易所在 2017 年 6 月 28 日的关注函中就这一问题进行了问询：

请你公司说明在此时点筹划重组事项的原因和动机，并充分说明筹划重组事项的具体内容，包括但不限于主要交易对方、交易方式、交易标的名称、交易标的所在行业等情况。请你公司说明筹划重组事项是否符合《上市公司收购管理办法》等 33 条"收购人作出提示性公告后至要约收购完成前，被收购公司除继续从事正常的经营活动或者执行股东大会已经作出的决议外，未经股东大会批准，被收购公司董事会不得通过处置资产、对外投资、调整公司主要业务、担保、贷款等方式，对公司的资产、负债、权益或者经营成果造成重大影响"的规定。

 NO.2 针对上市公司控股股东股权转让的合法性

交易所在 2017 年 11 月 29 日的关注函中就这一问题进行了问询：

11 月 23 日，我部就投资者投诉问题问询你公司控股股东振兴集团有限公司(以下简称"振兴集团")是否正在筹划转让其持有的你公司股份。次日,你公司向我部提交《情况说明》称,截至11月24日,振兴集团未与任何公司达成股权转让协议,也未筹划转让其所持你公司股票。

11月29日午间,你公司披露《关于公司控股股东、实际控制人变更暨权益变动的提示性公告》称,11月28日中国信达资产管理股份有限公司深圳市分公司(以下简称"信达深圳")与深圳市航运健康科技有限公司(以下简称"航运健康")、振兴集团、山西振兴集团有限公司签署了《债务重组三方协议》;振兴集团与航运健康签署了《股份转让协议》《投票权委托协议》;信达深圳与航运健康签署了《投票权委托协议》。根据上述协议,振兴集团拟将其持有的你公司18.57%的股份转让给航运健康,拟将持有的4.04%的股份转让给信达深圳,并且已将上述全部股份的投票权转让给航运健康。同时,你公司披露《关于实际控制人变更的提示性公告》称,2017年11月8日,公司实际控制人史珉志与史跃武签订了《股权转让协议》,约定将其所持振兴集团98.66%的股份转让给史跃武。振兴集团已于2017年11月9日完成工商变更登记手续,公司实际控制人由史珉志变更为史跃武。

我部对此表示关注。请你公司及时函询相关方,于12月1日前向我部提交上述股权交易事项的内幕信息知情人,并通过公告说明以下事项:

(1)你公司实际控制人已于11月9日发生变更,而《上市公司收购管理办法》第74条规定:"在上市公司收购中,收购人持有的被收购公司的股份,在收购完成后12个月内不得转让"。请相关方说明在你公司实际控制人已于11月9日发生变更的情况下,你公司控股股东与相关方签署相关股权转让协议和投票权委托协议是否符合《上市公司收购管理办法》的相关规定。

(2)根据上述协议,振兴集团拟将持有的4.04%的股份转让给信达深圳,而我所《上市公司股东及董事、监事、高级管理人员减持股份实施细则》第6条规定:"大股东减持或者特定股东减持,采取协议转让方式的,单个受让方的受让比例不得低于公司股份总数的百分之五"。请相关方说明上述协议的签订是否符合《上市公司股东及董事、监事、高级管理人员减持股份实施细则》的上述规定。

(3)鉴于你公司控股股东持有你公司的股份处于质押冻结状态,且相关债权人不限于信达深圳,并且上述股权转让相关协议均存在终止条款,请你公司充分说明振兴集团股权转让的不确定性,并提醒投资者关注相关风险。

(4)上述股权交易事项的筹划过程,包括但不限于筹划的时间、地点、方式、参与及知情人员、内幕信息登记及保密情况,相关内幕信息知情人是否存在泄露该信息或利用该信息进行内幕交易的情形。

综上,交易所从《上市公司收购管理办法》第74条、《上市公司股东及董事、监事、高级管理人员减持股份实施细则》第6条以及是否存在内部交易等情形入手,对控股股东进行问询,基本涵盖了股权转让的各个方面。

2017年11月30日晚间,ST生化向交易所提交了问询函的回函,但是由于初稿内容的真实性、准确性及完整性都存在一定问题,故交易所在2017年12月1日就控股股东振兴生化股份有限公司股份转让的事宜进一步问询:

1. 协议转让的合规性

根据ST生化披露的《关于实际控制人变更的提示性公告》,ST生化的实际控制人已于11月9日发生变更,而《上市公司收购管理办法》第74条规定:"在上市公司收购中,收购人持有的被收购公司的股份,在收购完成后12个月内不得转让"。请你公司说明上述协议的签订是否符合《上市公司收购管理办法》的上述规定。

同时,鉴于ST生化原子公司因违规向你公司的关联方提供担保,我部于2013年10月对你公司及相关当事人予以公开谴责的处分,ST生化于2015年1月收到证监会行政处罚决定书。之后,持续有中小投资者就上述违规事项向ST生化提起诉讼。部分已决诉讼中法院已判决ST生化承担较高损失,仍有部分诉讼正在审理中,后续不排除持续给ST生化带来损失。请你公司结合上述情况说明减持是否符合《上市公司收购管理办法》第7条"被收购公司的控股股东、实际控制人及其关联方有损害被收购公司及其他股东合法权益的,上述控股股东、实际控制人在转让被收购公司控制权之前,应当主动消除损害;未能消除损害的,应当就其出让相关股份所得收入用于消除全部损害作出安排,对不足以消除损害的部分应当提供充分有效的履约担保或安排,并依照公司章程取得被收购公司股东大会的批准"的规定。

2. 补充交易对手方承接承诺的安排

2009年你公司在ST生化出售子公司昆明白马制药有限公司(以下简称

"昆明白马")时承诺:"由振兴集团有限公司承接公司对昆明白马的担保,如未承接对昆明白马的担保而给公司造成损失的,由振兴集团有限公司赔偿。"该笔担保为 ST 生化对昆明白马所欠华夏银行昆明高新支行、建设银行昆明南站新村分理处及中国银行云南省分行三家银行的债务提供的担保。截至目前,昆明白马所欠华夏银行昆明高新支行、建设银行昆明南站新村分理处的债务已偿还完毕,所欠中国银行云南省分行的债务本金 4,000 万元已偿还完毕,尚余利息未清偿,相关担保责任尚未完全解除。请你公司与交易对手方协商并作出承接你公司上述承诺的相关安排。

3. 协议内容披露的完整性

请你公司在简式权益变动报告书中详细披露《债务重组三方协议》《股份转让协议》《投票权委托协议》的主要协议内容、付款安排、撤销或终止条款等(包括但不限于撤销或终止相关协议应履行的程序及应当满足的具体条件等),并就交易的不确定性充分提示风险。

4. 减持目的说明

你公司持有 ST 生化股份处于质押冻结状态,而杭州浙民投天弘投资合伙企业(有限合伙)正在要约收购 ST 生化。请你公司充分论述协议转让的可行性,是否出于真实的商业目的,是否存在其他未披露的协议安排,你公司将采取何种措施保证《股份转让协议》等的实际执行等。

2017 年 12 月 15 日,由于第二次回函仍存在真实性、准确性及完整性的问题,进而就此问题发出第三封问询函:

史珉志、史跃武于 2017 年 11 月 30 日向你公司出具《关于振兴生化股份有限公司实际控制人事项的声明函》显示:"2017 年 11 月 9 日,史珉志将其持有的振兴集团有限公司(以下简称'振兴集团')98.66%的股权转由史跃武持有(以下简称'本次调整'),并办理了相关工商变更登记。史珉志与史跃武系父子关系,本次调整系史氏家族内部出于股权管理的需要而作出的持股人员的变动安排,振兴集团的实际经营决策仍由史珉志作出。本次调整不涉及实际控制人的变更,公司的实际控制人仍为史珉志先生。"请你公司函询史珉志、史跃武,并要求提供必要的证明材料,充分论证在史珉志未直接或间接持有振兴集团股份的情况下如何控制振兴集团实际经营决策。此外,请补充说明 11 月 30 日才签署的《关于振兴生化股份有限公司实际控制人事项的声明函》是否能作为判断振兴集团11月9日是否发生实际控制人变更的依据。请律师对上述问题进行核查并发表意见。

 NO.3 针对控股股东振兴集团股份被冻结的事宜

2017年12月15日,交易所在第二次、第三次回函中针对股份被冻结的事宜进行问询:

你公司此次答复我部关注函时,振兴集团所持你公司股份被轮候冻结的情形较前次大幅减少,请公司说明原因,进一步核查振兴集团持有你公司股权利受限情况及债权人情况的充分性、准确性及完整性,并在此基础上补充说明相关债务的利息金额、处理方式等。

2018年1月9日,交易所向振兴生化股份有限公司进一步问询,由于上市公司于2017年12月28日披露的《振兴生化股份有限公司关于深交所〈关注函〉的回复公告》称振兴集团持有公司股份权利受限情况较前次回复交易所时减少了三笔轮候冻结,其中之一的轮候冻结申请人为中国农业银行股份有限公司河津市支行(以下简称"农行"),案件判决金额为2,908万元及相应利息。根据相关协议及运城市中级人民法院(以下简称"运城中院")《通知书》,中国信达资产管理股份有限公司深圳分公司(以下简称"信达深圳分公司")需要在约定期限内将案件执行标的的本金汇入法院指定账户,以解除相关案件对振兴集团持有公司股票的冻结措施,并不再执行振兴集团。但是农行投诉,上市公司公告存在虚假陈述,故有第四次问询:

1. 债权本金及利息存在虚假披露

2007年12月至2008年1月,山西振兴集团有限公司(以下简称"山西振兴")在农行办理了7笔贷款,本金共计6,790万元。2013年10月,农行将山西振兴诉至运城中院并提出了保全申请。2014年4月28日,运城中院受理了农行的保全申请并裁定冻结振兴集团持有的你公司2,000万股股权。2014年5月,运城中院作出判决,要求山西振兴立即归还农行借款本金6,788万元及利息,利息按照双方借款合同约定执行,从2007年12月30日起算至判决确定的清偿之日止。截至2017年12月29日山西振兴仍欠农行债权本金6,788万元和利息17,882.8万元(截至2017年12月29日)。

2. 相关轮候冻结并未解除

农行表示从未同意信达深圳分公司将案件执行标的本金汇入法院指定账户,以解除因振兴集团持有你公司股票的冻结措施,并且农行至今未收到过运城中院任何的股权解封通知书或裁定书,也从来没有收到过信达深圳分公司的相关款项。

我部对此表示关注。请你公司及时函询振兴集团及相关方,说明农行投诉内容是否属实,并于1月15日前披露回复内容。

👍 NO.4 针对航运健康通过股权协议转让受让股份的问题

交易所在2017年12月1日发出了第二份关注函,就这一问题对深圳市航运健康科技有限公司进行了问询:

1. 股权控制关系的披露

请以方框图或其他有效形式全面披露你公司各股东的产权及控制关系,直至披露到自然人、国有资产管理部门或者股东之间达成某种协议或安排的其他机构。

如产权及控制关系中涉及信托或其他资产管理方式的,则请全面披露其权益结构、参与主体主要信息等,包括但不限于名称(委托人较为分散的集合或一对多资产管理产品可披露前10大委托人及其一致行动人名称,及其他委托人的数量)、所参与的业务类型、出资额及资金来源、享有的产品份额、享有的投资决策等权利、承担的义务。

如产权及控制关系中涉及合伙企业的,则披露合伙企业各参与主体名称(参与主体较为分散时,委托人可披露前10大委托人及其一致行动人名称,及其他委托人的数量)、出资额及其来源、投资决策权、承担的义务、合伙人权利归属、重大事项决策程序、利益分配、持有上市公司股份权益的表决权归属、认定合伙企业的控制人情况及其依据、合伙企业最近1年的历史沿革、合伙期限等。

请财务顾问对收购方股权控制关系披露的完整性、真实性进行核查并发表明确意见。

2. 协议转让资金来源

请你公司全面披露本次收购ST生化股份所涉及资金的来源情况,直至披露到来源于相关主体的自有资金(除股东投资入股款之外)、经营活动所获资金或银行贷款,并按不同资金来源途径分别列示资金融出方名称、金额、资金成本、期限、担保和其他重要条款,以及后续还款计划(如尚无计划的,应制订明确的还款计划)。

收购资金来源于自有资金或合法筹集资金的,请你公司聘请的财务顾问对其是否存在对外募集、代持、结构化安排或者直接或间接使用上市公司及其关联方资金用于本次收购等情形进行核查并发表明确意见。

3. 协议内容的完整性

请你公司在详式权益变动报告书中详细披露《债务重组三方协议》《股份转让协议》《投票权委托协议》的主要协议内容、付款安排、撤销或终止条款(包括但不限于你公司撤销或终止受让股份需履行何种程序,需成就哪些条件)等,并就交易的不确定性充分提示风险。

4. 收购目的的说明

在振兴集团有限公司(以下简称"振兴集团")持有ST生化股份处于质押冻结状态的情况下,你公司以43元/股的价格从振兴集团受让18.57%的股份而未选择采用竞争性要约的方式收购相关股份。请对比竞争性要约的收购方式说明协议转让的可行性以及是否存在损害中小投资者权益的情形。另外,请充分论述在11月28日签订本次股权转让相关协议的目的,是否出于协议各方真实商业意图,是否不存在其他私底下的协议或未披露的协议安排情形。

5. 协议转让的合规性

ST生化公告称实际控制人已于11月9日从史珉志变更为史跃武,而《上市公司收购管理办法》第74条规定:"在上市公司收购中,收购人持有的被收购公司的股份,在收购完成后12个月内不得转让"。请你公司说明上述协议的签订是否符合《上市公司收购管理办法》的上述规定。

6. 协议转让流程的完备性

根据郭英成和郭英智控制的深圳市一号仓佳速网络有限公司收购广东明家联合移动科技股份有限公司(股票代码"300242")披露的详式权益变动报告书,郭英成和郭英智拥有香港永久居留权。请说明其收购ST生化相关股份是否需要遵守《外国投资者对上市公司战略投资管理办法》第8条、第9条的相关规定履行必要的审批程序。

7. 补充承接振兴集团承诺的安排

2009年,振兴集团在ST生化出售子公司昆明白马制药有限公司(以下简称"昆明白马")时承诺:"由振兴集团有限公司承接公司对昆明白马的担保,如未承接对昆明白马的担保而给公司造成损失的,由振兴集团有限公司赔偿。"该笔担保为ST生化对昆明白马所欠华夏银行昆明高新支行、建设银行昆明南站新村分理处及中国银行云南省分行三家银行的债务提供的担保。截至目前,昆明白马所欠华夏银行昆明高新支行、建设银行昆明南站新村分理处的债务已偿还完毕,所欠中国银行云南省分行的债务本金4,000万元已偿还完毕,尚余利息未清偿,相关担保责任尚未完全解除。请你公司与振兴集团作出承接振兴集团上述承诺的相关安排。

8. 是否符合收购人资格

请结合《上市公司收购管理办法》第6条的规定充分说明你公司是否存在不得收购上市公司的情形,请财务顾问进行核查并发表明确意见。

在2017年12月15日,交易所对上述问题进一步问询:

(1) 请完整披露你公司产权及控制关系,直至披露到自然人、国有资产管理部门或者股东之间达成某种协议或安排的其他机构。

(2) 请充分披露受让ST生化股份资金的来源情况,对于来源于并购贷款、抵押贷款等的,请说明金额、是否已签署协议,如已签署,请说明贷款对象、利息率。

(3) 在你公司拟受让的ST生化股份存在质押、冻结及轮候冻结,以及振兴集团有限公司(以下简称"振兴集团")相关债权人不仅限于中国信达资产管理股份有限公司深圳市分公司(以下简称"信达深圳")的情形下,请在"签订相关协议的目的"部分进一步对比竞争性要约方式说明协议转让如何更具有确定性和时效性。

(4) 请说明在2017年11月28日签订相关协议前,你公司直接或间接控股股东、实际控制人与振兴集团、信达深圳是否存在交易往来(包括但不限于债权债务往来、购买出售资产等)或合伙、联营等其他经济利益关系。如存在,请说明发生时间、交易对手方或合作方以及交易或合作内容,并在此基础上进一步论证相关交易或合作对11月28日签订相关协议的影响。

(5) 史珉志与其子11月30日才签署的《关于振兴生化股份有限公司实际

控制人事项的声明函》是否能作为判断振兴集团 11 月 9 日是否发生实际控制人变更的依据,请你公司进一步论证并说明协议转让是否符合《上市公司收购管理办法》第 74 条的规定。请财务顾问、律师对上述问题进行核查并发表意见。

(6) 鉴于你公司于 11 月 28 日后获得 ST 生化 22.5% 股份的表决权,请你公司按照《上市公司收购管理办法》第 17 条的规定聘请财务顾问对权益变动报告书的内容出具核查意见。

四、交易所对此次反收购过程的监管逻辑和法律规范

在第一阶段浙民投发出收购要约后,ST 生化的控股股东振兴集团采取了一系列措施抵抗收购:实施重大资产重组、起诉浙民投,以及与航运健康签署股权转让协议,将其所持大部分股权转让给航运健康等。从这些看似平常的股权转让措施,结合第一阶段浙民投的要约收购过程,可以发现实则是 ST 生化控股股东振兴集团为了夺回上市公司控制权采取的反击。这起以市场化竞争方式获得上市公司控制权的案例,对资本市场的监管及上市公司的治理有着深远的意义。

虽然振兴集团对上市公司控制权的竞争采取很多措施,但是几乎每一个行为都受到了交易所的密切关注。

(一) 针对上市公司重大资产重组的真实性和合规性

1. 监管逻辑

交易所就公司重大资产重组事宜进行问询时,已经明确了振兴集团的目的是想要对抗浙民投的要约收购,因此会在关注函中问询到重大资产重组的真实性。同时,由于此时正处于浙民投要约收购上市公司的过程中,所以交易所也重点关注了振兴集团的行为是否违反了《上市公司收购管理办法》有关要约收购完成前,除特定情况外公司不得处置资产的规定。

2. 法律规范

《上市公司收购管理办法》(2014 年修订)

第三十三条 收购人作出提示性公告后至要约收购完成前,被收购公司除继续从事正常的经营活动或者执行股东大会已经作出的决议外,未经股东大会

批准,被收购公司董事会不得通过处置资产、对外投资、调整公司主要业务、担保、贷款等方式,对公司的资产、负债、权益或者经营成果造成重大影响。

(二) 针对控股股东振兴集团股权转让的合法性

1. 监管逻辑

因为在2017年11月9日振兴集团的实际控制人已经发生变更,所以交易所特别关注了变更后公司新上任的控股股东想要与受让人航运健康之间签署股权转让协议与投票权委托协议是否符合《上市公司收购管理办法》"收购完成12个月内不得转让"的相关规定。与此同时,振兴集团的行为也有可能触犯到股东减持比例的上限5%,是以有此问询。

此外,由于ST生化仍有部分诉讼正在审理中,后续可能会给上市公司造成损失,根据法律规定,振兴集团有义务在转让ST生化的控制权之前主动消除损害。

值得注意的是,在2017年11月30日晚间的关注函中,交易所第一次直接问询了振兴集团"减持的目的""是否出于真实的商业目的""是否存在其他未披露的协议""如何保证一系列协议的实际执行",以期进一步揭露振兴集团的真实目的,避免其恶意对抗浙民投的收购而采取损害中小股东的措施。

2. 法律规范

(1)《上市公司收购管理办法》(2014年修订)

第七条 被收购公司的控股股东或者实际控制人不得滥用股东权利损害被收购公司或者其他股东的合法权益。

被收购公司的控股股东、实际控制人及其关联方有损害被收购公司及其他股东合法权益的,上述控股股东、实际控制人在转让被收购公司控制权之前,应当主动消除损害;未能消除损害的,应当就其出让相关股份所得收入用于消除全部损害做出安排,对不足以消除损害的部分应当提供充分有效的履约担保或安排,并依照公司章程取得被收购公司股东大会的批准。

第七十四条 在上市公司收购中,收购人持有的被收购公司的股份,在收购完成后12个月内不得转让。

收购人在被收购公司中拥有权益的股份在同一实际控制人控制的不同主体之间进行转让不受前述12个月的限制,但应当遵守本办法第六章的规定。

(2) 上海/深圳证券交易所《上市公司股东及董事、监事、高级管理人员减持股份实施细则》(2017年发布)

第六条 大股东减持或者特定股东减持,采取协议转让方式的,单个受让方的受让比例不得低于公司股份总数的百分之五……

(三) 针对控股股东振兴集团股份被冻结的事宜

在本书"普遍性问题"部分,针对股权质押和冻结的事宜有专题研究。正是由于有多家上市公司在控制权转让的过程中因为拟转让股权被质押或者被冻结而导致最终协议无法执行、终止股权转让,交易所对这一问题重点关注也是理所当然。

ST生化被前后三份关注函问询有关股权冻结的事宜,其特殊之处在于振兴集团存在虚假披露,相关轮候冻结并未解除,对于本次股权协议转让的事宜存在较大影响。

(四) 针对航运健康通过股权协议转让受让股份的问题

1. 监管逻辑

交易所对受让方航运健康的问询内容与对振兴集团的问询内容基本一致,包括收购的目的、股份协议转让的合规性,以及收购资金的来源、协议内容的完整性、收购流程的完备性及对振兴集团承诺的承接安排,较为全面地关注到了相关问题。

在要约收购期间,各方围绕控制权展开了一系列的攻防,比如ST生化实施重大资产重组、振兴集团起诉浙民投天弘、上市公司信息披露不及时、振兴集团转让控制权等等,为投资者上了生动的一课。尤其对浙民投天弘而言,赢得这场战争着实不易,因为浙民投天弘面临的是一场"不对称"的战争。根据监管规则,浙民投天弘在要约期间不能修改要约条件,除非有竞争者出现。航运健康介入竞购的方式不是发起要约,而是直接与实际控制人进行协商,并以此向市场释放出未来价格的预期,对浙民投天弘的要约收购产生干扰。上市公司监管的核心和要旨之一是维护中小股东的利益和竞争的公平,但在ST生化的竞购中,这个目的却被打破。浙民投天弘收购的对象是ST生化全体股东,而航运健康的收购只是针对大股东,ST生化的中小股东根本没有机会进行选择,更不可能享受更好的触手可及的收益,这样就给中小股东如何选择造成困扰。同时,浙民投天弘面对竞购者时,可采取的应对措施不多或应对成本比较高等。这些约束都使得浙民投天弘、ST 生化中小股东处于一场"不对称"的战争之中。此次 ST 生化竞购案则对要约收购期间大股东的行为,以及其他意图获得控制权的收购者行为提出了新的监管要求。如何确保后二者的行为不损害上市公司及其中小股东的利益、如何赋予要约收购人更多的选择权利、如何确保收购者之间的公平竞争等,都将成为新的课题,需要提出相应的解决措施和新的监管规则。

2. 法律规范

(1)《上市公司收购管理办法》(2014 年修订)

第六条　任何人不得利用上市公司的收购损害被收购公司及其股东的合法权益。

有下列情形之一的,不得收购上市公司:

(一) 收购人负有数额较大债务,到期未清偿,且处于持续状态;

(二) 收购人最近 3 年有重大违法行为或者涉嫌有重大违法行为;

(三) 收购人最近 3 年有严重的证券市场失信行为;

(四) 收购人为自然人的,存在《公司法》第一百四十六条规定情形;

(五) 法律、行政法规规定以及中国证监会认定的不得收购上市公司的其他情形。

(2)《外国投资者对上市公司战略投资管理办法》(2005 年发布)

第八条　通过协议转让方式进行战略投资的,按以下程序办理:

(一) 上市公司董事会通过投资者以协议转让方式进行战略投资的决议;

(二) 上市公司股东大会通过投资者以协议转让方式进行战略投资的决议;

(三) 转让方与投资者签订股份转让协议;

(四) 投资者根据本办法第十二条向商务部报送相关申请文件,有特殊规定的从其规定;

(五) 投资者参股上市公司的,获得前述批准后向证券交易所办理股份转让确认手续、向证券登记结算机构申请办理登记过户手续,并报中国证监会备案;

(六) 协议转让完成后,上市公司到商务部领取外商投资企业批准证书,并凭该批准证书到工商行政管理部门办理变更登记。

第九条 投资者拟通过协议转让方式构成对上市公司的实际控制,按照第八条第(一)、(二)、(三)、(四)项的程序获得批准后,向中国证监会报送上市公司收购报告书及相关文件,经中国证监会审核无异议后向证券交易所办理股份转让确认手续、向证券登记结算机构申请办理登记过户手续。完成上述手续后,按照第八条第(六)项办理。

后记

两年前,我们没想过要写书,繁忙的工作让我们无暇顾及。

这两本书的形成缘于一场美丽的邂逅。

我们是从事资本市场、并购重组的业务团队,所以团队在人才的选用上,偏向于有一定财经背景的法科生。三年前,毕业于上海财经大学的候朝辉和王家驹同学加入了我们的战队,与他们的相遇才有了今天这两本书的诞生。当时,并购市场风起云涌,跌宕起伏。《上市公司重大资产重组管理办法》修订,监管的窗口指导不断在调整变化。作为一线从业者,我们需要紧跟监管政策的变化,以便给客户提供具体可执行的法律意见。为此,我们决定启动一项研究计划,即对市场中发生的并购重组案例,尤其是证监会和交易所问询的案例进行持续的跟踪研究。

研究项目启动后,我们才发现分身乏术,一边要从事具体的业务,一边要开展案例研究,重组报告书、反馈意见及反馈意见回复多到来不及阅读。我们与朝辉、家驹两位小伙伴商议,可否从他们在校的师弟师妹中物色一些人才,协助我们做一些资料的收集整理工作。这个时候,朝辉向我们推荐了他的财大师弟刘承宾同学,没想到这位小兄弟后来成了我们"并购研究院"的"执行院长"。

说说我们可爱的小伙伴刘承宾吧,他靠什么成为我们并购研究院的执行院长的呢?那就是他"件件有落实,句句有回音",甚至超额落实的靠谱精神。承宾的到来,大大加快了研究项目的进度。我们本来只是找他来帮忙打杂的,没想到他主人翁精神那么强,一口气将市场中所有上会的案例材料收集整理完毕,并按关键词帮我们做好了数据统计。到此,感觉水到渠成,我们就对承宾说:"承宾,我们出书吧!"

出书的计划启动后,需要收集整理的资料就更多了,人手严重不足。不断有人才加入我们的研究院,他们是胡坤林、唐少奇、奚晓、吴俊燕、黄科豪、徐莹萍、王淑琦、彭璞、虞立群。从此,我们所有的小伙伴牺牲了很多周末休息时间,一起开会学习、研讨写作思路、修改文稿。两年时间过去了,今天,我们终于修成正果。感谢小伙伴们的辛勤付出,你们是好样的!这两本书的荣誉应该属于你们。

坦率地说,这两本书还比较稚嫩,我们做了很多开创性的工作,但是在细节上还有很多需要完善的地方。监管政策变化太快,我们还是尽快推出1.0版,留有的遗憾希望在以后2.0、3.0版本中再不断修正完善。